# SUDETY ZACHODNIE

ExpressMap

tekst:
**Waldemar Brygier**

redakcja:
**Marcin Szymczak, Krzysztof Radwański, Dominika Kalińska**

projekt graficzny:
**Krzysztof Radwański**

projekt okładki:
**Artur Dmochowski artnova.com.pl**

redakcja kartograficzna:
**Dominika Kalińska, Karolina i Remigiusz Kiełtyka, Aneta Rupniewska, Waldemar Wieczorek, Ewa Lodzińska, Renata Pankratjew**

współpraca:
**Kamila Kłosek, Marta Tomaszewska, Sylwia Włodek, Adam Zakrzewski**

konsultacja treści kartograficznej:
**Sławomir Adamczak, Krystyn Chudoba, Andrzej Mateusiak, Barbara Wieniawska**

fotografie:
**Krzysztof Żarkowski, Stanisław Adamczak,Waldemar Brygier, S. Bogusławski, Tomasz Darmochwał, Maciej Rawluk/ga.com.pl Rafał Tyksiński, Łukasz Zarzycki**

wybór fotografii:
**Dominika Kalińska**

korekta:
**Katarzyna Kozielska**

skład i łamanie:
**Dominika Kalińska**


ul. Jeździecka 1/11
01-461 Warszawa
tel. 022 666 32 92, fax 022 666 18 36
e-mail: biuro@e-map.pl
www.e-map.pl

Wydanie pierwsze, 2007
**ISBN 978-83-60120-87-3**

**3 w 1** Zestaw Przewodnikowy składa się z trzech elementów niezbędnych na szlaku górskim:

- przewodnika,
- atlasu turystycznego,
- mapy laminowanej.

## Planujesz wyprawę w Sudety Zachodnie?

Sięgnij do przewodnika – tam znajdziesz liczne propozycje wycieczek po najbardziej widokowych i najciekawszych trasach. W opisie znajdziesz wiele informacji krajoznawczych, praktycznych oraz ciekawostek. Każdą wycieczkę ilustruje schematyczna mapa oraz przekrój terenu wzdłuż trasy wycieczki, który ułatwia Ci ocenę długości i stopnia trudności trasy. Opis wycieczek uzupełniają: krótka charakterystyka wszystkich pasm Sudetów Zachodnich.

## Potrzebujesz szczegółowej mapy turystycznej?

Zajrzyj do atlasu turystycznego w skali 1: 30000 oraz 1: 60000. Mapy z bogatą i aktualną treścią turystyczną nie pozwolą Ci zgubić się na żadnym szlaku. Znajdziesz tu również plan Świeradowa-Zdroju, Szklarskiej Poręby i Karpacza.

## Chcesz korzystać z mapy w każdych warunkach?

Wyjmij z kieszeni mapę laminowaną w trwałej i wodoodpornej oprawie. Znajdziesz w niej całe pasmo górskie na jednym arkuszu. Poręczny format i sposób składania umożliwią Ci szybkie i łatwe korzystanie z mapy.

Numer, charakter, nazwa wycieczki
piesza –
rowerowa –
samochodowa –

Numery stron atlasu, które obejmują obszar wycieczki

Schematyczna mapa wycieczki (objaśnienia znaków na stronie 98)

Trasa wycieczki

Krótka charakterystyka wycieczki
suma podejść na trasie (m) – 850
przybliżony czas przejścia, bez uwzględniania postojów – 5.25 (godziny.minuty)

Szczegółowy opis wycieczki

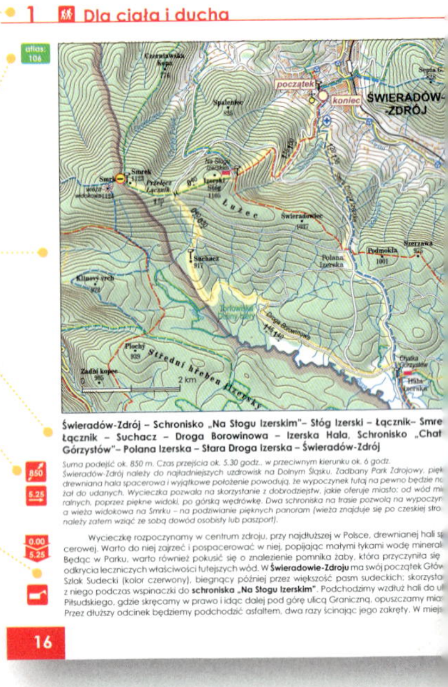

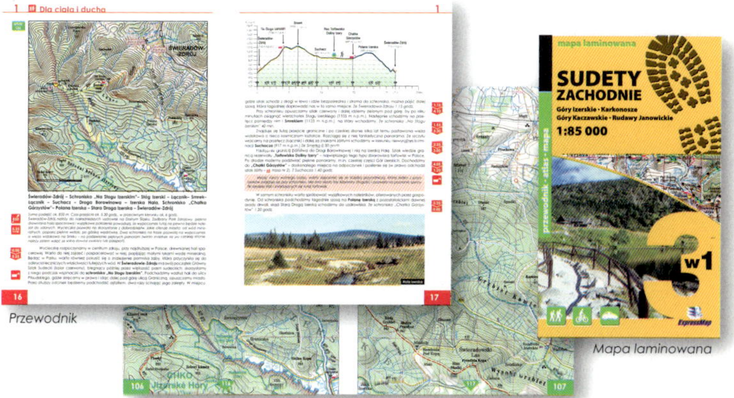


Przewodnik

Atlas turystyczny

Mapa laminowana

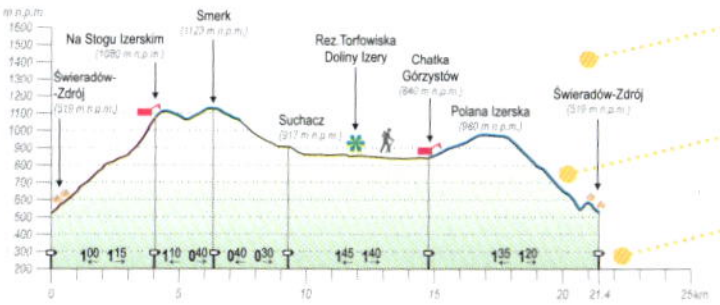


Przekrój terenu wzdłuż trasy wycieczki (objaśnienia znaków na stronie 98)

Kolor szlaku na trasie

Czasy przejść w obu kierunkach

gdzie szlak schodzi z drogi w lewo i idzie bezpośrednio i stromo do schroniska, można pójść dalej szosą, która łagodniej doprowadzi nas w to samo miejsce. *Ze Świeradowa-Zdroju 1.15 godz.*

1.15 / 4.10

Przy schronisku opuszczamy szlak czerwony i dalej idziemy zielonym pod górę, by po kilku minutach osiągnąć wierzchołek Stogu Izerskiego (1105 m n.p.m.). Następnie schodzimy na przełęcz pomiędzy nim i **Smrekiem** (1123 m n.p.m.), na który wchodzimy. *Ze schroniska „Na Stogu Izerskim" 40 min.*

1.55 / 3.30

Znajduje się tutaj przejście graniczne i po czeskiej stronie kilka lat temu postawiona wieża widokowa o nieco kosmicznym kształcie. Rozciąga się z niej fantastyczna panorama. Ze szczytu wracamy na przełęcz (Łącznik) i dalej za znakami żółtymi schodzimy w kierunku niewyraźnej kulminacji **Suchacza** (917 m n.p.m.) *Ze Smreka 0.30 godz.*

2.25 / 3.00

Następnie granicą państwa do Drogi Borowinowej i nią na Izerską Halę. Szlak wiedzie granicą rezerwatu **„Torfowiska Doliny Izery"** – największego tego typu zbiorowiska torfowisk w Polsce. Po drodze możemy podziwiać piękne panoramy, m.in. czeskiej części Gór Izerskich. Dochodzimy do **„Chatki Górzystów"** – doskonałego miejsca na odpoczynek i posilenie się (w prawo odchodzi szlak żółty – *trasa nr 2). Z Suchacza 1.40 godz.*

4.05 / 1.20

*Mając nieco wolnego czasu, warto zapoznać się ze ścieżką przyrodniczą, której jeden z przystanków znajduje się przy schronisku. Ma ona około trzy kilometry* [illegible] *fiki Izerskiej Hali i* [illegible] *torfowisk.*

W samym schronisku warto spróbować wyjątkowych naleśników, oferowanych przez gospodynię. Od schroniska podchodzimy łagodnie szosą na **Polanę Izerską** z pozostałościami dawnej osady drwali, skąd Starą Drogą Izerską schodzimy do uzdrowiska. *Ze schroniska „Chatka Górzystów" 1.20 godz.*

5.25 / 0.00

Hala Izerska

17

Odnośnik do opisu innej wycieczki

Dodatkowe informacje, ciekawostki, opisy widoków

Informacje uzupełniające tekst

1.15 / 4.10 czas przejścia – od początku i do końca (godziny.minuty)

– ciekawy widok

– uwaga

– miejsce odpoczynku

– schronisko

– muzeum

– zabytek

Góry Izerskie

Góry Izerskie przecięte są polsko-czeską granicą państwową. Ich nadgraniczny charakter miał wielki wpływ na rozwój powojennej turystyki w tym regionie. Duża część gór, zwana Workiem Jakuszyckim, ze względu na bliskość granicy państwowej, była przez długie lata niedostępna dla turystów. Jedynie wojskowi i ich rodziny korzystać mogli z zabudowań Orla, a w dzisiejszym schronisku – „Chatce Górzystów", znajdowała się strażnica Wojsk Ochrony Pogranicza. Dzisiaj można już wędrować szlakami do Orla, na Izerską Halę, a nawet na czeską stronę gór przez dwa turystyczne przejścia graniczne. Zimą spotkać tu można ogromne ilości narciarzy biegowych, których bazą w tym rejonie są Jakuszyce, znane dzięki, organizowanym od kilkudziesięciu lat, Biegom Piastów.

## Położenie, topografia

Góry Izerskie wraz z Pogórzem tworzą najdalej na zachód wysuniętą część polskich Sudetów. Dzielą się zasadniczo na Grzbiet Kamienicki i Wysoki, przedzielone dolinami Kwisy i Małej Kamiennej. Na północy przechodzą w Pogórze, ciekawy kulturowo i krajoznawczo region. Najwyższym wzniesieniem jest Wysoka Kopa (1126 m n.p.m.), wznosząca się w Grzbiecie Wysokim.

## Wody

Najważniejsze rzeki, które odwadniają Góry Izerskie to Izera, od której wzięły one swoją nazwę, Kwisa, Kamienica i Kamienna. Izera w swym górnym odcinku jest rzeką graniczną i niżej toczy swe wody do Łaby, a następnie do Morza Północnego. Pozostałe rzeki znajdują się w dorzeczu Odry, czyli płyną w kierunku Morza Bałtyckiego. Grzbietem Wysokim przechodzi europejski dział wodny, rozdzielający zlewiska dwóch wspomnianych wyżej mórz. Duża ilość wody spływającej z gór wymogła budowę w 1905 roku zapory na Kwisie (Jezioro Leśniańskie), a później kolejnej (Jezioro Złotnickie). Zbiorniki retencyjne istnieją też na oddzielającym Pogórze Izerskie od Kaczawskiego Bobrze.

## Budowa geologiczna

Góry Izerskie należą do jednostki geologicznej zwanej metamorfikiem izerskim. Występują tu przede wszystkim gnejsy, granitognejsy oraz łupki łyszczykowe, w których znajdowane są szczotki kwarcowe, turmaliny, granaty i wiele innych cennych minerałów. W okolicy Świeradowa i Czerniawy występują wody mineralne, wykorzystywane w leczeniu chorób układu krążenia i ruchu oraz dolegliwościach alergicznych. Ważne dla rozwoju regionu były i nadal są duże pokłady kwarcu, eksploatowane w kopalni „Stanisław" na Izerskich Garbach.

## Przyroda i jej ochrona

Z pewnością elementem wyróżniającym florę Gór Izerskich spośród innych pasm sudeckich są torfowiska, rozpościerające się po obu stronach granicy. Mają one po kilka tysięcy lat, a wiek najstarszych z nich szacuje się nawet na 10 tysięcy lat. Miejsce to zostało objęte ochroną rezerwatową w 1969 roku, ale chroniona powierzchnia była wówczas niewielka. W 2000 roku utworzony został rezerwat „Torfowiska Doliny Izery" o powierzchni 485 ha, który razem z przylegającym doń rezerwatem „Rašeliniště Jizery" po czeskiej stronie, tworzy największy tego typu obszar w Sudetach. Rosną tu m.in.: brzoza karłowata, kosodrzewina, sosna błotna i owadożerne rosiczki: okrągłolistna i pośrednia. Na obszarze Gór i Pogórza Izerskiego znajdują się jeszcze rezerwaty: „Krokusy w Górzyńcu", chroniący naturalne stanowiska krokusa, „Grądy koło Posady" z fragmentem naturalnego lasu grądowego, oraz leśno-florystyczny „Góra Zamkowa" we Wleniu. Izerska fauna jest mniej urozmaicona, ale można tu spotkać jelenie, sarny i dziki, a także przychodzące z Karkonoszy muflony. Awifaunę reprezentują m.in.: płochacz halny, siewka górska i siwarnik, a w rejonie Izerskiej Hali w czasie toków usłyszeć można głuszce i cietrzewie.

## Zarys dziejów

Tereny położone na północ od Gór Izerskich były w IX wieku zasiedlone przez plemię Bobrzan. W średniowieczu osadnictwo dotarło do podnóża gór, w okolice dzisiejszej Kamienicy i Mirska, ale największy jego rozwój miał miejsce w XIII w., gdy powstała większość istniejących do dzisiaj miejscowości. W XIV w. duża część Gór Izerskich znalazła się w granicach księstwa świdnicko-jaworskiego, należącego do Piastów śląskich. Księstwo to przeszło z czasem pod władanie korony czeskiej i w ten sposób Góry Izerskie znalazły się w granicach Czech, które z kolei w XVI wieku trafiły w ręce austriackich Habsburgów. Kolejna ważna zmiana nastąpiła po I wojnie śląskiej (1740–1742), w wyniku której Śląsk dostał się pod panowanie Prus, a później Niemiec.

## Turystyka

Zimą jest to mekka narciarzy biegowych, a latem region, w którym spotkać można miłośników wycieczek rowerowych. Duże fragmenty tych gór charakteryzują się spłaszczonymi wierzchołkami i niemal równym terenem, co daje możliwości planowania ciekawych tras. Ruch turystyczny skupia się w Świeradowie-Zdroju i w Szklarskiej Porębie, której częścią są Jakuszyce.

W Świeradowie-Zdroju ma swój początek Główny Szlak Sudecki im. dra. Mieczysława Orłowicza, który wiedzie przez większość sudeckich pasm i kończy się w Prudniku, na skraju Gór Opawskich. Na całym swym odcinku ma on kolor czerwony. Najdłuższy sudecki szlak turystyczny nazwano imieniem Orłowicza w uznaniu jego zasług dla rozwoju turystyki w naszym kraju. W roku 2006 minęło 100 lat od założenia przez niego pierwszego na ziemiach polskich Akademickiego Klubu Turystycznego (we Lwowie). Z tej okazji w całym kraju odbyło się wiele imprez turystycznych, a największą w Sudetach był cykl rajdów zorganizowanych przez Akademicki Klub Turystyczny z Wrocławia.

Świeradów-Zdrój

Warto zobaczyć domy łużyckie oraz urocze drewniane domki z podcieniami. Warte odwiedzenia są też siedziby szlacheckie, np. Gryf, Wleń, Siedlęcin, Nawojów Łużycki, czy potężny zamek Czocha. W miastach znajdziemy ciekawe zabytki, dość wspomnieć o Lwówku Śląskim, Nowogrodźcu, Lubaniu, Zgorzelcu czy Lubomierzu.

## Położenie, topografia

Karkonosze kulminują w Śnieżce (1602 m n.p.m.), której wierzchołek jest jednym z najlepiej rozpoznawalnych szczytów Sudetów. Najwyższe pasmo Sudetów jest jednocześnie najpopularniejszym pasmem, przyciągającym tłumy turystów zarówno latem, jak i zimą. Politycy podzielili je na dwie nierówne części (większa pozostaje poza naszymi granicami), a geografowie – część polską na Grzbiety: Śląski, Czarny, Kowarski oraz Lasocki.

## Wody

Przez Karkonosze przebiega europejski dział wodny, rozdzielający zlewiska mórz Bałtyckiego i Północnego. Do najważniejszych rzek, odwadniających polską część Karkonoszy należą: Kamienna, Łomnica, Wrzosówka, Jedlica oraz Podgórna. W kotłach polodowcowych znajdują się jeziora, np. Wielki Staw, Mały Staw, czy Śnieżne Stawki. Warto też wspomnieć o wodospadach: Kamieńczyka (najwyższy po polskiej stronie Sudetów), Podgórnej, Szklarki, Wrzosówki i Łomniczki.

## Budowa geologiczna

Karkonosze rozpoczęły swą geologiczną historię już w paleozoiku i w kolejnych epokach przechodziły skomplikowane przemiany, czego wyrazem jest ich budowa geologiczna. W ogromnej części zbudowane są z granitu karkonoskiego, ale znaleźć tu można także łupki łyszczykowe, gnejsy, hornfelsy, a w Małym Kotle Śnieżnym – żyłę bazaltu z rosnącą na niej niezwykle cenną roślinnością. W przeszłości góry te były terenem wydobycia licznych rud, w tym żelaza, ołowiu, miedzi, uranu, a także srebra i złota.

Schronisko „Samotnia", w tle Śnieżka

## Przyroda i jej ochrona

W Karkonoszach można łatwo zauważyć charakterystyczne piętra roślinne. Występują tutaj cztery z sześciu pięter: pogórza, reglowe, subalpejskie i w najwyższej części – alpejskie. Niemal cały obszar tych gór objęty jest ochroną w ramach utworzonego w 1959 roku Karkonoskiego Parku Narodowego. Na jego terenie występuje wiele cennych roślin, z których warto wymienić endemiczne: jastrzębce, dzwonek karkonoski, jarząb sudecki, czy skalnicę bazaltową. W sumie na terenie Karkonoszy opisanych zostało ponad 1300 gatunków przedstawicieli flory. Świat zwierząt prezentuje się nie mniej okazale, z liczbą ponad 320 gatunków kręgowców i około 15 tysięcy bezkręgowców. Od kilku lat spotkać można bielika, który ma tutaj swoje gniazda, planuje się również ponowne wprowadzenie rysia, mającego pomóc w naturalny sposób w zachowaniu równowagi wśród roślinożerców, niszczących sadzonki młodych drzew, zwłaszcza jodeł i buków, pomału zastępujących monokulturę świerkową.

## Zarys dziejów

Archeologiczne odkrycia w Sobieszowie i Podgórzynie świadczą o tym, że człowiek docierał tutaj już w neolicie.

Jednak o w miarę stałym osadnictwie możemy mówić dopiero w odniesieniu do plemienia Bobrzan, które w IX-XI w. opanowało północne przedpola Karkonoszy. Nie bez znaczenia były również przechodzące przez góry trakty handlowe, w tym uważana za najstarszą Śląska Droga, przecinająca grzbiet Karkonoszy w rejonie Równi pod Śnieżką. W średniowieczu rozwinęło się górnictwo i poszukiwanie drogich kamieni, w czym celowali roztaczający wokół siebie aurę tajemniczości Walończycy, a później również wytwarzanie węgla drzewnego. Karkonoskie lasy były też trzebione dla potrzeb rozwijających się hut szkła. W czasie wojny 30-letniej ludność mieszkająca we wsiach u podnóża gór niejednokrotnie szukała w nich schronienia, budując tam nowe domostwa, a nawet zakładając osady. Warto też dodać, że niebagatelną rolę w zagospodarowaniu Karkonoszy miała turystyka, której rozwój uwarunkowany był istnieniem w niedalekich Cieplicach popularnego uzdrowiska. Liczne budy pasterskie położone wysoko w górach stawały się pomału schronieniem dla turystów i z czasem zaczęły pełnić rolę schronisk.

Śnieżka

## Turystyka

Jako że Karkonosze stanowią najwyższe sudeckie pasmo, oferujące na dodatek bogatą infrastrukturę, gęstą sieć szlaków i wspaniałe widoki, stały się one najpopularniejszym pasmem, odwiedzanym licznie przez turystów. Rocznie polską część odwiedza niemal 2 miliony osób, które mają do dyspozycji 112 kilometrów szlaków pieszych. Trzeba pamiętać, że na terenie Karkonoskiego Parku Narodowego poruszanie się poza szlakami jest zabronione. Zimą w wielu miejscach postawione są tyczki, które wyznaczają szlak turystyczny, często o innym niż latem przebiegu – należy stosować się do tego typu znakowania. O skali zagospodarowania Karkonoszy może świadczyć fakt, że na terenie Karkonoskiego Parku Narodowego znajduje się 20 obiektów noclegowych z około 700 miejscami noclegowymi.

Najczęściej odwiedzana jest oczywiście Śnieżka, na którą dotarcie można znacznie sobie ułatwić przez wjazd wyciągiem krzesełkowym na Kopę. Najpopularniejsze wejście z Karpacza prowadzi przez Polanę, schroniska „Samotnia" i „Strzecha Akademicka" oraz Równię pod Śnieżką. Latem trudno tu o samotność, zimą z reguły można liczyć na przetarty szlak. Z kolei w zachodniej części Karkonoszy najczęściej odwiedzanym szczytem jest Szrenica, na którą można wjechać wyciągiem, a także niezwykle malownicze Śnieżne Kotły. Dużą ilość turystów spotkamy też przy wodospadach Szklarki i Kamieńczyka, a także na zamku Chojnik, który położony jest w enklawie Karkonoskiego Parku Narodowego.

U stóp Karkonoszy rozłożyły się dwa kurorty: Szklarska Poręba i Karpacz, a także leżące nieco z boku Kowary. Wszystkie trzy miejscowości przyciągają turystów różnorodnymi atrakcjami i z pewnością każdy znajdzie tu coś dla siebie – zarówno miłośnicy kultury i cichych muzeów, jak i zwolennicy aktywniejszego spędzania wolnego czasu. Oprócz turystyki pieszej, można tu uprawiać na skałkach wspinaczkę, skorzystać z gęstej sieci szlaków rowerowych, czy pojeździć na letnim torze saneczkowym. Zimą Szklarska Poręba i Karpacz stają się mekką narciarzy zjazdowych, w ciągu kilku najbliższych lat będą chciały do nich dołączyć również Kowary.

## Położenie, topografia

Rudawy Janowickie są pasmem niewysokim, sięgającym 945 m n.p.m. (Skalnik). Całe pasmo jest dość zwarte, a od głównego grzbietu odchodzi kilka bocznych, z których warto wymienić Zamkowy Grzbiet z ruinami zamku Bolczów, Janowickie Garby z licznymi skałkami oraz Hutniczy Grzbiet, kulminujący w Piaskowej (585 m n.p.m.) .

## Wody

Najważniejszą rzeką w regionie jest Bóbr, do którego wpadają liczne potoki, spływające z gór. Cały obszar Rudaw Janowickich leży w zlewisku Morza Bałtyckiego. Nie ma tu dużych, naturalnych zbiorników wodnych, ale w krajobrazie zwraca uwagę żwirowisko w Wojanowie oraz dwa kompleksy stawów – jeden w okolicy Karpnik, drugi w Bukowcu. Warto jeszcze wspomnieć o źródłach wód radoczynnych, występujących w okolicy Kowar. Są one słabo zmineralizowane i zawierają niewielkie ilości radonu.

## Budowa geologiczna

Zachodnia część Rudaw Janowickich zbudowana jest z granitów, a wschodnia – ze skał przeobrażonych (metamorficznych), wykazujących dużą różnorodność. Na wschodnich zboczach wydobywano w przeszłości liczne rudy (od których pochodzi nazwa pasma), m.in. rudy żelaza, miedzi, arsenu i złota. Znaczącym elementem gospodarki regionu była eksploatacja surowców skalnych, m.in. uważanych za najczystsze w Polsce dolomitów w Rędzinach, czy amfibolitów w Ogorzelcu.

## Przyroda i jej ochrona

W lasach Rudaw Janowickich dominują świerki, które stanowią tu ponad 85% drzewostanu. W 1995 roku utworzony został Leśny Bank Genów w Kostrzycy, którego głównym zadaniem jest gromadzenie nasion roślin z różnych obszarów dla ich długotrwałego przechowywania. Daje to możliwość odtworzenia naturalnego drzewostanu w razie np. katastrofy ekologicznej. Runo leśne nie wyróżnia się niczym szczególnym, ale rudawskie łąki, podchodzące w wielu miejscach wysoko na zbocza, pełne są chronionych i rzadkich roślin. Do najciekawszych należą: żywiec dziewięciolistny, arnika górska, śnieżyca wiosenna, pierwiosnka wyniosła, róża alpejska i kilka gatunków storczyków. Zdaniem botaników, wyjątkowym miejscem są łąki w okolicy Raszowa, bowiem spotkać tu można m.in. rzadką w całych Sudetach kukułkę bzową, kruszczyka błotnego, uważanego za najbardziej zagrożonego wyginięciem storczyka występującego w Sudetach, czy rosnącego na skałach rojownika pospolitego. W wyniku przeprowadzonych wieloletnich badań i obserwacji na terenie Rudaw Janowickich stwierdzono ponad 200 gatunków kręgowców, z których największą liczbę stanowią ptaki. W starych sztolniach schronienia szukają nietoperze, m.in. objęte ścisłą ochroną mopek i nocek duży, a także podkowiec mały. Z wodą lub terenami podmokłymi związane jest występowanie traszki grzebieniastej, salamandry plamistej, minoga strumieniowego, czy głowacza białopłetwego, uznawanego za gatunek wskaźnikowy, pozwalający ocenić czystość wody

Turkusowe Jeziorko

## Zarys dziejów

Ślady człowieka w dolinach rzek u podnóża Rudaw Janowickich pochodzą dopiero z neolitu.

Janowickie Garby, skałki Piec

Około V-VI wieku żyli tu słowiańscy Bobrzanie, którzy z pewnością w swych łowieckich wyprawach zapuszczali się w lasy Rudaw Janowickich. Nieco bardziej współczesne nam czasy to okres osadnictwa, który nastąpił po wyniszczającym najeździe tatarskim z 1241 roku. Duże zniszczenia przyniosły wojny husyckie, ale już kolejny, XVI wiek, okazał się czasem rozwoju i złotym okresem dla większości wsi i miasteczek. Wojna 30-letnia ściągnęła na region liczne nieszczęścia w postaci przemarszów wojsk, epidemii i zniszczeń. Wiele wsi wyludniło się, gospodarka stanęła na skraju zapaści, podupadło też górnictwo w Miedziance. W wieku XIX nastał okres zainteresowania regionem wśród podróżników i turystów. W tym czasie zachodnie podnóża Rudaw Janowickich stały się jednym z najatrakcyjniejszych regionów Dolnego Śląska. W 1842 roku rozpoczęto przebudowę pałacu cesarskiego w Mysłakowicach. Wtedy też regionem zainteresowali się ministrowie króla i osoby z jego najbliższej świty. Warto też wspomnieć o przybyłych tu w połowie XIX wieku uchodźcach religijnych, którym król pruski pozwolił na osiedlenie się w Mysłakowicach. Pochodzili oni z Tyrolu i założyli kolonię nazwaną Zillerthal. Pamiątką po nich są liczne domy tyrolskie o charakterystycznej architekturze, stojące m.in. w Mysłakowicach i w Sosnówce.

## Turystyka

Sieć szlaków jest gęsta, a głównymi węzłami są: Skalnik, położony na jego zboczach Czartak oraz schronisko „Szwajcarka" w Górach Sokolich. Przez Rudawy Janowickie przechodzi Główny Szlak Sudecki im. Mieczysława Orłowicza, a ze szlaków długodystansowych warto jeszcze wymienić Szlak Zamków Piastowskich oraz Europejski Długodystansowy Szlak Pieszy E3. Największa liczba turystów odwiedza Góry Sokole ze wspaniałymi punktami widokowymi na Sokoliku i Krzyżnej Górze. Tereny te to również mekka wspinaczy skałkowych. Swoje pierwsze kroki stawiali tutaj m.in. himalaiści: Wanda Rutkiewicz, Krzysztof Wielicki i Aleksander Lwow. U podnóża gór znajdują się zamki i pałace w Karpnikach, Mysłakowicach, Bobrowie, Wojanowie, Bukowcu i Łomnicy. Warto je odwiedzić nie tylko dla ich architektonicznego stylu, ale także dla znajdujących się przy nich założeniach ogrodowych. Pamiątką po przybyłych tu Tyrolczykach są domy tyrolskie w Mysłakowicach (w jednym z nich mieści się stylowa restauracja z ciekawą ekspozycją, dokumentującą historię przybycia i życia Tyrolczyków, którzy zamieszkali w tej miejscowości). Z innych atrakcji koniecznie trzeba odwiedzić okazałe ruiny zamku Bolczów, Kolorowe Jeziorka na zboczach Wielkiej Kopy i ośrodek Hare Kryszna w Czarnowie.

Jesień w Górach Kaczawskich

Góry Kaczawskie są pasmem niewysokim i przez to niedocenianym przez turystów. Leżące niemal w zasięgu ręki Karkonosze skutecznie wygrywają rywalizację, chociaż w Górach Kaczawskich można znaleźć równie wiele atrakcji. Swoista niepamięć, w jaką popadły przejawia się też w niewielkiej liczbie szlaków turystycznych, jakie tu wyznaczono oraz w małej liczbie dostępnych noclegów. Jest to jednak ciekawy region, a dla zbieraczy kamieni szlachetnych wręcz bezcenny. Wiele bardzo interesujących miejsc znajdą również przyrodnicy, zwłaszcza w Parku Krajobrazowym „Chełmy" na Pogórzu Kaczawskim.

## Położenie, topografia

Góry Kaczawskie są najniższym pasmem górskim w polskich Sudetach i można je podzielić na Grzbiety: Północny, Południowy, Wschodni i Mały. Najwyższym szczytem jest Skopiec (724 m n.p.m.) w Grzbiecie Południowym. Na północy przechodzą w malownicze Pogórze Kaczawskie.

## Wody

Góry i Pogórze Kaczawskie leżą w dorzeczu Odry, a więc w zlewisku Morza Bałtyckiego. Głównymi rzekami odwadniającymi są Bóbr, Kaczawa i Nysa Szalona, będąca dopływem Kaczawy. Ta ostatnia ma swoje źródła pod Turzcem – najwyższym wzniesieniem Gór Ołowianych. Inne ważne w regionie rzeki to dopływy Bobru: Świdna, Radomierka, Złotucha, Lipka, Wierzbnik i Szumiąca oraz Olszana i Bukownica, będące dopływami Kaczawy. W 1978 roku na Nysie Szalonej zbudowano zbiornik retencyjny, Jezioro Słup, o powierzchni 490 ha.

## Budowa geologiczna

Kilkakrotne wkraczanie na ten teren morza oraz fałdowania i wypiętrzenia doprowadziły do skomplikowanej budowy geologicznej regionu. Duży wpływ na powstanie tych gór miała również działalność wulkaniczna. Dla zbieraczy kamieni Góry Kaczawskie są prawdziwym rajem. Znajdowane tutaj ametysty mają do kilku centymetrów wielkości, ale najbardziej znana jest tu jednak odmiana chalcedonu zwana agatem.

## Przyroda i jej ochrona

Stwierdzono tu występowanie ponad 70 gatunków roślin chronionych lub zagrożonych wyginięciem. Warto wspomnieć np. o turzycy pchlej (roślinie występującej zaledwie na czterech znanych stanowiskach, w tym trzech w Górach Kaczawskich), cyklamenie purpurowym (jedyne stanowisko w Polsce), języczniku zwyczajnym (jedyne stanowisko w Sudetach), czy obuwiku pospolitym (jednej z 23 występujących tu roślin z rodziny storczykowatych). Duże ssaki reprezentowane są przez sarny, dziki, lisy i stosunkowo często spotykane muflony. Na terenie Gór i Pogórza Kaczawskiego ustanowiono 9 rezerwatów: „Góra Miłek", „Buczyna Storczykowa na Białych Skałach", „Buki Sudeckie", „Ostrzyca Proboszczowicka", „Wilcza Góra", „Wąwóz Lipa", „Wąwóz Siedmicy", „Nad Groblą" i „Wąwóz Myśliborski". Na terenie Parku Krajobrazowego „Chełmy" w Myśliborzu znajduje się Centrum Edukacji Ekologicznej i Krajoznawstwa „Salamandra" z ekspozycją zapoznającą z fauną i florą parku.

## Zarys dziejów

Pojawienie się człowieka w rejonie Gór i Pogórza Kaczawskiego datuje się na kilkanaście tysięcy lat temu. Ślady takie odkryto w okolicach Rząśnika, na wschód od Wlenia. W okresie tworzenia się państwowości polskiej ziemie te zostały wcielone do państwa Mieszka I, a w kolejnych wiekach powstało wiele obronnych osad i zamków, m.in. na Zamkowej Górze we Wleniu, w Starej Kamienicy, Płoninie, Świnach oraz na Grodźcu. Kolejne stulecia przynosiły okresy rozwoju, przerywane wojnami: husyckimi, 30-letnią, śląskimi, napoleońskimi. Od połowy XIX wieku wyraźnie widoczny stał się rozwój przemysłu w większych miejscowościach. Słynna stała się wówczas wytwórnia ceramiki w Bolesławcu, a także fabryka produkująca kapelusze w Złotoryi.

## Turystyka

Sieć szlaków nie jest gęsta, ale pozwala dotrzeć do najciekawszych miejsc. Przez Góry Kaczawskie przechodzą m.in. Szlak Zamków Piastowskich, Europejski Długodystansowy Szlak Pieszy E3 oraz Szlak Wygasłych Wulkanów, prowadzący m.in. przez Rataj, Czartowską Skałę, Ostrzycę i Grodziec.

Największe atrakcje regionu związane są z przyrodą i geologią. Wspomniany Szlak Wygasłych Wulkanów pozwala zobaczyć np. Małe Organy Myśliborskie, bazaltowe słupy odkryte w kamieniołomie (dzisiaj już nieczynnym), przypominające swym kształtem piszczałki organów. Równie ciekawe są porfirowe Wielkie Organy Wielisławskie wznoszące się nad brzegiem Kaczawy w miejscowości Sędziszowa. W Parku Krajobrazowym Chełmy można godzinami spacerować „wąwozami" i podziwiać skaliste ściany głęboko wciętych dolin. Na południowy wschód od Złotoryi powstaje od kilku lat skansen górnictwa miedzi w Leszczynie. Odbywają się tutaj co roku Dymarki Kaczawskie, impreza przyciągająca setki turystów. Już teraz można tutaj skorzystać z ciekawie poprowadzonej ścieżki dydaktycznej, zaznajamiającej z pozostałościami dawnego górnictwa w tym regionie. Spacerując nią można zobaczyć m.in. stare wyrobiska, pozostałości szybów, urządzeń kopalnianych, a z tablic umieszczonych na kolejnych przystankach dowiedzieć się o ciekawostkach związanych z górnictwem.

Wojcieszów

Zimą atrakcją jest ośrodek sportów narciarskich na Łysej Górze w Dziwiszowie. Zachowało się także kilka cennych zabytków gotyckich oraz romańskich. Warto odwiedzić wieżę rycerską w Siedlęcinie, kościół śś. Jana i Katarzyny w Świerzawie, czy warownie we Wleniu, Płoninie i na Grodźcu.

Podejście na Śnieżkę

## Jak dojechać?

Opisując możliwości dojazdu w Sudety Zachodnie, skoncentrujemy się na podróży ze stolicy Dolnego Śląska – Wrocławia. Jeżeli korzystamy z własnego samochodu, wybierzmy najlepiej podróż autostradą A4 do zjazdu na Lubawkę, a następnie drogą nr 5 do Bolkowa i dalej drogą nr 3 w kierunku Jeleniej Góry. Ciekawszą pod względem krajoznawczym jest trasa przez Świdnicę i Świebodzice, ale podróż nią jest z pewnością wolniejsza. Można za to ją urozmaicić wizytą na przykład w świdnickim Kościele Pokoju – zabytku wpisanym na listę światowego dziedzictwa UNESCO.

Jeżeli chcemy skorzystać z komunikacji publicznej, lepiej zapomnijmy o jeździe koleją, bowiem podróż z Wrocławia do Jeleniej Góry trwa obecnie prawie 3,5 godziny (przed wojną pociągi pokonywały ten dystans w czasie 1 godz. 40 minut!). Z Wrocławia kursuje sporo autobusów PKS do Jeleniej Góry i Świeradowa Zdroju. Coraz silniejsza jest również komunikacja prywatna, zwłaszcza firma „KRY-CHA", która oferuje szybki przejazd z Wrocławia do Jeleniej Góry, a także gęstą sieć połączeń lokalnych wokół stolicy Karkonoszy. Mankamentem komunikacji prywatnej jest to, że jej kursy odbywają się najczęściej w dni robocze, a rzadko w dni wolne od pracy. Starając się dotrzeć w miejsca wokół Jeleniej Góry, warto również zainteresować się połączeniami oferowanymi przez Miejski Zakład Komunikacji, którego autobusy docierają do wielu miejscowości położonych w górach, takich jak na przykład Piechowice, Michałowice, Wojanów, czy Dziwiszów.

www.rozklad.pkp.pl
www.pks.jgora.pl
www.mzk.jgora.pl
www.krycha.pl

## Dach nad głową

W obecnych czasach znalezienie noclegu nie przedstawia większego problemu, pozostaje jedynie kwestia „za ile?". Niemal w każdej miejscowości Sudetów Zachodnich znaleźć można pensjonat, hotel, czy gospodarstwo agroturystyczne, oferujące noclegi o przeróżnym standardzie. Coraz częściej obiekty położone u podnóża gór, w miastach i wsiach, są tańsze od schronisk górskich, a na dodatek oferują lepsze warunki. Te ostatnie z kolei mają tę przewagę, że najczęściej położone są wysoko w górach, a więc korzystanie z nich nie wymaga schodzenia w doliny podczas wędrówki. Szukając noclegu przed wyjazdem w góry, koniecznie trzeba zajrzeć na strony poszczególnych miast, które w działach poświęconych turystyce zamieszczają zestawienie noclegów w mieście, gminie, czy ich najbliższej okolicy.

## Coś na ząb

Wymiana ludności w regionie sudeckim, jaka miała miejsce po II wojnie światowej, spowodowała zanik typowej kuchni śląskiej, charakterystycznej dla regionu, ale przyniosła nowe potrawy, które powoli stają się regionalnymi atrakcjami. Niestety królują wciąż typowe restauracje z typowymi potrawami, jakie spotkać można wszędzie. Z pewnością warto spróbować pstrąga w jednym z licznych łowisk, gdzie na dodatek można rybę złowić samemu. Coraz popularniejsze stają się zaimportowane z Podhala oscypki podawane z grilla, czy kuchnia krajów niemieckojęzycznych, która przybyła w Sudety wraz z coraz liczniejszymi wycieczkami zza zachodniej granicy.

## W sieci

Internet jest jak przysłowiowa kartka papieru – zniesie wszystko, dlatego do informacji znalezionych w sieci trzeba zawsze podchodzić z pewną rezerwą, zwłaszcza tych zawartych na stronach amatorskich. Najlepiej korzystać z dużych serwisów, zwłaszcza prowadzonych przez poszczególne miasta i jednostki samorządowe. Poniżej podajemy zestawienie kilku z nich, które z pewnością mogą przydać się podczas planowania wyjazdu. Nie jest to zestawienie kompletne, ale można je potraktować jako wstęp do dalszych poszukiwań, bowiem niemal każda z tych stron ma dział, niekiedy rozbudowany, z linkami do innych stron.

www.naszesudety.pl – prawie wszystko o Sudetach
www.jeleniagora.pl – oficjalna strona miasta Jelenia Góra
www.kowary.pl – strona miasta Kowary
www.szklarskaporeba.pl – strona miasta Szklarska Poręba
www.karpacz.pl – strona miasta Karpacz
www.swieradowzdroj.pl – strona miasta Świeradów-Zdrój

Schronisko „Samotnia"

atlas: 106

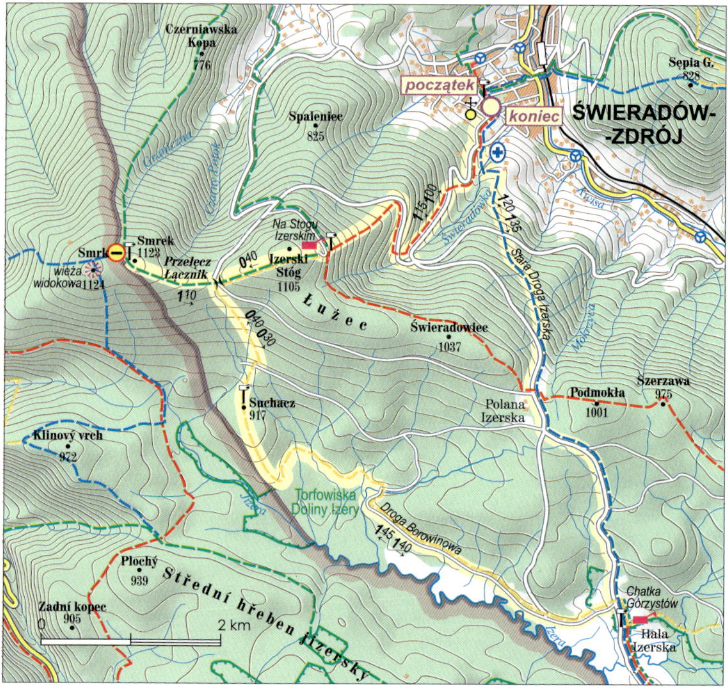


**Świeradów-Zdrój – Schronisko „Na Stogu Izerskim"– Stóg Izerski – Łącznik– Smrek– Łącznik – Suchacz – Droga Borowinowa – Izerska Hala, Schronisko „Chatka Górzystów"– Polana Izerska – Stara Droga Izerska – Świeradów-Zdrój**

850

5.25

*Suma podejść ok. 850 m. Czas przejścia ok. 5.30 godz., w przeciwnym kierunku ok. 6 godz.*
*Świeradów-Zdrój należy do najładniejszych uzdrowisk na Dolnym Śląsku. Zadbany Park Zdrojowy, piękna drewniana hala spacerowa i wyjątkowe położenie powodują, że wypoczynek tutaj na pewno będzie należał do udanych. Wycieczka pozwala na skorzystanie z dobrodziejstw, jakie oferuje miasto: od wód mineralnych, poprzez piękne widoki, po górską wędrówkę. Dwa schroniska na trasie pozwolą na wypoczynek, a wieża widokowa na Smrku – na podziwianie pięknych panoram (wieża znajduje się po czeskiej stronie, należy zatem wziąć ze sobą dowód osobisty lub paszport).*

0.00
5.25

Wycieczkę rozpoczynamy w centrum zdroju, przy najdłuższej w Polsce, drewnianej hali spacerowej. Warto do niej zajrzeć i pospacerować w niej, popijając małymi łykami wodę mineralną. Będąc w Parku, warto również pokusić się o znalezienie pomnika żaby, która przyczyniła się do odkrycia leczniczych właściwości tutejszych wód. W **Świeradowie-Zdroju** ma swój początek Główny Szlak Sudecki (kolor czerwony), biegnący później przez większość pasm sudeckich; skorzystamy z niego podczas wspinaczki do **schroniska „Na Stogu Izerskim"**. Podchodzimy wzdłuż hali do ulicy Piłsudskiego, gdzie skręcamy w prawo i idąc dalej pod górę ulicą Graniczną, opuszczamy miasto. Przez dłuższy odcinek będziemy podchodzić asfaltem, dwa razy ścinając jego zakręty. W miejscu,

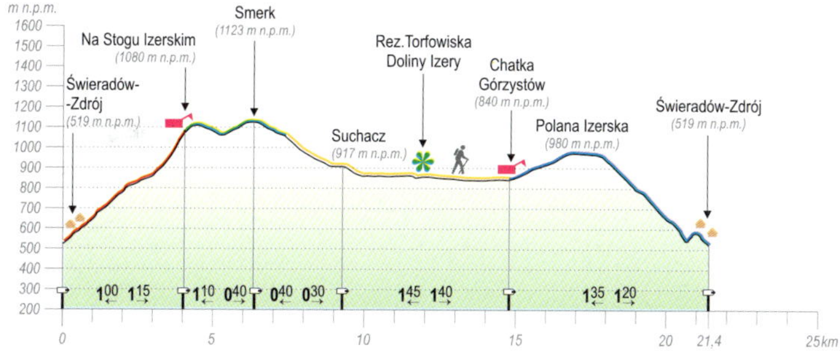


gdzie szlak schodzi z drogi w lewo i idzie bezpośrednio i stromo do schroniska, można pójść dalej szosą, która łagodniej doprowadzi nas w to samo miejsce. *Ze Świeradowa-Zdroju 1.15 godz.* 1.15 4.10

Przy schronisku opuszczamy szlak czerwony i dalej idziemy zielonym pod górę, by po kilku minutach osiągnąć wierzchołek Stogu Izerskiego (1105 m n.p.m.). Następnie schodzimy na przełęcz pomiędzy nim i **Smrekiem** (1123 m n.p.m.), na który wchodzimy. *Ze schroniska „Na Stogu Izerskim" 40 min.* 1.55 3.30

Znajduje się tutaj przejście graniczne i po czeskiej stronie kilka lat temu postawiona wieża widokowa o nieco kosmicznym kształcie. Rozciąga się z niej fantastyczna panorama. Ze szczytu wracamy na przełęcz (Łącznik) i dalej za znakami żółtymi schodzimy w kierunku niewyraźnej kulminacji **Suchacza** (917 m n.p.m.) *Ze Smerka 0.30 godz.* 2.25 3.00

Następnie granicą państwa do Drogi Borowinowej i nią na Izerską Halę. Szlak wiedzie granicą rezerwatu **„Torfowiska Doliny Izery"** – największego tego typu zbiorowiska torfowisk w Polsce. Po drodze możemy podziwiać piękne panoramy, m.in. czeskiej części Gór Izerskich. Dochodzimy do **„Chatki Górzystów"** – doskonałego miejsca na odpoczynek i posilenie się (w prawo odchodzi szlak żółty – *trasa nr 2*). *Z Suchacza 1.40 godz.* 4.05 1.20

*Mając nieco wolnego czasu, warto zapoznać się ze ścieżką przyrodniczą, której jeden z przystanków znajduje się przy schronisku. Ma ona około trzy kilometry długości i pozwala na poznanie specyfiki Izerskiej Hali i znajdujących się tutaj torfowisk.*

W samym schronisku warto spróbować wyjątkowych naleśników, oferowanych przez gospodynię. Od schroniska podchodzimy łagodnie szosą na **Polanę Izerską** z pozostałościami dawnej osady drwali, skąd Starą Drogą Izerską schodzimy do uzdrowiska. *Ze schroniska „Chatka Górzystów" 1.20 godz.* 5.25 0.00

Hala Izerska

atlas:
136-138
146
116-119

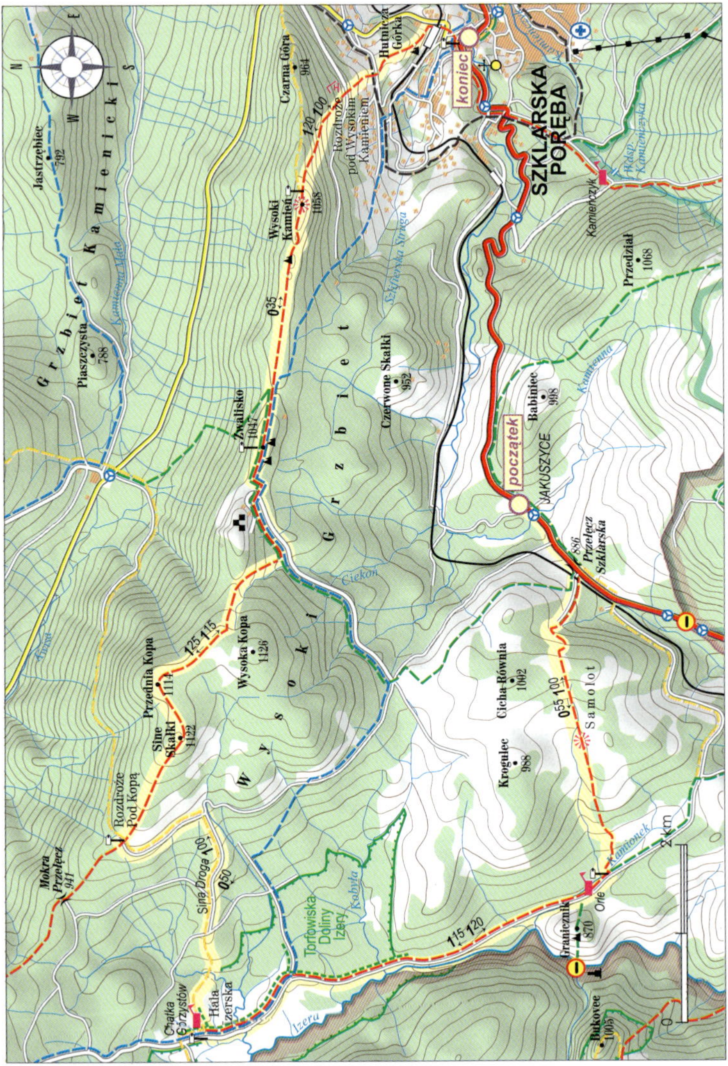

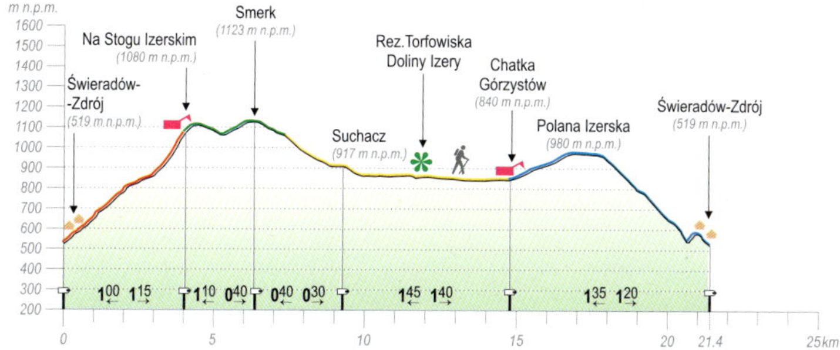


## Jakuszyce – Samolot – Schronisko „Orle" – Izerska Hala – Schronisko „Chatka Górzystów" – Rozdroże pod Kopą – Wysoka Kopa – Zwalisko – Wysoki Kamień – Szklarska Poręba

*Suma podejść ok. 520 m. Czas przejścia ok. 6 godz., w przeciwnym kierunku ok. 6.30 godz.* 520 6.00

*Góry Izerskie leżą bez wątpienia w cieniu pobliskich Karkonoszy i to zarówno w sensie dosłownym, jak i w przenośni. Niezbyt wysokie szczyty, rozległe wypłaszczenia i przez lata brak fachowej literatury turystycznej spowodowały, że znacznie tu mniej turystów niż w sąsiednim paśmie. Polska część Gór Izerskich znacznie różni się od części czeskiej, w której mnóstwo jest głębokich dolin i fantazyjnych formacji skalnych. „Nasza" z kolei część to doskonałe miejsce na niezbyt męczące wycieczki, nie tylko piesze, ale także rowerowe i narciarskie. Wycieczka pozwala na poznanie rejonu Gór Izerskich, przez długie lata po wojnie niedostępnego dla turystów. Ostatnie dziesięciolecia spowodowały możliwość penetracji dróg i ścieżek, a dwa typowo turystyczne schroniska na trasie zapewniają możliwość odpoczynku i posilenia się. Samochód najlepiej pozostawić w Szklarskiej Porębie, a do miejsca startu w Jakuszycach dotrzeć autobusem PKS (nie kursuje ich tu niestety zbyt wiele).*

Wycieczkę rozpoczynamy przy przystanku PKS w **Jakuszycach**, obok siedziby Biegu Piastów. 0.00 6.00 Znana chyba wszystkim marcowa impreza o światowym już zasięgu, rozgrywana co roku od ponad 30 lat, rozsławiła Jakuszyce na całym świecie. Rokrocznie bierze w niej udział kilka tysięcy biegaczy, w tym miłośnicy tego sportu z Czech, Finlandii i wielu innych krajów. Miejscowość, będąca dzisiaj częścią Szklarskiej Poręby, sławna jest nie tylko wśród miłośników narciarstwa biegowego, ale także wśród turystów pieszych i rowerzystów, którzy w okolicy znajdą wspaniałe trasy piesze i rowerowe. Warto jeszcze dodać, że **Przełęcz Szklarska** (886 m n.p.m.), znajdująca się na terenie Jakuszyc, oddziela Góry Izerskie od Karkonoszy (będące po lewej stronie drogi biegnącej w kierunku przejścia do Czech).

Ruszamy na wycieczkę za znakami szlaku czerwonego, niemal od razu wznoszącego się na widocznie przed nami zbocza Cichej Równi. Idziemy wygodną drogą, z której pod wierzchołkiem rozpościerają się ładne widoki. Mijamy z prawej szczyt Cichej Równi i za chwilę jesteśmy już w miejscu zwanym **Samolot**, które swą nazwę zawdzięcza wypadkowi samolotu, który w czasie II wojny światowej rozbił się tutaj.

*Samolot. Kiedyś było to świetne miejsce widokowe, dzisiaj w wielu miejscach zarośnięte przez młode drzewka, niemniej jednak panoramy nadal są zachwycające – pięknie widoczna jest stąd czeska część Gór Izerskich.*

Dalej czeka nas zejście do **schroniska „Orle"**, znajdującego się w zabytkowym budynku dawnej leśniczówki. *Z Jakuszyc 55 min.* Jest to jedno z dwóch schronisk w tym rejonie o naprawdę turystycznej atmosferze (drugim jest „Chatka Górzystów", do której zawitamy nieco później). 0.55 5.05

Schronisko „Orle"

Wysoki Kamień

Orle powstało jako osada hutnicza, a ślady świetności dokumentują liczne fragmenty szklanych donic, ustawione na parapetach jadalni i drewniany pomniczek szklarza przed schroniskiem. Warto też zwrócić uwagę na wieżyczkę i umieszczony w niej dzwon. Nie jest oryginalny, ale taki właśnie dzwon wzywał hutników do pracy, gdy surówka była gotowa do wytopu. Czasami zdarzało się to nawet w środku nocy.

Będąc w Orlu, warto wiedzieć, że prowadzi od niego zielony szlak do skały **Granicznik** i następnie w dół do doliny Izery i turystycznego przejścia granicznego do Czech.

*Przejście graniczne istniało w tym miejscu jeszcze przed wojną, ale w okresie powojennych niesnasek granicznych most na Izerze został wysadzony w powietrze. Dzięki staraniom dużej rzeszy miłośników Gór Izerskich, w tym członków Towarzystwa Izerskiego, most został odbudowany (w skromniejszej formie) i przejście znów zaczęło funkcjonować, otwarte z wielką pompą 15 lipca 2005 roku. Było przecinanie wstęgi, a nasi południowi sąsiedzi przygotowali beczkę z piwem i pieczonego prosiaka. Przy moście stoi drewniany pomnik św. Jana Nepomucena – patrona chroniącego od powodzi. Przejście umożliwia dostanie się do oddalonej zaledwie o trzy kilometry od Orla wioski Jizerki, bodaj najpiękniej położonej w Górach Izerskich. Atrakcją są tutaj m.in. torfowiska i malowniczy szlak przez nie poprowadzony, wulkaniczny nek (najwyżej położony w Sudetach) oraz niewielkie muzeum poświęcone Górom Izerskim. Będąc w Orlu, warto wziąć pod uwagę możliwość wycieczki na czeską stronę, zwłaszcza że można ją sobie urozmaicić pysznym borůvkovym koláčem w chacie Kakrada, malowniczo położonej u stóp Bukovca.*

Od Orla kontynuujemy naszą wędrówkę szlakiem czerwonym, wygodną drogą jezdną w kierunku północnym, mijając po lewej dwa budynki dawnej strażnicy Wojsk Ochrony Pogranicza (dzisiaj w jednym z nich mieści się część noclegowa schroniska „Orle"). Wkraczamy do lasu, przekraczamy Kamionek, wpadający nieco niżej do Izery i idziemy dalej drogą przez las. Po kilkunastu minutach marszu wychodzimy na rozległą **Izerską Halę**. Tutaj też dochodzimy do Izery, pięknie meandrującej na tym odcinku. Po chwili przekraczamy granicę rezerwatu **„Torfowiska Doliny Izery"**, stanowiącego największy w polskich górach kompleks torfowisk.

*„Torfowiska Doliny Izery". Aby zapoznać się z tym wyjątkowym pod względem przyrodniczym miejscem, warto przeczytać informacje zawarte na tablicach, które ustawiono przy kolejnych przystankach ścieżki przyrodniczej. Są one naprawdę ciekawe, bo miejsce jest niezwykłe – dość wspomnieć, że nawet w lipcu zdarzają się tutaj przymrozki. Specyficzny klimat Izerskiej Hali ma bezpośredni wpływ m.in. na rosnące tutaj rośliny.*

2.10
3.50

Podążając szlakiem czerwonym do nieodległej już „Chatki Górzystów", będziemy mieli okazję zatrzymać się przy większości z tablic; do jednego z przystanków (szóstego) można dojść szlakiem niebieskim, który spotkamy po drodze (idziemy nim w prawo 300 metrów). *Ze schroniska „Orle" 1.15 godz.*

*Sama **„Chatka Górzystów"** jest pozostałością po dużej osadzie, jaka istniała tutaj jeszcze po II wojnie światowej. Przygraniczne położenie i ciężkie warunki życia spowodowały, że wieś szybko się wyludniła, a jedynym ocalałym budynkiem jest dawna szkoła, w której dzisiaj mieści się schronisko. Budynek ocalał tylko dlatego, że „miał szczęście" być w użytkowaniu WOP. Warto tu zajrzeć chociażby dla wspaniałych naleśników, serwowanych przez gospodynię.*

Od schroniska idziemy dalej za znakami szlaku żółtego, którym najpierw łagodnie podchodzimy do ściany lasu, a następnie pod górę, tzw. Siną Drogą, do **Rozdroża pod Kopą**. *Ze schroniska „Chatka Górzystów" 1.00 godz.*

3.10
2.50

Tutaj spotykamy szlak czerwony – Główny Szlak Sudecki im. Mieczysława Orłowicza, którym będziemy kontynuować wycieczkę aż do jej końca – do Szklarskiej Poręby. Na Rozdrożu skręcamy w prawo i zaczynamy podejście na **Sine Skałki** w masywie **Wysokiej Kopy**, a następnie zejście do drogi dojazdowej do kopalni kwarcu „Stanisław". Kopalnia Stanisław. Kopalnia jest najwyżej położoną kopalnią odkrywkową w Europie i ze względu na wysokość, czynna jest tylko w okresie letnim – zimą nie da się do niej dojechać ciężarówkami, które wywożą urobek.

Od kopalni, która według ambitnych planów ma być wykorzystywana zimą jako ośrodek narciarski, idziemy wraz ze znakami szlaków niebieskiego i zielonego w kierunku wschodnim. Czeka nas miły i łatwy odcinek, poprowadzony grzbietem, kolejno przez **Zwalisko** (1047 m n.p.m.) z kilkoma grupami skałek i Zawalidrogę na **Wysoki Kamień** (1058 m n.p.m.). *Z Rozdroża pod Kopą 1.25 godz.*

4.25
1.35

*Wysoki Kamień jest szczytem dominującym nad Szklarską Porębą i niegdyś popularnym celem wycieczek. Na skałach stała tutaj wieża widokowa, a turyści mogli odpocząć i posilić się w schronisku. Dzisiaj po wieży pozostały jedynie kotwy, ale od kilku lat mozolnie powstaje w tym miejscu schronisko. Według zapewnień właściciela, bufet ma ruszyć w 2007 roku. Ze skał rozciąga się wspaniała panorama Karkonoszy i kilku innych pasm, a warto wspomnieć chociażby o doskonale widocznym Ještědzie, czy pasmach otaczających Kotlinę Jeleniogórską. Ze Zwaliska 35 min.*

5.00
1.00

Ze szczytu schodzimy za znakami czerwonymi i żółtymi, które po chwili odchodzą w lewo i prowadzą na Zakręt Śmierci i dalej do Piechowic. Podążamy szlakiem czerwonym, drogą w dół, mając po prawej ograniczone widoki na Karkonosze. Szlak sprowadza nas do **Rozdroża pod Wysokim Kamieniem**, gdzie znajduje się duża wiata ze stołami i ławami. Dalej schodzimy przez las do pierwszych zabudowań Szklarskiej Poręby i przez Hutniczą Górkę (po drodze możemy jeszcze wejść na Białe Skały, niegdyś dobry punkt widokowy) do centrum **Szklarskiej Poręby**. Wycieczkę kończymy przy punkcie Informacji Turystycznej. *Z Wysokiego Kamienia 1.00 godz.*

6.00
0.00

Zwalisko

atlas:
147, 148
118, 119

**Szklarska Poręba – Krzywa Baszty – Wodospad Kamieńczyka – Schronisko „Na Hali Szrenickiej" – Szrenica – Mokra Przełęcz – Mokra Droga – Schronisko „Pod Łabskim Szczytem" – Czeska Ścieżka – Czeska Kładka – Wodospad Szklarki – Szklarska Poręba**

7,90

4.20

*Suma podejść 790 m. Czas przejścia ok. 4.30 godz. w obu kierunkach.*
*Górująca nad Szklarską Porębą Szrenica znana jest nie tylko narciarzom, ale ze względu na działającą również latem kolej linową, także turystom pieszym. Przedstawiona propozycja trasy jest najpopularniejszym wariantem wejścia na szczyt, oferującym po drodze m.in. wizytę przy najwyższym w polskich Sudetach wodospadzie, a także w dwóch schroniskach, dających możliwość odpoczynku. W pogodne dni trzeba być przygotowanym na liczne towarzystwo innych turystów.*

0.00
4.30

Wycieczkę zaczynamy w **Szklarskiej Porębie** przy Informacji Turystycznej, od której aż do **Wodospadu Kamieńczyka** podążamy szlakiem czerwonym, najpierw przez **Krzywe Baszty** z wykutą grotą, a następnie kamienistą drogą, na ostatnim odcinku dość stromą. Alternatywą dla tego

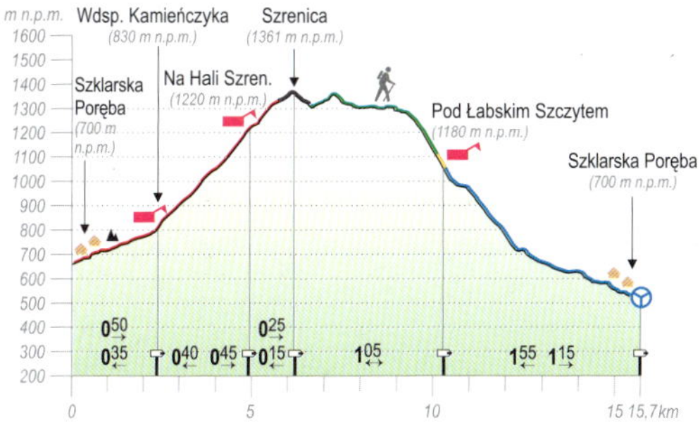


odcinka może być początkowy fragment *trasy* 🚶 *nr 5*, do wybrania którego zachęcamy. *Ze Szklarskiej Poręby 50 min.* 0.50 3.30

Od wodospadu i **schroniska „Kamieńczyk"** podchodzimy do bramy wejściowej Karkonoskiego Parku Narodowego (wstęp płatny) i następnie, wciąż monotonnie pod górę, na **Halę Szrenicką**, gdzie stoi kolejne schronisko. Doskonale widoczna stąd jest już Szrenica, zdająca się być na wyciągnięcie ręki. *Od Wodospadu Kamieńczyka 45 min.* 1.35 2.45

Kontynuujemy naszą wycieczkę szlakiem czerwonym do granicy państwa i dalej czarnym na wierzchołek. *Z Hali Szrenickiej 25 min.* 2.00 2.20

Z wierzchołka schodzimy do górnej stacji wyciągu krzesełkowego, gdzie spotykamy znaki szlaku zielonego i razem z nimi w prawo, trawersując zbocza **Szrenicy** (1361 m n.p.m.) wychodzimy na granicę państwa, którą wiedzie opuszczony wcześniej przez nas szlak czerwony. Nieco niżej, na Przełęczy Mokrej, opuszczamy go i dalej szlakiem zielonym, tzw. Mokrą Drogą, poprowadzoną przez mokradła, dochodzimy w pół godziny do **schroniska „Pod Łabskim Szczytem"**. *Ze Szrenicy 1.05 godz.* Powyżej Przełęczy Mokrej znajduje się przejście graniczne, umożliwiające dotarcie do czeskiego schroniska – Voseckiej boudy. 3.05 1.15

Dalszy odcinek naszej wędrówki wiedzie Czeską Ścieżką – starym traktem komunikacyjnym prowadzącym przez góry, łączącym Śląsk z Czechami przez źródła Łaby. Początkowo schodzimy przez wielką halę, na której stoi schronisko, by po chwili wejść do lasu – będzie nam towarzyszył do samej Szklarskiej Poręby. Droga staje się momentami dość stroma i w końcu dociera do Czeskiej Kładki na Szrenickim Potoku. 700 metrów dalej przecinamy Drogę pod Reglami i wciąż schodząc, dochodzimy do skraju lasu, gdzie spotykamy szlak czarny.

*Idąc dalej szlakiem czarnym, po 200 metrach dojdziemy do **Starej Chaty Walońskiej**, gdzie możemy zapoznać się z tradycjami średniowiecznych poszukiwaczy skarbów. Warto tam zajrzeć przynajmniej na chwilkę.*

My jednak na skrzyżowaniu szlaków wybieramy niebieski, którym schodzimy do doliny Szklarki i wodospadu. Od tego ostatniego już tylko kilka minut marszu dzieli nas od parkingu i przystanku PKS Szklarska Poręba Wodospad Szklarki. Po drugiej stronie ulicy znajduje się przystanek w stronę **Szklarskiej Poręby Górnej** – autobusem możemy wrócić do centrum lub kontynuować marsz (*zgodnie z opisem* 🚶 *trasy nr 5*). *Ze schroniska „Pod Łabskim Szczytem" 1.15 godz.* 4.20 0.00

Stara Chata Walońska

# 4 Lodowcowe reminiscencje

atlas: 149, 150 158, 159 119, 120

## Jagniątków – Wężówka – Leśniak – Rozdroże pod Śmielcem – Rozdroże pod Wielkim Szyszakiem – Śnieżne Kotły – Schronisko „Pod Łabskim Szczytem" – Wysoki Most – Trzy Jawory – Jagniątków

880

4.45

*Suma podejść 880 m. Czas przejścia ok. 5 godz. w obu kierunkach.*
*Widocznym do dzisiaj przejawem działalności lodowców na terenie Karkonoszy są kotły polodowcowe, które w kilku miejscach, od północnej strony, podchodzą pod grzbiet masywu. Najbardziej znanymi i największymi są doskonale widoczne z wielu miejsc Kotliny Jeleniogórskiej Śnieżne Kotły, których ściany dochodzą nawet do 250 metrów wysokości. Szlak przez nie prowadzący w zimie jest zamknięty z powodu ogromnego zagrożenia lawinowego. Szczególnie pięknie jest tutaj późną wiosną, gdy przyroda budzi się do życia, szemrzą liczne strumienie, a w zacienionych miejscach zalegają wciąż płaty śniegu.*

0.00
4.45

Wycieczkę rozpoczynamy przy węźle szlaków w **Jagniątkowie**, przy przystanku MZK Agnieszkowska. Z centrum Jeleniej Góry można tutaj dojechać autobusem nr 15, kursującym do **Piechowic**. Idziemy stąd szlakami niebieskim i czarnym ulicą Michałowicką, a następnie Myśliwską, na której za ośrodkiem Relaks szlak czarny odbija w prawo, a my dalej idziemy prosto, mając po prawej, na niewielkim wzniesieniu, **Dom Gerharta Hauptmanna**. Warto do niego podejść, by zobaczyć ekspozycję poświęconą pisarzowi (zobaczyć można m.in. gabinet, bibliotekę, jadalnię i ozdobiony pięknymi freskami hol, pamiątki po pisarzu i wystawę poświęconą historii domu).

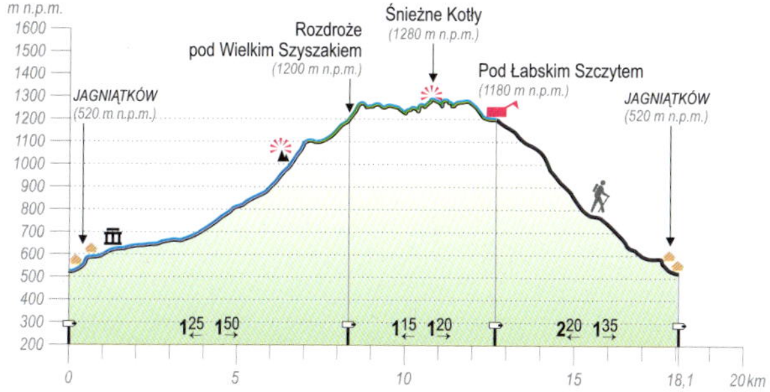


Kontynuujemy naszą wycieczkę ulicą Myśliwską do granicy lasu, która jest jednocześnie granicą **Karkonoskiego Parku Narodowego**. Początkowo idziemy wzdłuż lasu, następnie zagłębiamy się w niego. Zaczynamy podejście początkowo łagodne, potem bardziej strome, tzw. Koralową Ścieżką. Idziemy dość długo pod górę do miejsca, gdzie w lewo odchodzi szlak czarny, prowadzący na dno Czarnego Kotła Jagniątkowskiego. Stoi tutaj wiata – dobre miejsce na odpoczynek, bowiem wkrótce czeka nas najbardziej stromy odcinek trasy. Po krótkim podejściu wychodzimy z lasu i po prawej ukazuje nam się grupa granitowych skał, zwanych **Paciorkami**.

*Paciorki. Rozciąga się z nich ładna panorama, m.in. na Śnieżne Kotły. Uwagę zwraca widoczny stąd na zboczach Śmielca samotny budynek – Chatka pod Śmielcem, będąca pod opieką Sudeckiego Klubu Wysokogórskiego.*

Od Paciorków podchodzimy jeszcze kilkanaście minut szlakiem niebieskim do skrzyżowania z zielonym, biegnącym Ścieżką nad Reglami i tutaj idziemy w prawo zielonym, by w 20 minut dotrzeć do **Rozdroża pod Wielkim Szyszakiem**. *Z Jagniątkowa 1.50 godz. Na Rozdrożu spotykamy znaki szlaku niebieskiego, którym w górę możemy dojść na wierzchowinę Karkonoszy, a w dół zejść do Jagniątkowa oraz czerwonego – do schroniska „Pod Łabskim Szczytem".* 1.50 2.55

My kontynuujemy wędrówkę szlakiem zielonym, by wkrótce między drzewami dostrzec skalne zerwy **Śnieżnych Kotłów**. Z każdym krokiem widok jest coraz piękniejszy i bardziej imponujący. Wchodzimy do kotła, mijając po drodze **Śnieżne Stawki**, a następnie przechodzimy do Małego Śnieżnego Kotła.

*Warto zwrócić uwagę na Żleb Bazaltowy, jeden z najcenniejszych fragmentów Parku, w którym występuje m.in. skalnica śnieżna, mająca tutaj swoje jedyne – poza Spitsbergenem – stanowisko w Europie.*

Od kotłów idziemy ścieżką nad górną granicą lasu, dzięki czemu mamy ładne widoki w kierunku północnym. Dochodzimy do **schroniska „Pod Łabskim Szczytem"**. Najwyższy czas na odpoczynek i posilenie się, tym bardziej warte polecenia, że schronisko ma opinię przyjaznego dla turystów, a widoki sprzed niego zapierają dech w piersiach. *Z Rozdroża pod Wielkim Szyszakiem 1.20 godz.* 3.10 1.35

Dom Gerharta Hauptmanna

Halę, na której stoi schronisko opuszczamy szlakiem czarnym, któremu początkowo towarzyszy czerwony. Czeka nas długie, miejscami dość strome zejście do Wysokiego Mostu, gdzie spotykamy szlak niebieski i razem z nim idziemy do **Jagniątkowa**, ostatni odcinek głównie szosą. *Ze schroniska „Pod Łabskim Szczytem" 1.35 godz.* 4.45 0.00

atlas: 138, 139 147, 148 118, 119

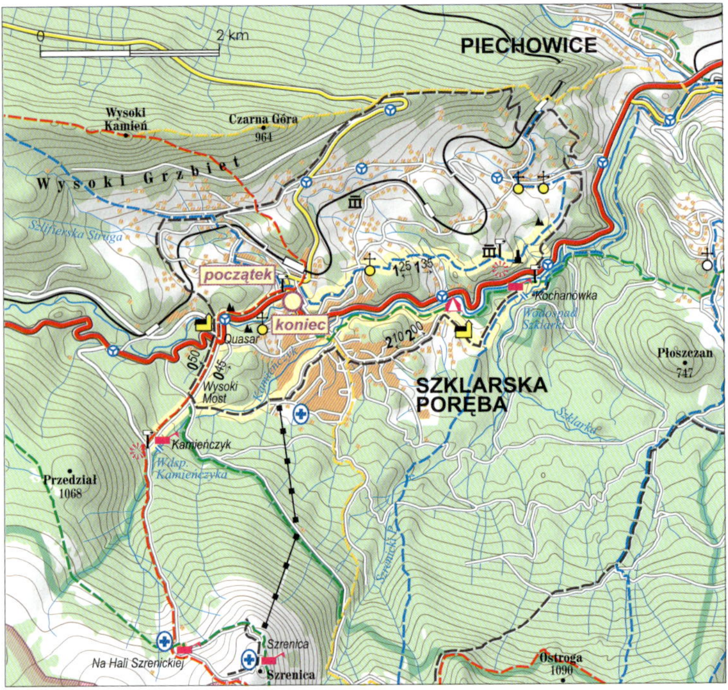


## Szklarska Poręba Górna – Krzywe Baszty – Ośrodek Sportów Ekstremalnych „Quasar" – Wodospad Kamieńczyka – Wysoki Most – Dolna stacja wyciągu narciarskiego na Szrenicę – Stara Chata Walońska – Wodospad Szklarki – Chybotek – Dom Wlastimila Hofmana – Sowie Skały – (Dom Gerharta Hauptmanna) – Szklarska Poręba Górna

400

4.15

*Suma podejść 400 m. Czas przejścia ok. 4.30 godz. w obu kierunkach.*
*Wycieczka jest doskonałą propozycją dla osób, które zmuszone są pozostać cały dzień w Szklarskiej Porębie bez możliwości wyjścia w góry, na przykład w okresie niepewnej pogody. Przejście całej trasy pozwala na poznanie specyfiki miasta i zobaczenie jego największych atrakcji. Trasa należy do łatwych, a najwyższym jej punktem jest położony na skraju Karkonoskiego Parku Narodowego Wodospad Kamieńczyka (ok. 830 m n.p.m.). Po drodze znajduje się kilka dobrych punktów widokowych, a także liczne skały. Samochód najlepiej pozostawić na którymś z miejsc parkingowych w centrum miasta. Korzystając z komunikacji publicznej, wycieczkę można rozpocząć i zakończyć na dworcach PKS lub PKP Szklarska Poręba Górna (oba oddalone od informacji turystycznej około 800 metrów).*

0.00 4.15

Naszą wędrówkę rozpoczynamy w **Szklarskiej Porębie Górnej** przy punkcie Informacji Turystycznej (ul. Pstrowskiego 3). Idziemy stąd czerwonym szlakiem w kierunku Jakuszyc, najpierw chodnikiem, potem leśną dróżką obok głównej drogi. Po chwili docieramy do **Krzywych Baszt** – potężnej formacji skalnej, służącej miłośnikom wspinaczki. Wąska szczelina u podnóża prowadzi do niewielkiej, częściowo sztucznie wykutej groty, powstałej w wyniku wydobycia pegmatytów. Nieco

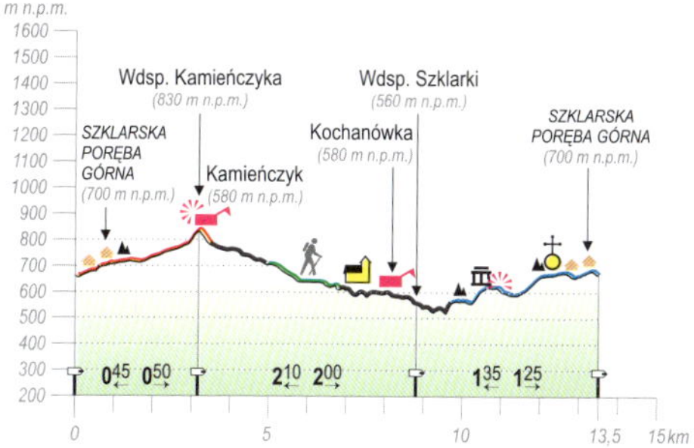


dalej przekraczamy drogę nr 3 (uwaga na duży ruch samochodowy), potem most na **Kamiennej** i docieramy do skrzyżowania dróg. Stoi tutaj kamienny, jeszcze przedwojenny drogowskaz turystyczny, na którym zachowały się nikłe pozostałości dawnych napisów. Po drugiej stronie drogi znajdują się zabudowania dawnej **huty szkła „Julia"**. Hutnictwo szkła ma na tych terenach niezwykle bogate tradycje, sięgające swymi korzeniami XIV wieku. Na skrzyżowaniu opuszczamy chwilowo szlak czerwony i prowadzącą pod górę asfaltową drogą podchodzimy do Ośrodka Sportów Ekstremalnych „Quasar" na **Kruczych Skałach**.

*„Quasar". Aby do niego dojść, przy tablicy informującej o ośrodku należy skręcić w lewo przez las. Można tutaj skutecznie podnieść sobie poziom adrenaliny, wspinając się na sztuczną ściankę, zjeżdżając ze skał po linie, czy przechodząc nad urwiskiem po mostku linowym. Dla mniej odważnych osób pozostaje imponująca panorama na dolinę Kamiennej, płynącej 30 metrów niżej.*

Od Ośrodka wracamy przez las do asfaltowej drogi, skąd idziemy kilkadziesiąt metrów w prawo, a następnie skręcamy w leśną drogę odchodzącą w lewo, która doprowadzi nas do opuszczonego wcześniej czerwonego szlaku. Kamienistą drogą idziemy wciąż pod górę do **Wodospadu Kamieńczyka** (ostatni odcinek dość stromo). *Ze Szklarskiej Poręby Górnej 50 min.* 0.50 3.25

Krucze Skały

Wodospad Szklarki

*Wodospad Kamieńczyka. Wstęp do podnóża wodospadu, skąd rozpościera się najlepszy na niego widok, jest płatny. W kasie otrzymujemy kask ochronny i następnie po metalowych stopniach i przyczepionych do skały platformach malowniczym wąwozem schodzimy do wodospadu, który potrójną kaskadą spada z wysokości 27 metrów. To najwyższy w polskiej części Sudetów wodospad, do powodzi w 1997 roku dzierżący palmę pierwszeństwa wraz z Wodospadem Wilczki w Międzygórzu, który stracił jednak wówczas parę metrów wysokości.*

Po powrocie do wejścia idziemy jeszcze kilkadziesiąt metrów w górę do **schroniska „Kamieńczyk"** Szczególnie warto odwiedzić drewniany szałas, stojący nieco za budynkiem schroniska. Z pobliskiej platformy widokowej rozpościera się piękna panorama Gór Izerskich, a po drugiej stronie drogi na Szrenicę zza płotu można popatrzeć z góry na wodospad.

Od schroniska schodzimy do bud z pamiątkami tą samą stromą drogą, którą tutaj przyszliśmy. Tam skręcamy w prawo w drogę, którą prowadzi szlak czarny. Przed przerzuconym nad Kamieńczykiem Wysokim Mostem szlak skręca w lewo i prowadzi w dół doliną w pobliże dolnej stacji wyciągu na Szrenicę. Kontynuujemy naszą wycieczkę za znakami szlaku czarnego i schodzimy ulicą Turystyczną do centrum Szklarskiej Poręby, do ulicy 1 Maja. To doskonały moment na przerwę na posiłek, bowiem w okolicy znajduje się kilka ciekawych restauracji. Na ulicy 1 Maja opuszczamy czarny szlak, przekraczamy ulicę i dalej podążamy drogą na wprost, którą wiedzie szlak zielony. Idziemy dość długo malowniczą dróżką, prowadzącą pod skałami nieco powyżej doliny Kamiennej i w końcu wychodzimy na drogę w pobliżu Bazy pod Ponurą Małpą, znanej z corocznych Giełd Piosenki Studenckiej. Idziemy w górę nieznakowaną drogą, na skrzyżowaniu wybieramy drogę w lewo i wkrótce napotykamy czarny szlak, którym idziemy dalej ponad łąką do **Starej Chaty Walońskiej** – miejsca kultywowania tradycji średniowiecznych poszukiwaczy skarbów. Można tutaj zapoznać się m.in. z historią Walończyków, a także zobaczyć bogatą kolekcję minerałów. Dla grup organizowane są specjalne pokazy.

2.50
1.25

Od Starej Chaty Walońskiej idziemy dalej szlakiem czarnym do lasu, potem schodzimy w dolinę Szklarki i wzdłuż niej do granic **Karkonoskiego Parku Narodowego**, a raczej jego enklawy, chroniącej **Wodospad Szklarki** i jego otoczenie. Po chwili jesteśmy już przy wodospadzie, pięknej kaskadzie o wysokości nieco ponad 13 metrów. *Od Wodospadu Kamieńczyka 2.00 godz.*

Przy wodospadzie stoi zbudowane w 1868 roku **schronisko „Kochanówka"**. Od niego podążamy wygodną drogą, przystosowaną również dla potrzeb osób niepełnosprawnych, do parkingu przy szosie, przekraczamy ją, po czym czarnym szlakiem podchodzimy na zbocza doliny Kamiennej. Towarzyszy nam szlak rowerowy nr 12, którym będziemy podążać po opuszczeniu szlaku czarnego – potraktujemy go jako łącznik z prowadzącym powyżej szlakiem niebieskim. Po dotarciu doń idziemy w prawo, przekraczamy niewielki strumień i po kilkudziesięciu metrach po lewej stronie na niewielkim wzniesieniu widzimy grupę skalną, zwaną **Chybotkiem**.

*Chybotek. Ogromna granitowa skała wspiera się niewielką powierzchnią na podstawie, dając się z łatwością rozkołysać. Znana i chętnie odwiedzana była już w XIX wieku, opisał ją też w swym poemacie Zygmunt Bogusz Stęczyński.*

Od Chybotka wracamy niebieskim szlakiem, mijamy ścieżkę, którą do niego dotarliśmy i idziemy dalej pod górę do **Grobu Karkonosza**. Znajduje się tu granitowa płyta z napisem, symbolizująca grób Ducha Gór. Nieco dalej odchodzi w lewo ścieżka na wspaniały punkt widokowy, usytuowany ponad doliną Kamiennej, nazywany z racji imponującej panoramy **Złotym Widokiem**. Doskonale widoczna jest zachodnia część Karkonoszy ze Śnieżnymi Kotłami i Szrenicą. Wracamy do szlaku niebieskiego i dalej idziemy nim przez las, po kilkuset metrach wychodzimy na ulicę Matejki, po lewej stronie której mijamy po chwili **Wlastimilówkę** – dom, w którym mieszkał Wlastimil Hofman. Wewnątrz znajduje się piękna kolekcja dzieł malarza, jego warsztat i wyposażenie domu – całość można zwiedzać.

Idziemy dalej ulicą Matejki, którą opuszczamy na zakręcie, schodząc leśną drogą w lewo do prostopadłej do naszego szlaku drogi, którą przecinamy i idziemy dalej na wprost. Po ok. 200 metrach nasz szlak schodzi z wygodnej drogi na mniej wyraźną, pokonując niezwykle malowniczą dolinkę Czeskiej Strugi. Wychodzimy na ulicę Hofmana, po kilkuset metrach schodzimy z niej w lewo, podchodząc pod wierzchołek **Sowińca**. Na samej górze stoją okazałe 10-metrowe skały, na które łatwo można wejść. Opisywane dawniej widoki można dzisiaj sobie tylko wyobrazić, bowiem wysokie drzewa powodują, że **Sowie Skały** przestały być punktem widokowym.

Od skał już tylko kilka minut marszu dzieli nas od okazałego **kościoła Bożego Ciała** – neoromańskiej budowli, powstałej w końcu XIX wieku. W jej wnętrzu znajduje się kilka obrazów Hofmana. Kościół zwykle jest zamknięty, ale warto podejść do kraty i zobaczyć jego wnętrze przynajmniej z odległości.

Następnie schodzimy do ulicy 11 Listopada, którą skręcamy w lewo. Idąc w przeciwną stronę, po kilkunastu minutach dotarlibyśmy do **Domu Carla i Gerharta Hauptmannów**.

*Dom Carla i Gerharta Hauptmannów – dzisiaj oddziału jeleniogórskiego Muzeum Karkonoskiego – z ciekawą ekspozycją poświęconą obu braciom, a także kolekcją szklanych wyrobów nieistniejącej już huty „Józefina" (powojenna „Julia") i obrazami Hofmana.*

My jednak idziemy dalej szlakiem niebieskim, najpierw ulicą Obrońców Pokoju, mijając po drodze cały szereg starych budynków typu willowego, potem przez park miejski do ulicy Pstrowskiego. Dochodzimy nią do punktu Informacji Turystycznej w **Szklarskiej Porębie Górnej**, przy której rozpoczęliśmy naszą wycieczkę. *Od Wodospadu Szklarki 1.25 godz.* 4.15 0.00

Domu Carla i Gerharta Hauptmannów

# 6 Izerskie okolice Szklarskiej Poręby

atlas: 137-139 118, 119

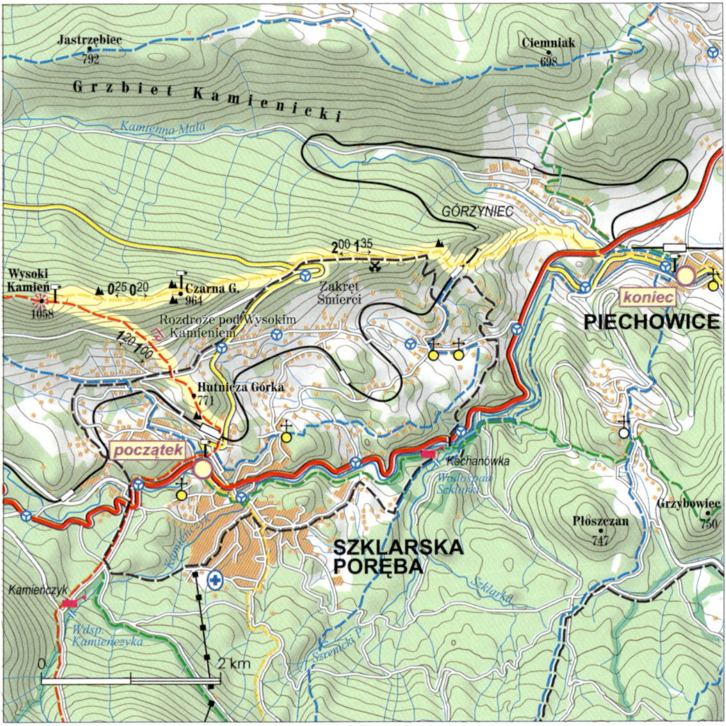


## Szklarska Poręba Górna – Hutnicza Górka – Wysoki Kamień – Czarna Góra – Zakręt Śmierci – Sztolnie dawnej kopalni pirytu – Zbójeckie Skały – Górzyniec – Piechowice

290

3.15

*Suma podejść ok. 290 m. Czas przejścia ok. 3 godz., w przeciwnym kierunku ok. 3.30 godz.*
*Szklarska Poręba kojarzona jest najczęściej z Karkonoszami, a tak naprawdę położona jest na granicy Karkonoszy i Gór Izerskich, w dużej części leżąc właśnie w tym drugim paśmie. Wycieczka pozwala na poznanie atrakcji północnych rejonów miasta, takich jak szczyt Wysokiego Kamienia z powstającym na nim schroniskiem, słynny Zakręt Śmierci, czy „odkryte" niedawno dla turystów sztolnie dawnej kopalni pirytu. Trasa w początkowym etapie wymaga wdrapania się na wysokość 1058 metrów, ale później będzie łatwiejsza, niemal cały czas bowiem będziemy schodzić (wycieczkę zakończymy w Piechowicach na wysokości ok. 450 m n.p.m.).*

0.00 3.15

Wycieczkę rozpoczynamy przy punkcie Informacji Turystycznej w **Szklarskiej Porębie**, skąd idziemy szlakiem czerwonym w górę ulicy Buczka, następnie do Dworcowej, którą przecinamy i dalej pod wiaduktem do ulicy Armii Krajowej. Tutaj trzeba uważać, bowiem szlak w chwilę po przejściu wiaduktu opuszcza wygodną drogę i schodzi w lewo, wznosząc się na zbocza **Hutniczej Górki**. Po drodze przechodzimy w pobliżu **Białych Skał** – malowniczej formacji skalnej. Dawniej był to wybitny punkt widokowy, czego dowodem mogą być pozostałości urządzeń ułatwiają-

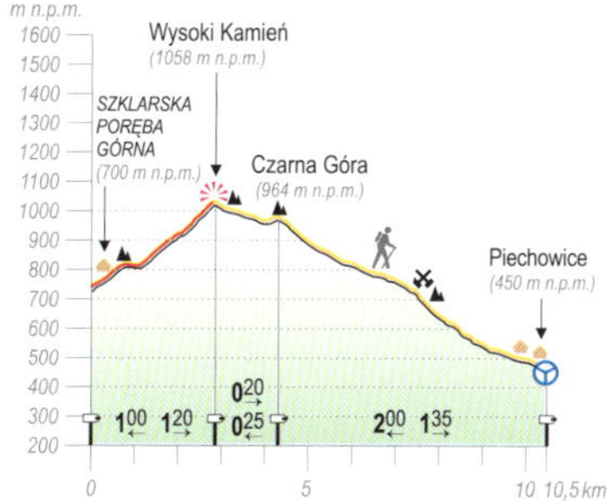


cych dostęp do skał. Podchodzimy dalej na Hutniczą Górkę, mijamy z prawej strony rozległy wierzchołek wzniesienia i schodzimy łagodnie do ulicy Osiedle Podgórze, gdzie spotykamy znaki szlaku czarnego. Będzie nam on towarzyszył jedynie przez 100 metrów, po czym odejdzie w kierunku Białej Doliny. Z rozdroża szlaków idziemy dalej ulicą Schroniskową pod górę do **Rozdroża pod Wysokim Kamieniem**. Stoi tutaj duża wiata z ławami i stołami – doskonałe miejsce na odpoczynek. Dalsza część trasy prowadzi wygodną szeroką drogą leśną, wciąż monotonnie pod górę. Monotonię wędrówki potęguje brak widoków, które dopiero w ostatniej części tego odcinka pojawiają się między drzewami.

1.20
1.55

Tuż pod szczytem **Wysokiego Kamienia** spotykamy szlak żółty, z którym kontynuujemy wycieczkę przez kolejne 300 metrów, aż do wierzchołka. *Ze Szklarskiej Poręby 1.20 godz.*

*Od kilku lat budowane jest tu schronisko, ale roboty posuwają się bardzo powoli i – wbrew zapewnieniom właściciela – wciąż daleko jeszcze do końca prac. Miejsce to było popularne już przed wojną, a ze stojącej na skałach wieży widokowej rozpościerały się jedne z najładniejszych panoram w tej części Sudetów. Również i dzisiaj, mimo że wieży nie ma, ze skał znajdujących się na szczycie Wysokiego Kamienia zobaczyć można m.in. niemal całe Karkonosze, Góry Izerskie, czy charakterystyczną sylwetkę Ještědu na zachodzie.*

Z Wysokiego Kamienia (1058 m. n.p.m.) wracamy do rozdroża szlaków i idziemy dalej w lewo szlakiem żółtym. Mijamy po lewej grupę skał zwaną Kozimi Skałami i dalej łagodnie opadającą dróżką dochodzimy do podnóża **Czarnej Góry**. Na jej wierzchołku znajduje się kilka grup skał, po lewej – **Dzwonnica**, nieco dalej po prawej – **Czerwone Skałki**. *Z Wysokiego Kamienia 20 min.*

1.40
1.35

Szklarska Poręba

Z tego miejsca schodzimy wyraźnie opadającą drogą aż do kolejnej formacji skalnej, już w pobliżu drogi ze Szklarskiej Poręby do Świeradowa-Zdroju. Gdy dojdziemy do miejsca, gdzie z prawej dociera szlak czarny, schodzimy nim w prawo do szosy i następnie w lewo. Tym sposobem będziemy mieli możliwość przejścia przez **Zakręt Śmierci**. Na tym odcinku należy zachować szczególną ostrożność, bowiem ruch samochodowy jest spory. Przeszedłszy Zakręt Śmierci, spotykamy znów szlaki żółty i niebieski i razem z nim schodzimy z szosy w prawo na drogę prowadzącą w dół.

Po kilkunastu minutach marszu, gdy droga wyraźnie zaczyna się obniżać, spotykamy stary granitowy słupek graniczny, przy którym w prawo odchodzi wyraźna ścieżka, doprowadzająca do sztolni XVIII-wiecznej **kopalni pirytu**, pracującej dla potrzeb witriolejni (fabryki kwasu siarkowego) w Szklarskiej Porębie Dolnej. Wyrobiska nie są zabezpieczone i lepiej nie zapuszczać się w nie zbyt głęboko bez latarki i dobrych butów, niemniej jednak warto je zobaczyć przynajmniej z zewnątrz.

Od sztolni wracamy na szlak i podążamy dalej do **Zbójeckich Skał** – ponad stumetrowego ciągu skał usytuowanych na skraju Wysokiego Grzbietu.

*Zbójeckie Skały. Rozpościera się stąd ograniczona panorama Karkonoszy. Miejsce to było niezwykle popularne wśród XIX-wiecznych turystów, poniżej stała niewielka gospoda, a na skałach – wieża widokowa. Zachowały się pozostałości fundamentów schroniska i niewielka piwniczka. Nieco niżej, przy żółtym szlaku, którym dalej podążamy ze Zbójeckich Skał, stoi okazała, nieco zdewastowana obudowa źródła, dzisiaj wyschniętego.*

Schodzimy coraz niżej, aż do torów kolejowych, które przekraczamy i zaraz za nimi skręcamy w lewo w drogę sprowadzającą nas do asfaltowej drogi.

Doskonale widoczne z tego miejsca są Sokoliki, Rudawy Janowickie, zamek Chojnik i częściowo Karkonosze. Pięknie prezentują się również wysoko położone Michałowice, rozłożone na zboczach wzgórz Pogórza Karkonoskiego, powyżej doliny Kamiennej. Dalej gruntowa droga prowadzi nas w dół poprzez łąki i pastwiska, doprowadzając w końcu do wąskiego asfaltu, na którym skręcamy w lewo i zaraz w prawo na drogę prowadzącą wzdłuż drogi krajowej nr 3. Nieco niżej wchodzimy na ścieżkę, która sprowadza nas w kierunku mostu nad Małą Kamienną, przechodzimy pod nim i idziemy dalej w stronę centrum **Piechowic**. Wycieczkę kończymy przy przystanku PKS
3.15 / 0.00 Piechowice Średnie na ulicy Żymierskiego, skąd odjeżdżają autobusy do Szklarskiej Poręby oraz do Jeleniej Góry. *Z Czarnej Góry 1.35 godz.*

Zakręt Śmierci

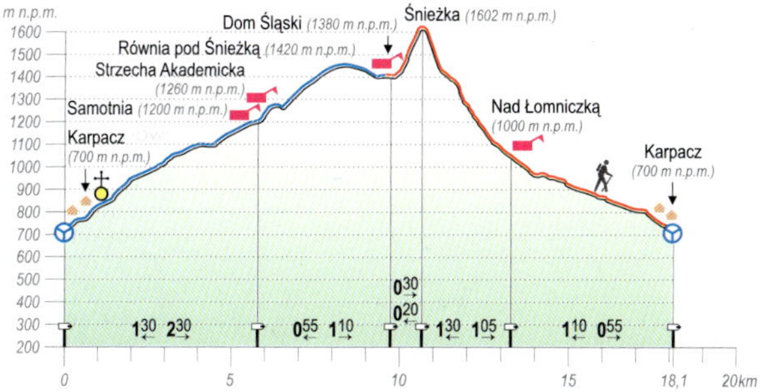


**Karpacz – Karpacz Górny (Świątynia Wang) – Polana – Schronisko „Samotnia" – Schronisko „Strzecha Akademicka" – Spalona Strażnica – Równia pod Śnieżką – Schronisko „Dom Śląski" – Śnieżka – Schronisko „Dom Śląski" – Wodospad Łomniczki – Schronisko „Nad Łomniczką" – Karpacz**

*Suma podejść ok. 970 m. Czas przejścia ok. 6 godz., w przeciwnym kierunku ok. 5.30 godz.*
*Najwyższy szczyt Karkonoszy, a jednocześnie i całych Sudetów, przyciąga turystów już od kilkuset lat. Drogi na Śnieżkę ulegały zmianom, ale najpopularniejszą dzisiaj jest ta prowadząca z Karpacza Górnego przez Polanę i Równię pod Śnieżką. Atrakcją na trasie są schroniska, w tym uważane przez wielu za najpiękniej położone w Sudetach schronisko „Samotnia" nad Małym Stawem. Wycieczka nie jest trudna (jedynym problemem może być wysokość) i prowadzi wygodnymi, nawet w zimie często uczęszczanymi trasami, a ilość turystów na szlaku dobitnie określa jej popularność.*

Wycieczkę rozpoczynamy na przystanku autobusowym Biały Jar w **Karpaczu**. Idziemy stąd szlakiem niebieskim w górę ulicą Karkonoską, a następnie Linową do **Miejskiego Muzeum Zabawek**, w którym podziwiać można potężną kolekcję lalek i zabawek, zapoczątkowaną zbiorami podarowanymi Karpaczowi przez twórcę pantomimy wrocławskiej – Henryka Tomaszewskiego.

Od muzeum wciąż podchodzimy za znakami szlaku niebieskiego, ścinając jedną z serpentyn głównej drogi. Na koniec dość stromo podchodzimy do **świątyni Wang.**

*Świątynia Wang – romańska budowla z XII wieku, sprowadzona do Karpacza Górnego w 1842 roku za sprawą hrabiny Fryderyki von Reden. Z oryginalnych elementów dekoracyjnych warto wspomnieć m.in. o czterech bogato zdobionych portalach oraz wewnętrznych słupach nośnych z rzeźbionymi kapitelami. Najbardziej znany zabytek w Karpaczu.*

Po obejrzeniu kościółka i przylegającego do niego starego cmentarza udajemy się do bramy **Karkonoskiego Parku Narodowego** i wykupujemy bilet wstępu.

Schronisko „Samotnia"

Od bramy czeka nas dość długa, i w początkowym odcinku, monotonna wspinaczka brukowaną drogą do Polany. Na szczęście po drodze odsłaniają się ładne widoki, m.in. na Śnieżkę, co urozmaica wędrówkę. Na Polanie jeszcze po wojnie stało schronisko, nazwane później imieniem Bronka Czecha; dzisiaj pozostały po nim

atlas:
162, 163
172, 173
131, 132

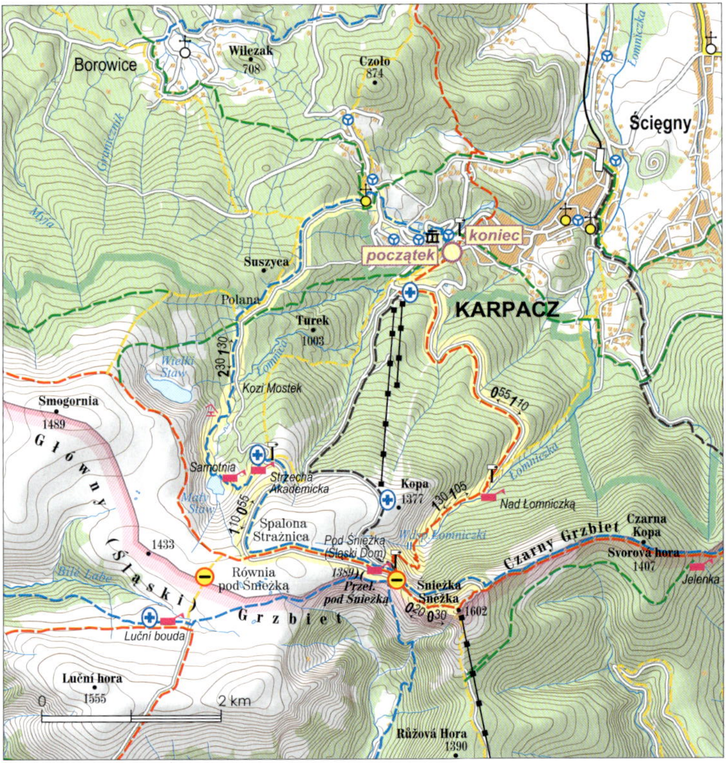


zaledwie fundamenty. *Znajduje się tutaj węzeł szlaków: można stąd pójść np. zielonym na wierzchowinę Karkonoszy, czy żółtym do okazałej grupy skalnej – Pielgrzymów i dalej do Słonecznika.*

My jednak idziemy szlakiem niebieskim, mając przed sobą ładny widok na schronisko „Strzecha Akademicka". Przekraczamy Kozi Mostek na Łomnicy i za nim opuszczamy brukowaną drogę i dalej kamienistą ścieżką pnącą się w lesie (odcinek ten jest zamknięty zimą ze względu na zagrożenie lawinowe) podchodzimy do **Domku Myśliwskiego**, gdzie znajduje się punkt informacyjny **Karkonoskiego Parku Narodowego** – warto zajrzeć do środka.

Stąd już niedaleko do kotła Małego Stawu – wrażenie jest imponujące, zwłaszcza że przedtem długo szliśmy w lesie, nie mając żadnych widoków. Szlak prowadzi pod ścianami potężnego kotła, wyprowadzając nas na brzeg **Małego Stawu**, nad którym stoi urokliwe **schronisko „Samotnia"**. Warto do niego zajrzeć, bo ma ono ścisłe związki z historią turystyki w Karkonoszach, a swą karierę zaczynało jako chatka strażnika stawu w dobrach Schaffgotschów.

Od „Samotni" dzieli nas zaledwie kilkanaście minut marszu do kolejnego schroniska – położonej wyżej **„Strzechy Akademickiej"** . Z podejścia rozpościerają się najpiękniejsze widoki na Mały Staw i „Samotnię". *Z Karpacza 2.30 godz.*

2.30
3.40

Przy „Strzesze Akademickiej" wchodzimy znów na brukowaną drogę, która będzie nam towarzyszyła aż do podnóża Śnieżki (1602 m n.p.m.). Czeka nas teraz podejście na wierzchowinę Karkonoszy, którą osiągamy w miejscu zwanym **Spaloną Strażnicą**. Stąd już dość wygodnie (częściowo po płaskim lub lekko w dół) podążamy do **„Śląskiego Domu"** – kolejnego schroniska na naszej trasie. *Ze schroniska „Strzecha Akademicka" 1.10 godz.*

3.40
2.30

Śnieżka jest już niemal na wyciągnięcie ręki, ale przed nami jeszcze 200 m przewyższenia. Na wierzchołek Królowej Karkonoszy wchodzimy czerwonym szlakiem, poprowadzonym zakosami, miejscami dość stromo. Po drodze mamy piękne widoki na polską i czeską stronę, szczególnie imponujący jest widok głębokiej doliny Úpy, podchodzącej pod Śnieżkę od południa.

Na szczycie **Śnieżki** znajduje się szereg budowli: od XVII-wiecznej **kaplicy św. Wawrzyńca**, poprzez charakterystyczne „latające talerze", mieszczące m.in. **Obserwatorium Meteorologiczne** z niewielkim muzeum i bufet, po najnowsze dzieło ludzkich rąk, jakim jest stojący po czeskiej stronie oryginalny budynek poczty, postawiony w 2007 roku. Uwaga: na Śnieżce nie ma przejścia granicznego. *Ze schroniska „Dom Śląski" 30 min.*

4.10
2.00

Aby nie powtarzać tej samej trasy, ze szczytu możemy zejść szlakiem czerwonym, a następnie niebieskim, prowadzącymi drogą dojazdową, tzw. Jubileuszową, zbudowaną z okazji 25 rocznicy powstania RGV (Towarzystwo Karkonoskie) w 1905 roku. Docieramy do „Śląskiego Domu", skąd szlakiem czerwonym schodzimy stromo do kotła **Łomniczki**, mijając po drodze **Symboliczny Cmentarzyk Ofiar Gór**, na którym znajdziemy tablice upamiętniające wiele znanych osób. Będąc już niemal na dole kotła, przekraczamy Łomniczkę, mając po lewej ładną kaskadę, spływającą ze stromych ścian. Cały czas schodzimy i docieramy w końcu do ściany lasu, w którym droga staje się nieco wygodniejsza, a za **schroniskiem „Nad Łomniczką"** – już całkiem wygodna i szeroka. W schronisku nie ma noclegów, można natomiast skorzystać z bufetu i prostej kuchni. *Ze Śnieżki 1.05 godz.*

5.15
0.55

Od schroniska „Nad Łomniczką" dość długo idziemy lasem łagodnie obniżającą się drogą i wychodzimy przy hotelu „Orlinek", gdzie skręcamy w lewo na szosę, która po chwili doprowadzi nas w pobliże dolnej stacji wyciągu na Kopę. Tutaj spotykamy znaki szlaku czarnego i razem z nimi schodzimy do przystanku Biały Jar w **Karpaczu** (po drodze dołączają do nas jeszcze szlaki żółty i zielony), gdzie zaczynaliśmy naszą wycieczkę. *Ze schroniska „Nad Łomniczką" 55 min.*

6.10
0.00

**Widok na Śnieżkę z Przełęczy pod Śnieżką**

# 8 Ścieżką nad Reglami na wierzchowinę

atlas:
160-163
172
130-132

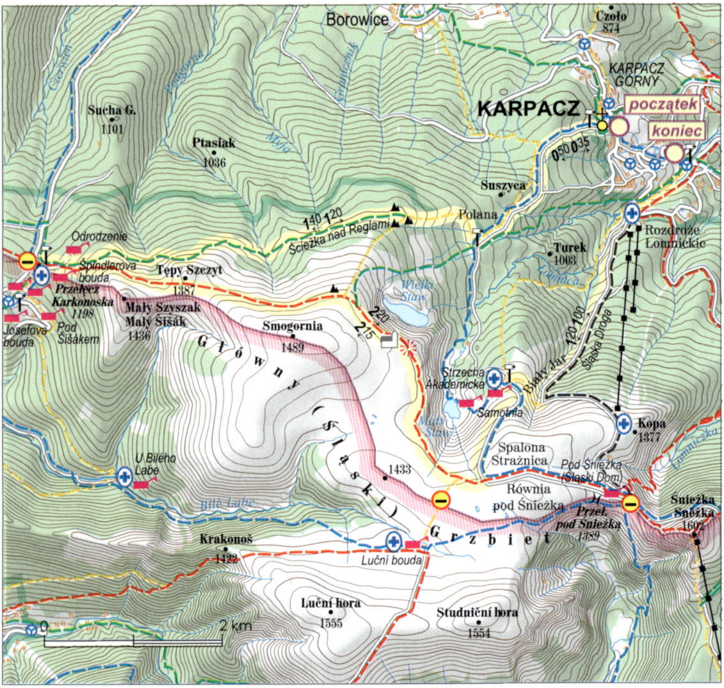


**Karpacz Górny – Polana – Pielgrzymy – Ścieżka nad Reglami – Przełęcz Karkonoska – Mały Szyszak – Tępy Szczyt – Słonecznik – Ruiny schroniska Księcia Henryka – Spalona Strażnica – Schronisko „Strzecha Akademicka" – Biały Jar – Śląska Droga – Łomnickie Rozdroże – Karpacz Biały Jar**

740

5.50

*Suma podejść ok. 740 m. Czas przejścia ok. 6 godz., w przeciwnym kierunku ok. 5.30 godz. Karkonosze są ciekawe nie tylko na swej wierzchowinie, ale również nieco niżej czekają na turystów ładnie poprowadzone szlaki. Jednym z nich jest szlak zielony, prowadzący Ścieżką nad Reglami od Pielgrzymów po Przełęcz Karkonoską. Wiosną może na nim być nieco mokro z powodu licznych strumieni, ale trud wędrówki wynagradza przede wszystkim spokój na szlaku. Druga część trasy prowadzi z kolei niezwykle widokowym grzbietem Karkonoszy, skąd będziemy mogli podziwiać Kotlinę Jeleniogórską i otaczające ją góry. Samochód najlepiej pozostawić na parkingu w rejonie przystanku Biały Jar.*

0.00
5.50

Wycieczkę rozpoczynamy przy **świątyni Wang** w **Karpaczu**, skąd udajemy się do bramy **Karkonoskiego Parku Narodowego** i dalej szlakiem niebieskim na Polanę. *Ten odcinek jest opisany w wycieczce nr 7. Z Karpacza 50 min.*

5.15
0.55

Przy węźle szlaków na Polanie wybieramy ścieżkę odchodzącą w prawo i po drewnianych pomostach, podążając za znakami żółtymi, w 20 minut docieramy do **Pielgrzymów** – okazałej formacji skalnej, charakterystycznego punktu orientacyjnego w Karkonoszach. Tutaj opuszczamy szlak żółty i dalej idziemy zielonym, poprowadzonym **Ścieżką nad Reglami**. Dość długo idziemy

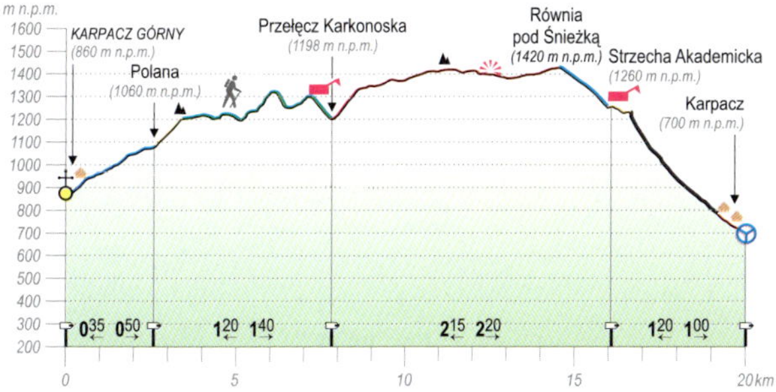


lasem, a urozmaiceniem wędrówki są pojawiające się co jakiś czas panoramy, m.in. na Chojnik. Odcinek ten kończy wyraźne podejście do szlaku czerwonego, którym następnie schodzimy na **Przełęcz Karkonoską**. Oprócz polskiego **schroniska „Odrodzenie"**, na przełęczy stoją również czeskie hotele z dobrymi restauracjami, do których można podejść przez przejście graniczne (uwaga: przejście znajduje się na końcu widocznego po czeskiej stronie parkingu, nie można zejść do niego asfaltową drogą, na którą wychodzą nasze szlaki). *Z Polany 1.40 godz.* 2.30

Od przełęczy musimy wrócić kawałek szlakiem, którym tu przyszliśmy, do miejsca odejścia 3.20
szlaku zielonego, skąd za znakami czerwonymi zmierzamy na **Tępy Szczyt** (1387 m n.p.m.), mijając po prawej stronie wierzchołek **Małego Szyszaka** (1436 m n.p.m.). Dalej szlak wiedzie wygodną dróżką, poprowadzoną grzbietem, z którego możemy podziwiać piękne widoki. Po drodze mijamy **Słonecznik** – skałę, z którą związanych jest wiele legend, doskonale widoczną np. z Karpacza.

Na krawędzi **kotła Wielkiego Stawu** znajduje się kilka widokowych miejsc, podobnie jak nieco dalej, nad kolejnym kotłem, w którym położone jest schronisko „Samotnia". Doskonale też widoczna jest **„Strzecha Akademicka"**, do której docieramy ze Spalonej Strażnicy szlakiem niebieskim (czerwony idzie dalej w kierunku Śnieżki). *Z Przełęczy Karkonoskiej 2.20 godz.* 4.50

Od schroniska idziemy szlakiem żółtym, ale nie w dół brukowaną drogą, lecz 1.00
ścieżką, sprowadzającą nas po chwili do **Białego Jaru.**

*Biały Jar – miejsce największej tragedii w polskich górach. 20 marca 1968 roku w lawinie, jaka tu zeszła, zginęło 19 osób.*

Szlak żółty ma tutaj swój koniec, a my kontynuujemy zejście szlakiem czarnym, poprowadzonym Śląską Drogą – starym traktem komunikacyjnym łączącym Śląsk i Czechy. Strome momentami zejście sprowadza nas do dolnej stacji wyciągu na Kopę, gdzie spotykamy znaki szlaku czerwonego i razem z nimi schodzimy do przystanku Biały Jar w **Karpaczu**. *Ze schroniska „Strzecha Akademicka" 1.00 godz.* 5.50 0.00

Słonecznik

atlas:
152, 153
143, 144
122

## Karpacz Górny – Babia Ścieżka – Czoło – Przełączka – Kaplica św. Anny – Rozdroże pod Grabowcem – Radzicz – Głębock – Mysłakowice

*Suma podejść ok. 60 m. Czas przejścia ok. 3 godz., w przeciwnym kierunku ok. 3.30 godz.* 60 3.00

*Najpiękniejsze górskie panoramy rozciągają się z położonych niżej terenów. Wycieczka jest propozycją dla osób chcących poznać mniej znane miejsca, ale nie mniej urocze niż szlaki w Karkonoszach. Atutem jest z pewnością miejsce startu, położone na wysokości ponad 800 m n.p.n. (Przełęcz pod Czołem), które leży zaledwie nieco ponad 50 metrów niżej niż najwyższy punkt wycieczki. Trudno więc będzie o większe zmęczenie, a dopełnieniem szczęścia powinny być wizyty przy Młynie Miłości i w kaplicy św. Anny. Związane z nimi legendy dają nadzieję na wielkie powodzenie w miłości.*

Wycieczkę rozpoczynamy na przystanku PKS **Karpacz Górny** (ostatni w Karpaczu), skąd przed wyruszeniem na trasę warto cofnąć się 300 metrów do **Młyna Miłości**, którego odwiedzenie ma pomóc w znalezieniu szczęśliwego uczucia. 0.00 3.00

Od przystanku idziemy szlakiem żółtym, drogą w prawo, by po chwili zejść z niej w lewo na ścieżkę prowadzącą w las, pod górę. Wspinamy się Babią Ścieżką na zbocza **Czoła** (874 m n.p.m.) – najwyższego szczytu Pogórza Karkonoskiego. W miejscu, gdzie nasza droga osiąga najwyższy punkt, w prawo odchodzi wyraźna ścieżka, prowadząca na wierzchołek wzniesienia. Warto tam podejść dla malowniczych skałek i ładnej panoramy Karkonoszy od Śnieżki po Przełęcz Karkonoską. Ze szczytu wracamy na szlak i podążamy nim dalej w dół, schodząc w kierunku **Przełączki**, mając po lewej ograniczone przez drzewa widoki na zbiornik Sosnówka. Niewiele przed Przełączką, z prawej, dociera do nas szlak czerwony z Karpacza i oba schodzą do ośrodka „Lubuszanin". *Z Karpacza 40 min.* 0.40 2.20

W Lubuszaninie można poprosić o klucz do **kaplicy św. Anny**, trzeba jednak pamiętać, że musimy z nim wrócić do ośrodka. Od Przełączki kontynuujemy naszą wycieczkę szlakiem żółtym i w kilka minut jesteśmy przy kaplicy.

*Miejsce to było odwiedzane już w neolicie, a obiekt sakralny istniał prawdopodobnie już na początku XIII wieku. Obecna budowla powstała w latach 1718–1719, a wkrótce z powodu popularności miejsca trzeba było wybudować gospodę dla pielgrzymów i turystów. W ołtarzu można podziwiać obraz ze szkoły Willmanna (dzieło samego mistrza spłonęło w pożarze obiektu), a poniżej kaplicy tryska Dobre Źródło. Tradycja mówi, że nabranie z niego wody w usta i siedmiokrotne obiegnięcie kaplicy daje pewność powodzenia w miłości. Warto spróbować – nie zawadzi...*

Sprzed kaplicy rozciąga się piękna panorama części Karkonoszy, Gór Izerskich z dominującym Wysokim Kamieniem, Chojnika, Kotliny Jeleniogórskiej i zbiornika Sosnówka.

Przy kaplicy żegnamy się z żółtym szlakiem, który schodzi do Sosnówki i dalej podążamy niebieskim, dość długo łagodnie trawersującym zbocza **Grabowca** (785 m n.p.m.). *W miejscu, gdzie szlak zaczyna wyraźnie schodzić, w prawo odchodzi droga doprowadzająca do biegnącego powyżej szlaku czerwonego. Można nim dojść do Patelni – okazałej skały z ładnym widokiem na okolice.*

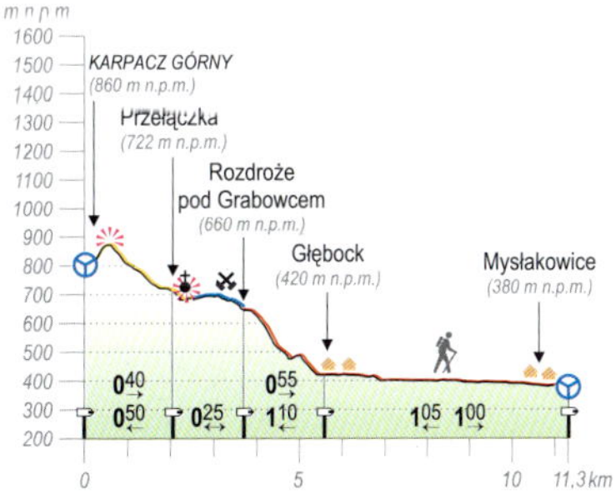


My jednak kontynuujemy zejście szlakiem niebieskim i po 200 metrach z prawej strony natykamy się na obmurowane wejście, prowadzące w głąb góry. **Sztolnia** o niewyjaśnionym do końca przeznaczeniu prowadzi do dużej sali, w której wykuto basen. Być może miejsce to miało związek z istniejącym na niedalekiej przełęczy prewentorium (dzisiaj pozostające w stanie ruiny), do którego szlak doprowadza w kilka minut. Przed wojną znajdowało się w tym budynku popularne wśród turystów schronisko. Na **Rozdrożu pod Grabowcem** opuszczamy szlak niebieski i dalszą wędrówkę kontynuujemy szlakiem czerwonym, będącym fragmentem Głównego Szlaku Sudeckiego im. Mieczysława Orłowicza. *Z Przełączki 25 min.* 1.05 1.55

Głębock

Łagodnie poprowadzoną drogą trawersujemy zbocza Czartowca, a następnie **Głaśnicy** i doliną Głębockiej Strugi schodzimy do szosy prowadzącej z Sosnówki w stronę Miłkowa. Na szosie skręcamy w lewo, mijamy stare **chaty o tyrolskiej architekturze** i podążamy do przystanku PKS, za którym schodzimy z głównej drogi i kierujemy się do **Głębocka**, przez który przechodzimy. Ciekawostką we wsi jest oryginalny płot, stworzony ze starych nart – prezentuje się dość oryginalnie. *Z Rozdroża pod Grabowcem 55 min.*

2.00
1.00

Za wsią trasa poprowadzona jest otwartym terenem, co daje możliwość podziwiania licznych panoram. Idziemy wygodną polną drogą i za mostkiem na Głębockiej Strudze skręcamy w prawo i po chwili jesteśmy przy koronie suchego zbiornika retencyjnego, wykorzystywanego podczas zagrożenia powodziowego.

Przy zbiorniku, w lewo od naszego szlaku, odchodzi ulica Czerwony Dworek z niezwykle malowniczymi **domami tyrolskimi**. My podążamy wzdłuż zbiornika drogą aż do szosy z Jeleniej Góry do Karpacza, którą przecinamy i następnie ulicą Wojska Polskiego (to już Mysłakowice) podążamy do skraju parku, przy którym skręcamy w prawo.

Kilka metrów od drogi, po lewej, stoi głaz, na którym dawniej znajdowała się tablica poświęcona pamięci dr. Mieczysława Orłowicza – patrona szlaku, skradziona przez złomiarzy. Będąc tutaj, warto jeszcze podejść 200 metrów ulicą 1 Maja w lewo do pomnika upamiętniającego założyciela Towarzystwa Karkonoskiego (RGV) – Teodora Donata. Jeżeli mamy jeszcze sporo czasu i ochoty na zwiedzanie, wartą polecenia jest wizyta w parku oraz zobaczenie **pałacu cesarskiego** i **kościoła Najświętszego Serca Pana Jezusa** z oryginalnymi kolumnami z antycznych Pompejów. Kiedyś w parku przy kościele stała oryginalna brama zbudowana z żeber wieloryba, dzisiaj rozebrana spoczywa na plebani *(patrz trasa nr 11)*.

Potem wracamy do skrzyżowania i podążamy dalej ulicą Wojska Polskiego do przejazdu kolejowego w **Mysłakowicach**, za którym skręcamy w prawo do przystanku przy dworcu kolejowym. Autobusami PKS i prywatną komunikacją można stąd łatwo wrócić do Karpacza. *Z Głębocka 1.00 godz.*

3.00
0.00

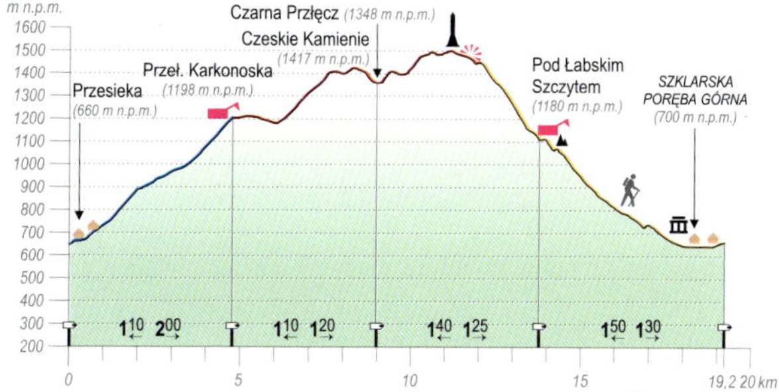


## Przesieka – Przełęcz Karkonoska – Płasi Kamień – Śląskie Kamienie – Czeskie Kamienie – Czarna Przełęcz – Śmielec – Przełęcz pod Śmielcem – Wielki Szyszak – Przekaźnik nad Śnieżnymi Kotłami – Łabski Szczyt – Schronisko „Pod Łabskim Szczytem" – Kukułcze Skały – Stara Droga – Marysin – Szklarska Poręba Górna

*Suma podejść ok. 990 m. Czas przejścia ok. 6 godz. w obu kierunkach.*
*Zaproponowana trasa daje możliwość podziwiania panoram rozciągających się z głównego grzbietu Karkonoszy, nie tylko na Kotlinę Jeleniogórską i otaczające ją góry, ale także na Śnieżne Kotły, podchodzące pod wierzchowinę 250-metrowymi zerwami skalnymi. Na początku czeka nas długie i dość monotonne podejście na Przełęcz Karkonoską, ale już każdy kolejny metr pokonywanej trasy będzie ucztą dla oczu i ducha. Korzystając z samochodu, najlepiej zostawić go w Jeleniej Górze, dobrze skomunikowanej zarówno z Przesieką (autobusy MZK 4 i 18), jak i Szklarską Porębą (autobusy PKS).* 990 6.15

Węzeł szlaków turystycznych w **Przesiece** znajduje się w pobliżu przystanku MZK Pod Lipami, ale my zaczynamy wycieczkę z pętli autobusowej, a więc jeden przystanek wyżej – pozwoli nam to zaoszczędzić nieco podejścia, którego będziemy jeszcze mieli sporo na naszej trasie. Ruszamy szlakiem niebieskim, wchodząc do lasu, który będzie nam towarzyszył niemal do samej Przełęczy Karkonoskiej (1198 m n.p.m.), będącej najniższym punktem w głównym grzbiecie Karkonoszy. 0.00 6.15

*W okresie międzywojennym planowano poprowadzić przez nią szosę, ale po śląskiej stronie inwestycja ta nie została wówczas dokończona. W czasie wojny przy jej budowie pracowali jeńcy wojenni.*

Dzisiaj droga ma nie tylko znaczenie gospodarcze, a także turystyczne, bo właśnie nią będziemy podchodzić na przełęcz. Podejście możemy sobie urozmaicić podziwianiem przyrody, ale nawet najwięksi miłośnicy natury w końcu odczują monotonność podejścia.

Kilka minut przed przełęczą Ścieżką nad Reglami dochodzi do nas z prawej strony szlak zielony i razem z nim idziemy pod górę. Na **Przełęczy Karkonoskiej** po polskiej stronie stoi **schronisko „Odrodzenie"**, a po czeskiej – kilka hoteli z restauracjami. *Z Przesieki 2.00 godz.* 2.00 4.15

Przejście graniczne znajduje się przy krańcu parkingu, o czym trzeba pamiętać, jeśli chcemy przekroczyć granicę, bowiem przejście do Czech wygodną asfaltową drogą jest nielegalne. Po drugiej stronie granicy, chcąc skorzystać z gastronomii, warto zejść 300 m niżej, gdzie w powszechnej opinii obsługa jest przyjaźniejsza dla turystów („Špindlerova bouda" to typowy hotel).

Wielki Szyszak

Na przełęczy znajduje się węzeł szlaków: zielony wiedzie Ścieżką nad Reglami do Śnieżnych Kotłów, a w przeciwną stronę – do grupy skalnej Pielgrzymów, niebieskim można zejść do Przesieki (tą trasą przyszliśmy), czerwony Główny Szlak Sudecki wiedzie zaś grzbietem Karkonoszy

atlas:
148, 151
158-160
119, 121
129, 130

w kierunku Śnieżki w jedną stronę i Szrenicy w drugą. Wybieramy ostatnią możliwość i zaczynamy podejście na **Śląskie Kamienie** (1413 m n.p.m.), mijając po drodze ładnie położoną po czeskiej stronie *Petrovą boudę* (na wyciągnięcie ręki, ale po drugiej stronie granicy). Tutaj z prawej strony dochodzi szlak czarny z Jagniątkowa. Za *Petrovą boudą* kończy się asfaltowa droga i zaczyna przyjemniejsza dla stóp nawierzchnia. Podchodzimy do dobrze widocznych Śląskich Kamieni, a następnie do **Czeskich Kamieni** (1417 m n.p.m.). Obie formacje skalne tworzą wyraźną kulminację w grzbiecie. Wreszcie czeka nas krótkie zejście na **Przełęcz Czarną** (1348 m n.p.m.), gdzie z prawej strony dociera niebieski szlak z Jagniątkowa. *Z Przełęczy Karkonoskiej 1.20 godz.* 3.20 2.55

Z przełęczy podchodzimy na **Śmielec** i następnie schodzimy na kolejną przełęcz. Trasa na tym odcinku nie jest męcząca, a podejścia i zejścia nie są długie. Z **Przełęczy pod Śmielcem** dróżką ułożoną z kamieni trawersujemy zbocza **Wielkiego Szyszaka** i już po chwili naszym oczom ukazuje się stacja nadawcza nad Śnieżnymi Kotłami, dawniej schronisko, a dzisiaj doskonały punkt orientacyjny w Karkonoszach.

*Szlak nie prowadzi przez wierzchołek Wielkiego Szyszaka, ale warto zwrócić uwagę na stojący na jego szczycie obelisk poświęcony pamięci cesarza Wilhelma I, postawiony tam w 1888 roku.*

Szlak prowadzi nas dalej nad krawędź **Wielkiego Śnieżnego Kotła**, gdzie znajduje się punkt widokowy z piękną panoramą znajdującego się poniżej kotła i Śnieżnych Stawków. Przy dobrej widoczności z tego odcinka naszej trasy doskonale widać na zachodzie szpiczasty wierzchołek Ještědu nad Libercem. Dochodzimy wreszcie do przekaźnika, w którego cieniu możemy chwilę odpocząć. Tym się musimy niestety zadowolić, bowiem budynek jest niedostępny dla turystów. Od przekaźnika idziemy dalej za znakami szlaków czerwonego i żółtego. Ten ostatni będzie nas prowadził do **schroniska „Pod Łabskim Szczytem"** i dalej do Szklarskiej Poręby (czerwony idzie dalej grzbietem w kierunku Szrenicy). Schodzimy przez granitowe rumowisko, tzw. **Łabski Upłaz**, do schroniska, spotykając kilka minut przed nim szlaki zielony i czerwony. Schronisko należy do najprzyjemniejszych w Karkonoszach – warto odpocząć tu chwilę, zwłaszcza że sprzed budynku rozciągają się piękne panoramy. *Z Czarnej Przełęczy 1.25 godz.* 4.45 1.30

Kontynuujemy schodzenie żółtym szlakiem, najpierw przez rozległą halę do **Kukułczych Skał**, skąd można jeszcze podziwiać ładne widoki na Kotlinę Jeleniogórską (wkrótce wysokie drzewa pozbawią nas tej możliwości), potem Starą Drogą do Złotych Jam – miejsca, gdzie w średniowieczu wypłukiwano złoto. Wcześniej, na granicy Karkonoskiego Parku Narodowego, w lewo odchodzi szlak zielony do pośredniej stacji wyciągu na Szrenicę i dalej do Szklarskiej Poręby. Od Złotych Jam schodzimy do dzielnicy Szklarskiej Poręby – Marysina. Na skraju miejscowości znajduje się **Muzeum Mineralogiczne** z ciekawą ekspozycją minerałów i skamieniałości. Ulicami Kilińskiego, a następnie 1 Maja, docieramy do centrum **Szklarskiej Poręby**, w pobliże dworca PKS. *Ze schroniska „Pod Łabskim Szczytem" 1.30 godz.* 6.15 0.00

**Radiowo-Telewizyjna Stacja Przekaźnikowa nad Śnieżnymi Kotłami**

atlas: 141-144 121, 122

## Mysłakowice – Krzyżowa Góra – Żelaźniak – Witosza – Staniszów – Grodna (Zamek Księcia Henryka) – Marczyce – Cieplice Śląskie-Zdrój

280

4.15

*Suma podejść ok. 280 m. Czas przejścia ok. 4 godz. w obu kierunkach.*

*Wzgórza położone na północ od Karkonoszy wydają się na pierwszy rzut oka mało atrakcyjne. Ale to właśnie u ich podnóża rozwijało się osadnictwo, a nie na wysoko położonych karkonoskich łąkach, czy polanach. Dlatego pełno tu ciekawostek krajoznawczych, pomników, zagospodarowanych miejsc widokowych i różnego rodzaju budowli, począwszy od pięknych tyrolskich domów, poprzez pałace, wieże widokowe, a na figurach świętych skończywszy. Wycieczka poprowadzona została przez łatwe tereny, nie ma tutaj długich i męczących podejść, są za to piękne panoramy okolicznych gór, najciekawiej przecież prezentujących się właśnie z terenów położonych niżej. Mając samochód, warto zostawić go w centrum Jeleniej Góry, do którego łatwo będzie nam wrócić z Cieplic Śląskich-Zdroju.*

0.00 4.15

Wycieczkę rozpoczynamy na przystanku PKS **Mysłakowice** Dworzec Kolejowy, dokąd łatwo dotrzeć zarówno z Jeleniej Góry, jak i z Karpacza. Zanim zaczniemy naszą wycieczkę, warto podejść do ulicy Daszyńskiego, przy której stoi szereg **domów osadników tyrolskich**, przybyłych tutaj w XIX wieku. Zajmie nam to około 30 minut, a pozwoli zobaczyć unikatową architekturę. Wracamy następnie do przystanku i idziemy dalej do przejazdu kolejowego. Tutaj zaczyna się szlak czarny, którym będziemy podążać, na początku wraz z czerwonym. Szybko jednak nasze drogi rozchodzą się i skręcamy w lewo w alejkę, z której następnie schodzimy ścieżką nad brzeg stawu. Obcho-

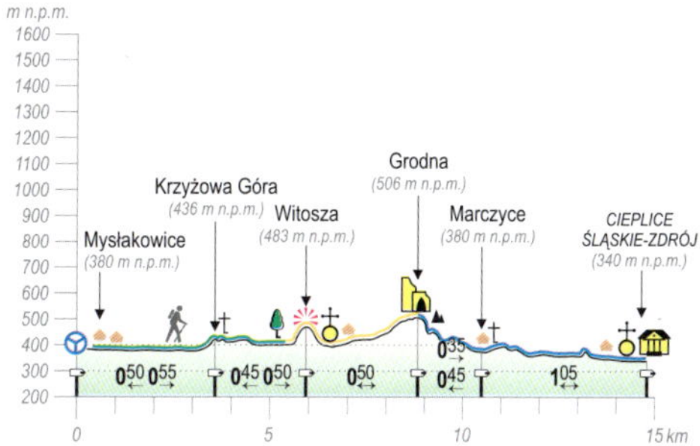


dzimy go i już jesteśmy przy **kościele Najświętszego Serca Pana Jezusa** z niezwykle ciekawymi kolumnami przed wejściem, pochodzącymi z antycznych Pompejów. Kiedyś w parku przy kościele stała oryginalna brama zbudowana z żeber wieloryba, dzisiaj rozebrana spoczywa na plebani. Zaledwie 200 metrów dzieli nas od **pałacu**, przebudowanego na polecenie cesarza pruskiego przez słynnego architekta Fryderyka Schinkla. Z dawnej świetności budowli nie zachowało się zbyt wiele, dzisiaj budynek pełni rolę szkoły. Przed wejściem stoi pomnik Johanna Fleidla – przywódcy Tyrolczyków, którzy przybyli do Mysłakowic w 1837 roku, wygnani z powodów religijnych ze swego kraju.

Przy pałacu spotykamy szlak zielony, który od tej pory będzie nam towarzyszył przez większą część wycieczki. Maszerujemy ulicą 1 Maja wzdłuż Łomnicy, dochodzimy do drogi nr 367 i tutaj kierujemy się w lewo przez most. Za ostatnimi po lewej stronie zabudowaniami Mysłakowic opuszczamy szosę, schodzimy na ścieżkę prowadzącą przez łąkę, przecinamy obwodnicę i idziemy dalej prosto na zbocza **Krzyżowej Góry**. Przy okazałych skałkach skręcamy w lewo i podchodzimy pod wierzchołek wzniesienia. W najwyższym punkcie drogi ścieżką w prawo wychodzimy na wierzchołek wzniesienia. *Z Mysłakowic 55 min.* 0.55 3.20

*Krzyżowa Góra. Znajduje się tutaj kamienna altanka, stworzona z kilku kolumn i ogromnego kamienia, pełniącego rolę dachu oraz potężny krzyż, postawiony w 1874 r. przez cesarza Wilhelma I. Ze szczytowych skałek rozpościera się ograniczony widok na najbliższe okolice i częściowo Karkonosze.*

**Dom tyrolski w Mysłakowicach**

Pałac Cesarski w Mysłakowicach

Wracamy na szlak i schodzimy z Krzyżowej Góry, a następnie dość długo wędrujemy ścieżkami i dróżkami przez łąki i zagajniki. Mijamy staw hodowlany, od którego wyraźną drogą idziemy do skrzyżowania, gdzie spotykamy znaki ścieżki przyrodniczej „Wzgórza Łomnickie". Po prawej stoi potężny samotny dąb.

Wśród pierwszych zabudowań **Staniszowa** skręcamy w prawo i za ostatnią prywatną posesją, gdzie szlak zielony skręca w lewo, idziemy dalej prosto pod górę wyraźną dróżką. Po chwili jesteśmy już na szlaku żółtym, którym podążamy w lewo na wierzchołek **Witoszy** (483 m n.p.n.), ostatni odcinek dość stromo. Ze szczytu, na którym zachowały się resztki pomnika Bismarcka, rozciąga się panorama Karkonoszy, Gór Izerskich, Kotliny Jeleniogórskiej i położonego poniżej Staniszowa. *Z Krzyżowej Góry 50 min.* Schodzimy po kamiennych stopniach wśród potężnych skał. Kiedyś mieszkał tutaj pustelnik, znany z wyrobu doskonałego likieru ziołowego.

1.45
2.30

W Staniszowie szlak żółty doprowadza nas do kościoła, a następnie wyprowadza ze wsi. Mijamy po prawej grupę skałek i za nimi schodzimy na leśną drogę w prawo. I znów dość długo wędrujemy przez łąki, polany i las, by wreszcie dotrzeć do podnóża **Grodnej** (506 m n.p.n.), na której szczyt wspinamy się niezbyt stromym podejściem, mijając po lewej **Skalną Ścianę**. Na wierzchołku znajdują się sztuczne **ruiny Zamku Księcia Henryka**, zbudowanego w XIX wieku. Zarośnięty wierzchołek nie daje możliwości podziwiania okolicy, jedynie z położonych poniżej skałek można zobaczyć ograniczoną panoramę Karkonoszy i zalewu Sosnówka. Do skałek dojdziemy szlakiem niebieskim, który będzie nam towarzyszył do końca wycieczki. *Z Witoszy 50 min.*

2.35
1.40

Schodzimy do **Marczyc**, gdzie na skrzyżowaniu dróg we wsi skręcamy w polną drogę w prawo. Stąd warto podejść 20 m dalej szosą na wprost, by w skarpie zobaczyć dwa średniowieczne krzyże pojednania, jeden z wyrytym wizerunkiem miecza. *Z Grodnej 35 min.*

3.10
1.05

Z Marczyc idziemy początkowo łagodnie pod górę, potem po płaskim, z widokiem po lewej na Stawy Podgórzyńskie i zamek Chojnik. Do centrum Cieplic pozostało nam ok. 4 km, których przejście zajmie nam godzinę marszu. Tuż przed pierwszymi zabudowaniami Cieplic, z prawej strony, widoczna jest Sołtysia z ruinami wieży widokowej. W **Cieplicach** warto zajrzeć do **kościoła św. Jana Chrzciciela**, zobaczyć **pałac Schaffgotschów** i pospacerować po Parku Zdrojowym. Po remontach dokonanych w ostatnich latach miejscowość prezentuje się niezwykle okazale. Można stąd łatwo wrócić komunikacją miejską do centrum Jeleniej Góry. *Z Marczyc 1.05 godz.*

4.15
0.00

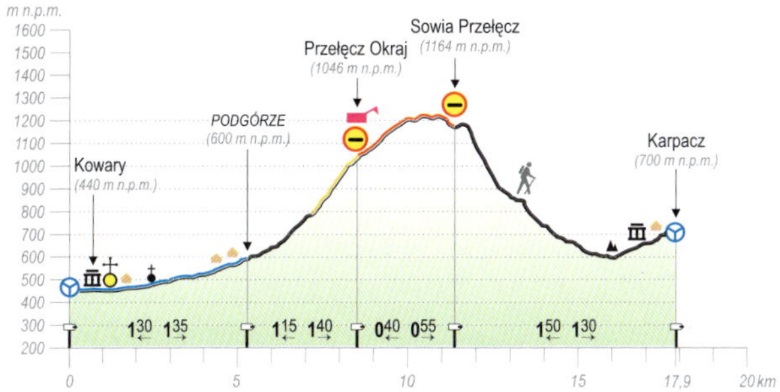


## Kowary – Park Miniatur – Podgórze – Centrum Jelenia Struga – dolina Jedlicy – Przełęcz Okraj – Przełęcz Sowia – Sowia Dolina – Krucze Skały – Karpacz

*Suma podejść ok. 880 m. Czas przejścia ok. 5.30 godz., w przeciwnym kierunku ok. 5 godz.* 880 5.40

*Kowary wyrastają powoli na silny ośrodek turystyczny w Karkonoszach. Park Miniatur, Kowarskie Sztolnie, trasy narciarstwa biegowego, a ostatnio plany dużego ośrodka narciarskiego przyciągają turystów przez cały rok. Podczas wycieczki poznamy najciekawsze miejsca miasta, a przy okazji spojrzymy na okolice z góry, wspinając się na Przełęcz Okraj i wędrując grzbietem Karkonoszy. Punkt początkowy i końcowy wycieczki połączone są ze sobą dobrą komunikacją publiczną, korzystając więc z samochodu, można go pozostawić równie dobrze w Kowarach, jak i w Karpaczu. Warto pamiętać o dowodzie osobistym lub paszporcie, bowiem na Okraju można przekroczyć granicę i skorzystać z czeskiej gastronomii.*

Wycieczkę rozpoczynamy na przystanku autobusowym w **Kowarach**, przy nieczynnym dworcu kolejowym. Idziemy stąd w stronę przejazdu kolejowego, po lewej mijamy zabytkowy dźwig kolejowy, po czym skręcamy w prawo, w ulicę doprowadzającą nas do ulicy Zamkowej, którą idziemy dalej prosto. Po prawej znajdują się zabudowania cenionej niegdyś fabryki dywanów, na terenie której znajduje się dzisiaj m.in. jedna z największych atrakcji Kowar – **Park Miniatur Zabytków Dolnego Śląska**. 0.00 5.40

*Park Miniatur Zabytków Dolnego Śląska. Perfekcyjnie wykonane w skali 1: 20 kopie zabytków zachwycają swą szczegółowością, a zobaczyć tu można m.in. świątynię Wang, słynne „talerze" na Śnieżce, jeleniogórską starówkę, pałace Kotliny Jeleniogórskiej, schronisko „Szwajcarka" w Górach Sokolich, czy opactwo cystersów w Krzeszowie. Duże wrażenie robi pracownia, w której przygotowywane są kolejne modele zabytków. Na początku 2007 roku przygotowywane były modele zamku Czocha i pałacu w Mosznej.*

Po zwiedzeniu Parku wracamy ulicą Zamkową do skrzyżowania z ulicą 1 Maja i skręcamy w lewo w stronę centrum Kowar, do **kościoła Imienia NMP**, do którego warto zajrzeć ze względu na pełne barokowego bogactwa wyposażenie oraz dla pięknych malowideł na stropie, przedstawiających m.in. sceny biblijne. Następnie kontynuujemy naszą wycieczkę deptakiem, przy którym stoją pięknie odnowione kamienice – idziemy za znakami szlaku zielonego.

Droga na Przełęcz Okraj

atlas:
155
163-165
174, 175
132, 133

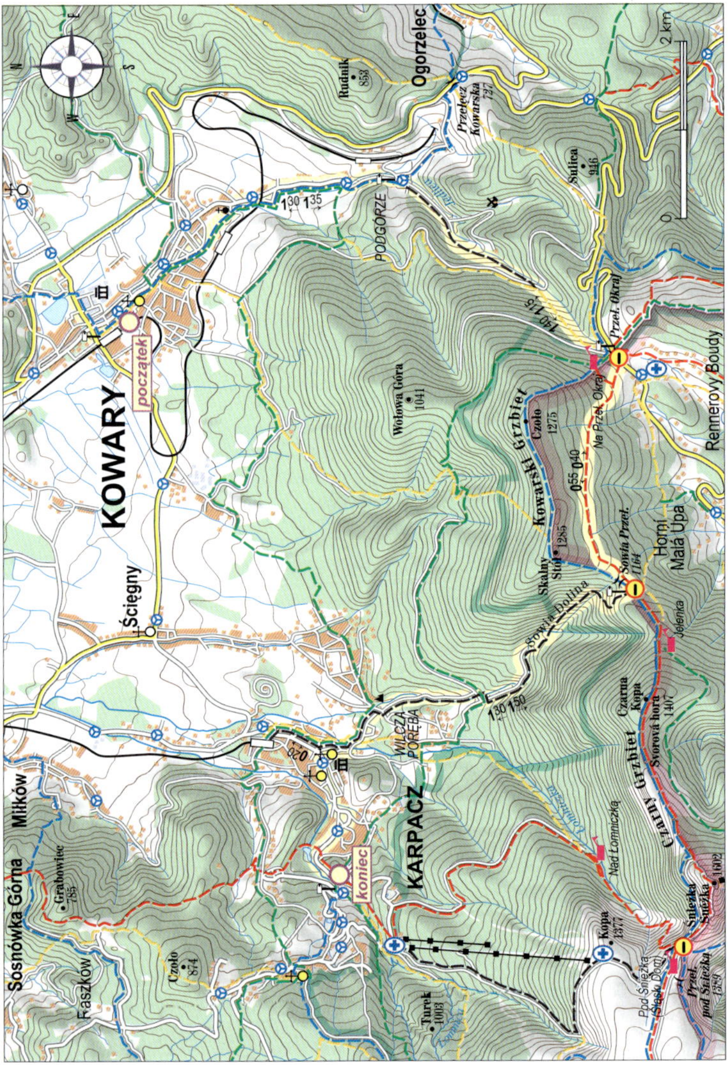

Z deptaka schodzimy razem ze szlakami niebieskim i zielonym w ulicę św. Anny. Wkrótce opuszczamy zabudowania i przez łąkę podchodzimy w stronę położonej na wzniesieniu barokowej **kaplicy św. Anny** z XVIII w. Nieco powyżej naszej drogi, po prawej stronie, widoczne są budynki dawnej stacji kolejowej Kowary Średnie na trasie do Kamiennej Góry. Od kaplicy oba szlaki doprowadzają nas do ładnego wiaduktu kolejowego i dalej dość długo prowadzić będą szosą (za przystankiem PKS Kowary Górne szlak zielony odbija w stronę Uroczyska). Do ostatniego przystanku PKS dochodzimy już tylko za znakami szlaku niebieskiego, który następnie odchodzi w lewo na Przełęcz Kowarską, do pobliskiego **Podgórza**, a my prosto zaczynającym się tutaj szlakiem czarnym dochodzimy do rozdroża. *Z Kowar 1.35 godz.* 1.35 4.05

Zanim ruszymy dalej naszym szlakiem, warto podejść 700 metrów szosą prowadzącą w lewo do **Sztolni Kowarskich**, gdzie udostępniona jest do zwiedzania podziemna trasa turystyczna.

*Sztolnie związane są z wydobyciem uranu na tych terenach, a udostępnione chodniki mają długość 1200 metrów. Zwiedzanie odbywa się z przewodnikiem, a na zakończenie można spróbować wody o wiele mówiącej nazwie „Potencjałka" – podobno działa równie dobrze na panów, jak i na panie.*

Po zwiedzeniu sztolni wracamy na czarny szlak i idziemy nim najpierw łagodnie, a potem miejscami dość stromo pod górę, cały czas wygodną drogą. Na Żółtej Drodze spotykamy szlak żółty, przy którym czarny ma swój koniec. Dalej idziemy żółtym w górę kamienistą ścieżką na **Przełęcz Okraj** (1046 m n.p.m.). W czasie roztopów i deszczowych dni ścieżka, którą prowadzi szlak zamienia się często w koryto strumienia, trzeba więc być przygotowanym na mokre atrakcje. Na przełęczy znajduje się **schronisko**, w którym można się posilić, ale pokusą są z pewnością również czeskie restauracje po drugiej stronie granicy z typową czeską kuchnią i dobrymi napojami. Wystarczy dowód osobisty i nieco czeskich koron (w niektórych restauracjach w pobliżu przejścia można płacić złotówkami – należy się jednak o tym upewnić przed zamówieniem). *Z Podgórza 1.40 godz.* 3.15 2.25

Na przełęczy Okraj obieramy szlak czerwony, będący fragmentem Szlaku Przyjaźni Polsko-Czesko-Słowackiej, który poprowadzi nas południowymi zboczami **Kowarskiego Grzbietu** (Střechy). Na tym odcinku, mimo że pójdziemy po czeskiej stronie, nie potrzebujemy dokumentów upoważniających nas do przekroczenia granicy. Docieramy na **Sowią Przełęcz** (1164 m n.p.m.), ponad którą stoi czeskie schronisko „Jelenka", ale nie dochodzimy do niego, bowiem na przełęczy opuszczamy szlak czerwony (wiedzie on dalej grzbietem Karkonoszy do podnóża szczytu Śnieżki). *Z Przełęczy Okraj 55 min.* 4.10 1.30

Skręcamy w prawo, by szlakiem czarnym zejść przez malowniczą **Sowią Dolinę** do Wilczej Poręby, będącej częścią **Karpacza**. Szlak po dłuższej chwili wyprowadza nas ulicą Obrońców Pokoju na główną ulicę miasta – Konstytucji 3 Maja. Mając jeszcze nieco wolnego czasu, warto podejść do **Muzeum Sportu i Turystyki**, znajdujące się przy ulicy Kopernika (odchodzi od Obrońców Pokoju), w którym znajduje się ciekawa ekspozycja, dokumentująca m.in. rozwój turystycznego zagospodarowania regionu. Po wyjściu na główną ulicę skręcamy w lewo i podchodzimy do przystanku PKS Karpacz Bachus, skąd łatwo wrócić do Kowar. *Z Sowiej Przełęczy 1.30 godz.* 5.40 0.00

**Świątynia Wang w Karpaczu**

atlas:
144, 145
154, 155
123-124

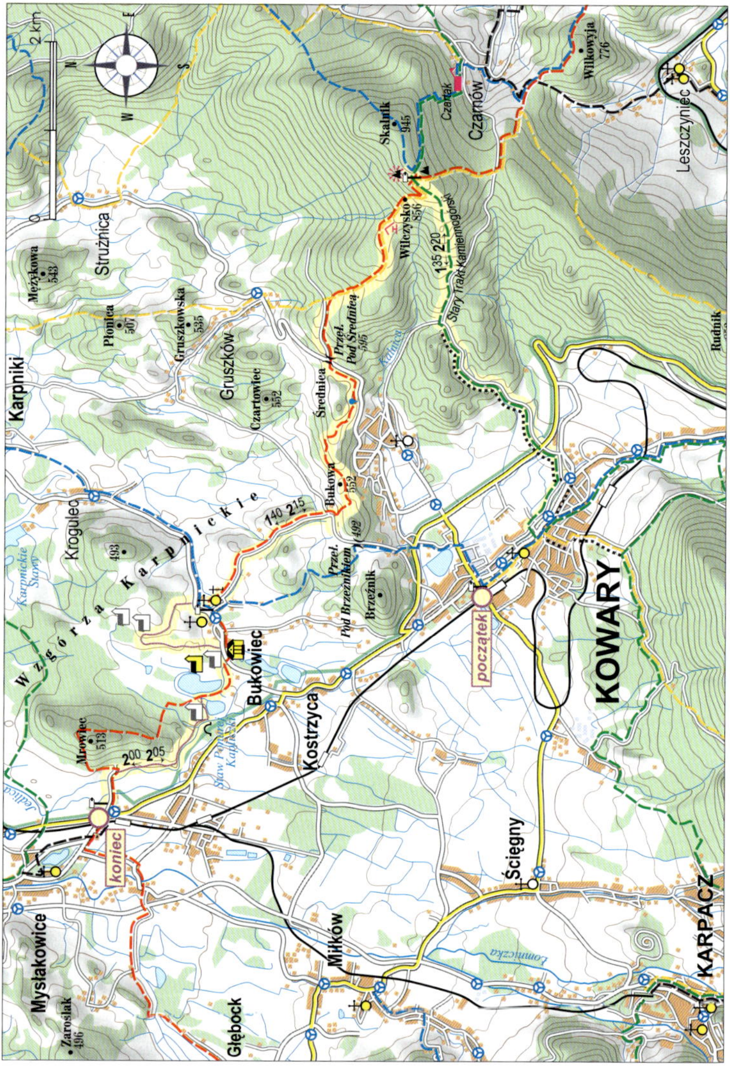

## Kowary – Stary Trakt Kamiennogórski – Konie Apokalipsy – Skalnik – Wilczysko – Przełęcz pod Średnicą – Źródło Jola – Bukowa – Bukowiec – Ruiny wieży widokowej i Amfiteatru – Dom Ogrodnika – Świątynia Ateny – Pałac – Ruiny Opactwa – Mrowiec – Mysłakowice

530

6.00

*Suma podejść ok. 530 m. Czas przejścia ok. 6 godz. w obu kierunkach.*
*Zanim zbudowano dzisiejszą drogę z Jeleniej Góry do Wrocławia, jednym z głównych szlaków komunikacyjnych był prowadzący przez Rudawy Janowickie Stary Trakt Kamiennogórski. Dostaniemy się nim w pobliże najwyższego szczytu pasma – Skalnika, u podnóża którego rozłożyły się małe wsie i miasteczka. Wyjątkowym miejscem jest Bukowiec ze swym romantycznym parkiem, a raczej tym, co z niego pozostało. W swym przebiegu wycieczka daje możliwość zarówno męczącego podejścia, jak i obejrzenia ciekawych zabytków, a wszystko okraszone pięknymi widokami, zwłaszcza ze szczytu Skalnika.*

0.00
6.00

Wycieczkę rozpoczynamy przy dworcu kolejowym w **Kowarach**, nieczynnym niestety od wielu lat. Łatwo tutaj dotrzeć autobusami i busami kursującymi na trasie z Jeleniej Góry do Karpacza. Zanim wyruszymy na trasę, warto zwrócić uwagę na zabytek techniki, jakim jest dźwig kolejowy stojący przy przejeździe kolejowym. Z przystanku PKS idziemy szlakami niebieskim i żółtym przez osiedle bloków, obok starej wieży ciśnień (obecnie galeria z unikalną kolekcją lasek) i tzw. Grzybka, do **XV-wiecznego kościoła Imienia NMP**.

*Niezwykle bogate barokowe wyposażenie świątyni zachwyca swym przepychem. Cenne są również malowidła na stropie – dzieło rodziny Lorenzów, przedstawiające m.in. sceny biblijne, wyobrażenie Arki Przymierza i alegorie Wiary, Nadziei i Miłosierdzia.*

Po obejrzeniu kościoła idziemy dalej deptakiem, przy którym stoją ładnie odnowione kamienice, do równie okazale prezentującego się ratusza. Tutaj opuszczamy deptak i kierujemy się w lewo przez most do ulicy Staszica, którą idziemy wzdłuż Jedlicy, a następnie ulicami Waryńskiego, Kasztanową i Bukową wychodzimy z miasta.

Konie Apokalipsy

Podążamy **Starym Traktem Kamiennogórskim**, początkowo łagodnie wznoszącą się drogą, później nieco stromiej w stronę lasu. Przy leśniczówce Bukowa spotykamy znaki szlaków rowerowych i razem z nimi idziemy w prawo wciąż wznoszącą się drogą. Największe jednak podejście jest dopiero przed nami, bowiem 600 metrów za leśniczówką schodzimy w lewo z wygodnej drogi i zaczynamy miejscami dość strome podejście na zbocza Skalnika. Mniej więcej w połowie podejścia na wierzchołek spotykamy znaki szlaków żółtego i czerwonego, razem z którymi podążamy już na szczyt. Po drodze mamy za sobą ładne widoki. Węzeł szlaków na **Skalniku** znajduje się nieco przed jego wierzchołkiem. Aby osiągnąć najwyższy punkt, trzeba by pójść dalej szlakiem niebieskim. My jednak na skrzyżowaniu szlaków wybieramy dojściowy, doprowadzający nas do **Ostrej Małej** – potężnej skały, uprzystępnionej jako punkt widokowy. Widok, zwłaszcza na Karkonosze, naprawdę zapiera dech w piersiach. *Z Kowar 2.20 godz.*

2.20
3.40

Po zobaczeniu panoramy ze Skalnika musimy powtórzyć ostatni odcinek marszu i zejść do rozdroża, gdzie nasz szlak zielony spotkał się z czerwonym i żółtym. Z tego miejsca kontynuujemy marsz za znakami czerwonymi Głównym Szlakiem Sudeckim. Schodzimy dość wygodną leśną drogą do początku drogi jezdnej, wykorzystywanej przez leśników. Stoi tutaj drewniana wiata, zaopatrzona w ławy i stoły. Warto też zwrócić uwagę na stojącą opodal kamienną ławę. Takich udogodnień dla turystów przed wojną było wiele, jednak niewiele z nich zachowało się do naszych czasów. Gdy będziemy schodzić, warto też rozglądać się na boki, bowiem na naszym szlaku spotkamy kilka przedwojennych kamiennych drogowskazów. Jeden z najbardziej charakterystycznych spotkamy niedaleko **Przełęczy pod Średnicą**.

Na przełęczy skręcamy w lewo i schodzimy asfaltem do **źródła Jola**, przy którym opuszczamy asfalt i w prawo zaczynamy podchodzić na zbocza Średnicy i wreszcie na niewyraźne siodło pomiędzy nią a Bukową. Wkrótce dochodzimy do drogi, która w prawo doprowadzi nas do pierwszych zabudowań **Bukowca**. Zanim dojdziemy do centrum wsi, po prawej stronie drogi zobaczymy **średniowieczny krzyż pojednania**. Kolejnym ciekawym kamiennym zabytkiem jest kamień choleryczny przy wejściu na teren kościoła św. Marcina. *Ze Skalnika 1.40 godz.*

4.00
2.00

*Bukowiec jest typowym przykładem wsi, w której istnieją blisko siebie dwa kościoły. Wydawać by się to mogło niepotrzebne w tak małej miejscowości, ale jeśli spojrzeć na historię Śląska, łatwo to wytłumaczyć. W okresie reformacji ewangelicy mieli duże wpływy na tych terenach i wielu współwyznawców. Nowa religia rozprzestrzeniała się bardzo szybko, a jej wyznawcy chcieli mieć możliwość modlenia się w kościołach. Z kolei katolicy, do których należały kościoły, nie chcieli ich udostępniać innowiercom, stąd ci ostatni musieli budować nowe świątynie – dzisiaj nawet w małych wsiach często stoją dwa kościoły. Czasami dochodziło do sytuacji trochę groteskowych, gdy nowy kościół był budowany nieco wyżej tylko dlatego, by symbolicznie pokazać wyższość jednego wyznania nad drugim. Tak było na przykład w Srebrnej Górze, gdzie katolicy wybudowali swój kościół ponad głównym ciągiem ówczesnego miasta.*

Dalszy fragment wycieczki poprowadzi nas (bez znaków) przez kilka zachowanych elementów **romantycznego założenia ogrodowego** stworzonego przez rodzinę von Reden, właścicieli Bukowca. Była to pierwsza tego typu inwestycja na Śląsku i na dodatek wykonana z dużym rozmachem. Niestety do tej pory nikt nie zadbał o poprowadzenie szlaku przez te obiekty, będziemy więc poruszać się bez szlaków, co wymaga zachowania uwagi i koncentracji. Pomocna będzie z pewnością również mapa.

Amfiteatr Rzymski

*Na początek warto wspomnieć o ideowym założeniu całego przedsięwzięcia, które miało na celu pokazanie różnych etapów rozwoju ludzkości, bazując na stylach architektonicznych. Zacząć oczywiście należy od jaskini – pierwotnego schronienia człowieka, poprzez drewnianą chatę krytą strzechą, po znacznie bardziej zaawansowane technologie, pozwalające budować duże obiekty, jak amfiteatr rzymski, potężny zamek z wieżą, czy opactwo. Warto też zauważyć, że w umiejętny sposób wykorzystane zostało ukształtowanie powierzchni i te najniższe pod względem stopnia rozwoju elementy założenia znajdują się najniżej, np. jaskinia nad brzegiem rzeki, zamek na wzniesieniu.*

Świątynia Ateny

Od kościoła św. Marcina idziemy polną drogą do cmentarza, mijamy go i tuż za nim skręcamy w lewo, dochodząc po chwili do starej części nekropolii, a następnie na łąkę za nim, z której rozpościera się ładny widok na Karkonosze. Stąd idziemy w prawo skrajem lasu, a następnie przez łąkę na widniejące przed nami wzgórze. Na jego szczycie znajdują się **sztuczne ruiny zamku** z wieżą widokową i **amfiteatru rzymskiego**.

Schodzimy ze szczytu wzniesienia i kierujemy się ścieżką w kierunku zachodnim, dochodząc po ok. 700 metrach do wyraźnej drogi, którą idziemy w prawo, dochodząc po chwili do **Domu Ogrodnika**, w którym mieścił się gabinet hrabiego oraz mieszkanie ogrodnika, dbającego o całe założenie parkowe.

Idziemy dalej w stronę wsi, by po 100 metrach odbić ścieżką prowadzącą na wzniesienie, na którym stoi **Świątynia Ateny**. Dawniej roztaczał się sprzed niej fascynujący widok na Karkonosze, dzisiaj nieco ograniczony.

Z tego miejsca schodzimy do drogi we wsi, gdzie spotykamy szlak czerwony i nim w prawo, mijając po lewej skromny **pałac von Redenów**, opuszczamy wieś drogą prowadzącą pomiędzy stawami. Powyżej łąki za stawami znajdują się **ruiny Opactwa** – kolejna budowla wchodząca w skład założenia ogrodowego. To tutaj zostały pochowane ciała hrabiego i jego żony Fryderyki, która zasłynęła m.in. sprowadzeniem świątyni Wang do Karpacza Górnego. Zdewastowane i okradziono groby przedstawiają sobą smutny widok, nie lepiej wygląda Opactwo, które wydaje się być z każdym rokiem coraz mniej okazałe.

Po obejrzeniu Opactwa nie wracamy już na szlak czerwony, tylko idziemy drogą odchodzącą od niego w lewo wzdłuż Stawu Ponurej Kapliczki. Do Mysłakowic będziemy szli bez znaków, ale trudno tutaj się zgubić, bowiem cały czas będziemy podążać wzdłuż **Jedlicy**. Zaraz za wspomnianym stawem, na skarpie poniżej naszej drogi, znajduje się wykuta w skale grota; łatwo do niej trafić, bowiem wiedzie do niej wyraźna, wydeptana ścieżka. Droga wzdłuż rzeki doprowadzi nas po drugiej stronie Mrowca ponownie do szlaku czerwonego, którym przez most przechodzimy na drugą stronę rzeki i podążamy do drogi nr 367, gdzie rozstajemy się ze znakami szlaku i już bez nich, idąc w lewo, po 200 metrach dochodzimy do przystanku PKS przy dawnym dworcu kolejowym w **Mysłakowicach**, gdzie kończy się nasza wycieczka. Kursują stąd autobusy i prywatne busy do Karpacza przez Kowary, a w przeciwną stronę do Jeleniej Góry. *Z Bukowca 2.00 godz.* 6.00 0.00

# 14 W świecie skalnych fantazji

atlas: 114, 124

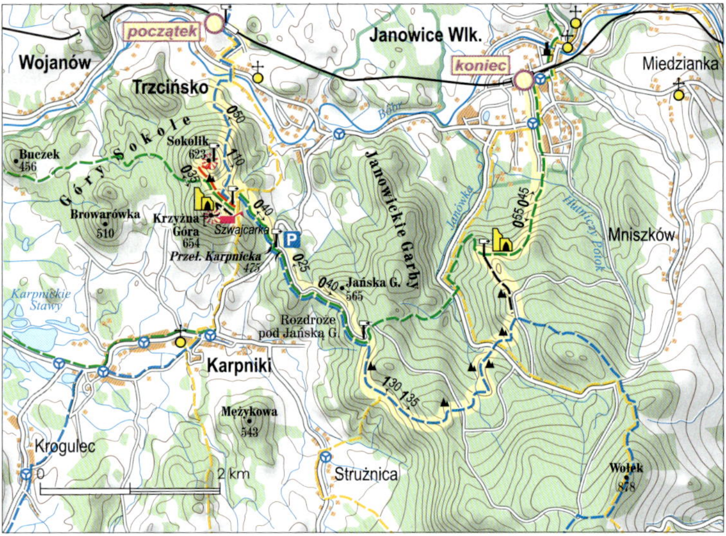


**Trzcińsko – Przełączka – Sokolik – Przełączka – Husyckie Skały – Krzyżna Góra – Husyckie Skały – Schronisko „Szwajcarka" – Karpnicka Przełęcz – Rozdroże pod Jańską Górą – Fajka – Starościńskie Skały – Skalny Most – Głaziska Janowickie – Zamek Bolczów – Dolina Janówki – Rozdroże pod Jańską Górą – Karpnicka Przełęcz – Trzcińsko**

690

5.25

*Suma podejść ok. 690 m. Czas przejścia ok. 5.30 godz., w przeciwnym kierunku ok. 5 godz.*
*Sokoliki, stanowiące część Rudaw Janowickich, nazywane są mekką wspinaczy dolnośląskich. I nie ma w tym cienia przesady, bowiem na licznych i potężnych skałach poprowadzonych zostało wiele dróg wspinaczkowych o różnym poziomie trudności. Dla turystów Rudawy Janowickie cenne są z powodu wspaniałych punktów widokowych, malowniczych i efektownych formacji skalnych, atrakcyjnych szlaków i ruin zamku Bolczów – potężnej warowni, wznoszącej się nad doliną Janówki. Wszystko to razem powoduje, że zaproponowana poniżej wycieczka z pewnością okaże się udana i pozostawi niezatarte wrażenia. Jedynym, ale za to wyjątkowym pod względem położenia miejscem, gdzie można się posilić jest schronisko „Szwajcarka" – uroczy obiekt, zbudowany w szwajcarskim stylu.*

0.00
5.25

Wycieczkę rozpoczynamy na stacji kolejowej w **Trzcińsku**. Doskonale widoczny jest stąd Sokolik z umieszczoną na jego szczycie platformą widokową na skale – to pierwszy z celów naszej wycieczki. Od stacji idziemy za znakami szlaków niebieskiego i żółtego do mostu na **Bobrze**, za którym szlaki rozchodzą się. Żółty prowadzi w lewo wzdłuż Bobru, a następnie polanami bezpośrednio do „Szwajcarki", a niebieski skręca w prawo i za chwilę podchodzi do skraju lasu. Wybieramy niebieski i podchodzimy najpierw łagodnie, potem stromiej coraz wyżej wyraźną ścieżką, a następnie wygodną dróżką leśną na położoną między Krzyżną Górą a Sokolikiem Przełączkę. Miejsce to dawniej było wykorzystywane przez wspinaczy jako pole biwakowe i w sezonie można było zastać tu mrowie rozstawionych namiotów. Dzisiaj na północny zachód od Sokolika istnieje Ośrodek Szkoleniowy „Pod Krzywą", który wraz z gospodarstwami agroturystycznymi w okolicy przejął rolę miejsca noclegowego.

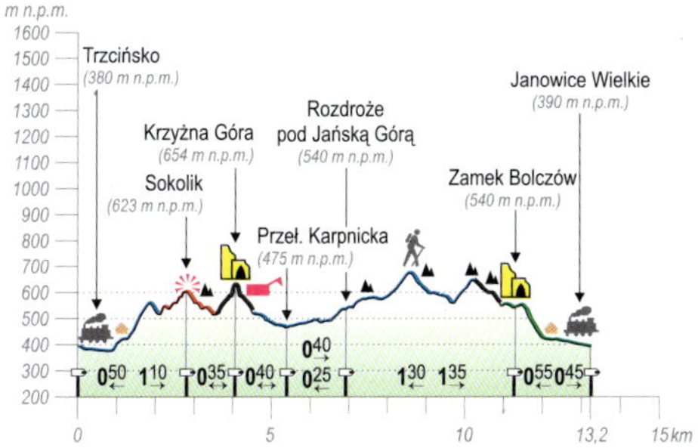


Na Przełączce opuszczamy szlak niebieski i idziemy czerwonym w prawo, najpierw po płaskim terenie, potem wznosimy się pomału na zbocza Sokolika. Z początku towarzyszy nam szlak zielony, który szybko jednak odbija w lewo w kierunku Wojanowa i Jeleniej Góry. Znaki czerwone zakosami prowadzą nas na szczyt **Sokolika** (623 m n.p.m.), po drodze między drzewami ponad nami widoczne są **Krzywa Turnia** i **Sukiennice**. Pod tymi ostatnimi stoi potężny drewniany krzyż, postawiony w podzięce za uratowanie życia przez kursantkę kursu wspinaczkowego, która spadła ze skały. Na wierzchołku po metalowych stopniach wchodzimy na Sokolika Dużego, na którym znajduje się platforma widokowa, którą widzieliśmy ze stacji w Trzcińsku. *Z Trzcińska 1.10 godz.*

1.10
4.15

*Rozpościera się stąd jeden z najlepszych widoków w Sudetach Zachodnich, obejmujący przede wszystkim Karkonosze, a także Góry Izerskie, Rudawy Janowickie, Góry Kaczawskie, Kotlinę Jeleniogórską i malowniczą dolinę Bobru, wijącego się poniżej.*

Na skałach zauważyć można metalowe kółka, będące stałymi punktami asekuracyjnymi na poprowadzonych tutaj drogach wspinaczkowych. Takich kółek, zwanych ringami, spotkamy wiele na różnych formacjach skalnych.

Z Sokolika musimy niestety zejść tą samą drogą do Przełączki, z której kontynuujemy naszą wędrówkę szlakiem czerwonym do miejsca, gdzie spotykamy znaki szlaku czarnego. Prowadzi on ścieżką w prawo, ale przedtem warto podejść na wznoszące się po lewej **Husyckie Skały**, z których mamy piękny widok na zdobytego przed chwilą Sokolika.

Sokolik

*Husyckie Skały. Nazwa skał wzięła się od wydarzenia, jakie miało tu ponoć miejsce w czasie wojen husyckich w XV wieku. Pod szczytem Krzyżnej Góry istniał wówczas zamek, którego zarządca sprzyjał husytom. Gdy husyci musieli nocą uciekać z warowni, w rejonie Husyckich Skał zmylili drogę i spadli w 30-metrową przepaść, ponosząc śmierć na miejscu.*

Z rozdroża szlaków podchodzimy czarnym na wznoszącą się ponad nami Krzyżną Górę (654 m n.p.m.) – najwyższy szczyt **Gór Sokolich**. Na szczytowe skały prowadzą wykute stopnie, zaopatrzone w poręcz. Dobrym sposobem na odpoczynek jest tutaj zajrzenie najpierw do pozostałości **zamku Sokolec**, które zachowały się pod skałami. Można do nich dojść od zaczynających się stopni ścieżką prowadzącą w prawo (50 metrów). Z dawnej warowni pozostały zaledwie resztki murów, fosy i wykuta w skale cysterna na wodę. Zwieńczeniem skał na **Krzyżnej Górze** jest 7-metrowy metalowy krzyż, postawiony w 1830 roku na polecenie brata króla Prus, księcia Wilhelma, dla jego żony Anny Marii, która mogła go oglądać z okien swej sypialni na zamku w Karpnikach. Również i z tego punktu rozciąga się piękna panorama okolic, niemniej nie tak rozległa jak z Sokolika. *Z Sokolika 35 min.*

1.45 3.40

Do Husyckich Skał schodzimy tą samą drogą. Stąd cztery szlaki schodzą w prawo do **schroniska „Szwajcarka"**, mieszczącego się w pięknym budynku zbudowanym w 1823 roku jako domek myśliwski w popularnym wówczas tyrolskim stylu. Obiekt położony jest na siodle pomiędzy Krzyżną Górą a niewyraźną kulminacją Trzech Koron. Schronisko związane jest z osobą znanego przewodnika i gawędziarza Tadeusza Stecia, który w okresie powojennym przez wiele lat był jego dzierżawcą.

Od schroniska schodzimy za znakami żółtymi (po 300 metrach odchodzą w kierunku Trzcińska), zielonymi i niebieskimi. Te ostatnie będą nam towarzyszyć niemal aż do zamku Bolczów. Wychodzimy na **Karpnicką Przełęcz** z parkingiem, będącym dobrym rozwiązaniem dla posiadaczy samochodów, którzy chcą zobaczyć tylko Sokoliki (można też podjechać pod samo schronisko, ale droga dojazdowa jest dość zniszczona). *Z Krzyżnej Góry 40 min.* Od parkingu wędrujemy szeroką drogą leśną do **Rozdroża pod Jańską Górą**. *Z Karpnickiej Przełęczy 40 min.*

2.25 3.00

3.05 2.2

Tutaj szlak zielony odchodzi w lewo w kierunku zamku Bolczów, my jednak podążamy za znakami niebieskimi, by po chwili między drzewami dostrzec charakterystyczną, ponad 20-metrowej wysokości skałę, nazwaną z powodu swego kształtu **Fajką**. Skała położona jest na wysokości 600 m n.p.m., stąd pozostało nam do kolejnej atrakcji Rudaw Janowickich, jakimi są **Starościńskie Skały**, 118 metrów podejścia na **Janowicki Grzbiet**.

*Starościńskie Skały to okazała grupa skalna, wchodząca dawniej w skład romantycznego założenia parkowego rezydencji w Karpnikach. Jeszcze po ostatniej wojnie można było na nich zobaczyć urządzenia parkowe i żeliwnego lwa, dzisiaj nie ma po nich śladu, pozostały tylko niewzruszone skały o fantazyjnych kształtach.*

Od skał wędrujemy dalej szlakiem niebieskim, który sprowadza nas w dolinę **Janówki**. Po drodze mijamy okazałą skałę, zwaną z racji swego wyglądu **Piecem**, a nieco dalej – **Skalny Most** – jedną z najłatwiej rozpoznawalnych skał w całym masywie. Obie formacje wykorzystywane są przez wspinaczy. Po przekroczeniu dna doliny wspinamy się na zbocza Zamkowego Grzbietu, mijając po drodze **Skalne Bramy** i **Głaziska Janowickie**. Przy tych ostatnich opuszczamy szlak niebieski i kontynuujemy wędrówkę zaczynającym się w tym miejscu szlakiem czarnym, który w kilkanaście minut, łatwym terenem, doprowadzi nas do ruin **zamku Bolczów** – okazałej niegdyś budowli, położonej ponad doliną Janówki, w której budowniczowie w doskonały sposób wykorzystali naturalną skałę, adaptując ją dla potrzeb warowni. *Z Rozdroża pod Jańską Górą 1.35 godz.* 4.40 0.45

*Zamek Bolczów. Burzliwa historia zamku zakończyła się pod koniec wojny 30-letniej, od czasu której popadał on w coraz większą ruinę. W okresie międzywojennym znajdowało się tutaj popularne schronisko, dzisiaj będące już tylko (lub, patrząc na wielkość założenia, aż) ruiną. Z najwyższego punktu zamku zobaczyć możemy m.in. znane już nam z początkowego fragmentu wycieczki Sokoliki.*

Od zamku schodzimy za znakami szlaku zielonego, miejscami dość stromo, do doliny Hutniczego Potoku. W okresach dużych opadów deszczu drogą, którą prowadzi szlak płyną strumienie wody – łatwo wówczas o poślizgnięcie się. Na skraju lasu napotykamy pierwsze zabudowania **Janowic Wielkich** i ulicami Zamkową, a następnie Wojska Polskiego dochodzimy do stacji PKP, gdzie kończy się nasza wycieczka. Stąd można pociągiem wrócić do Trzcińska lub Jeleniej Góry. Sprzed dworca odjeżdżają również samochody prywatnej komunikacji osobowej, ale trzeba pamiętać, że kursy są dość rzadkie w czasie weekendów, za to dość częste w dni robocze.

Mając chwilę czasu, warto podejść 300 metrów ulicą Kolejową w stronę ulicy 1 Maja, by zobaczyć oryginalny przedwojenny drewniany drogowskaz, w humorystyczny sposób przedstawiający drogi na dworzec (nobliwy pan ciągnący walizki) i do Miedzianki (człowiek toczący beczkę piwa – w Miedziance był browar). *Z zamku Bolczów 45 min.* 5.25 0.00

Zamek Bolczów

atlas: 151, 140 141, 120, 121

## Sobieszów – Zbójeckie Skały – zamek Chojnik – Przełęcz Żarska – Żelazny Mostek – Przełęcz Ludomira Różyckiego – Przełęcz Zachełmska – Przesieka – Wodospad Podgórnej – Podgórzyn Górny

400

3.10

*Suma podejść ok. 400 m. Czas przejścia ok. 3 godz. w obu kierunkach.*
*Wycieczką szczególnie będą zachwycone osoby, które by obcować z górami, nie muszą przekraczać poziomicy 1000 metrów. Poprowadzona malowniczymi szlakami trasa daje możliwość poznania Pogórza Karkonoskiego. Trasa jest łatwa i jedynie pierwsza jej część, podejście na zamek Chojnik, może dać się we znaki mniej zaprawionym w bojach turystom. Nagrodą za włożony w podejście wysiłek będą z pewnością wspaniałe panoramy, rozciągające się z zamkowej wieży. Jeżeli korzystamy z samochodu, najlepiej pozostawmy go w Jeleniej Górze Cieplicach Śląskich, skąd na miejsce startu dotrzeć można komunikacją miejską lub PKS. Powrót z Podgórzyna do Cieplic również nie sprawia większego problemu. Na wszelki wypadek lepiej jednak sprawdzić rozkład linii nr 4 i 18.*

0.00
3.10

Rozpoczynamy wycieczkę w **Jeleniej Górze**, na przystanku PKS (w rozkładzie MZK to Sobieszów Muflon), skąd idziemy ulicą Cieplicką, a następnie Sądową, prowadzącą wzdłuż Wrzosówki. Dochodzimy do mostu, za którym widoczny jest kościół Najświętszego Serca Pana Jezusa, pierwotnie ewangelicki, dzisiaj służący parafii katolickiej. Na moście, do którego dotarliśmy, mają swój początek trzy szlaki turystyczne oraz ścieżka dydaktyczna. Podczas wędrówki na Chojnik będziemy przez cały czas podążali za znakami czarnymi. Idziemy kolejno ulicami: Sądową, Czecha i Chału-

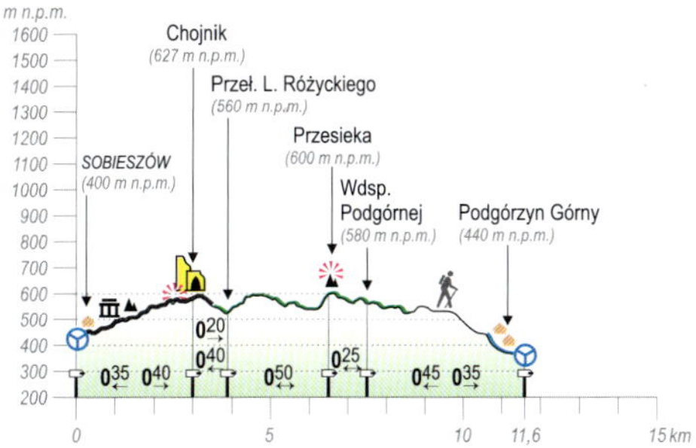


bińskiego. Z tej ostatniej, tuż przed szkółką leśną, idąc w lewo, można dojść do siedziby dyrekcji Karkonoskiego Parku Narodowego.

*W budynku znajduje się również* ***Muzeum Przyrodnicze KPN****, w którym wizyta może być doskonałym wstępem do odwiedzenia Parku, bowiem zapoznać się tutaj można z ekologią, zagadnieniami ochrony przyrody oraz z fauną i florą Karkonoszy. Od wiosny do jesieni udostępnione jest alpinarium, w którym zobaczyć można blisko 90 roślin występujących w Karkonoszach.*

Na końcu ulicy Chałubińskiego dochodzimy do kasy **Karkonoskiego Parku Narodowego**, bowiem góra Chojnik jest enklawą Parku i obowiązują tutaj takie same przepisy – wstęp jest płatny. Podchodzimy zboczami Chojnika do rozdroża szlaków, mijając po drodze liczne belki wmontowane w nawierzchnię szlaku. Służą one kierowaniu spływającej z góry wody podczas opadów na boki ścieżki, dzięki czemu nie wymywa ona nawierzchni. Na rozdrożu szlak czerwony idzie łagodniejszą drogą na zamek, szlak czarny nieco trudniejszą, ale znacznie ciekawszą trasą przez **Zbójeckie Skały**. Wybieramy szlak czarny i podchodzimy po pochyło ułożonych płytach skalnych, dających przedsmak tego, co nas czeka wyżej. Pokonanie skał nie sprawia trudności, jednak w czasie opadów i tuż po nich trzeba zachować ostrożność, bowiem podłoże potrafi być wówczas śliskie. W końcowej części mijamy schronisko skalne kilkumetrowej głębokości. Za skałami czeka nas dość strome podejście do drogi, na której spotykamy znów znaki szlaku czerwonego.

Przy zejściu szlaków stoi **Skalny Grzyb** – widoczny przejaw erozyjnej działalności warunków atmosferycznych. Mniej odporne warstwy skały zostały zniszczone przez wiatr, deszcze i mrozy, a bardziej odporne na erozję stworzyły kapelusz kamiennego grzyba.

**Zbójeckie Skały**

Droga pnie się w górę, idąc nią możemy podziwiać piękny las i słuchać świergotu wielogatunkowej w tym miejscu awifauny. Przed ostatnim fragmentem podejścia napotykamy wychodnię skalną, mogącą być doskonałym punktem widokowym, gdyby nie wysokie drzewa tutaj rosnące. Ograniczona panorama i tak przedstawia się imponująco, doskonale widoczne są m.in.: Kotlina Jeleniogórska, Karkonosze ze Śnieżką, Rudawy Janowickie i Sokoliki. 300 metrów dalej dochodzimy do ruin **zamku Chojnik**. Przed jego zwiedzaniem warto, po przekroczeniu bramy na pierwszy dziedziniec, pójść w prawo i ścieżką poprowadzoną pod murami dojść do miejsca, z którego doskonale widoczne są np. Szrenica z trasami zjazdowymi i Wysoki Kamień w Górach Izerskich. Na skale w tym miejscu widoczne są liczne wgłębienia. Jedno z nich pochodzi podobno od pupy Kunegundy, która spadła tutaj z zamkowej wieży, ale o tym dowiemy się z legendy na zamku. *Z Sobieszowa 40 min.*

0.40
2.30

*Zamek Chojnik. Zwiedzanie zamku jest płatne, bilety można kupić w budynku bramnym. Ponieważ warownię zwiedza się samodzielnie, podajemy poniżej kilka wskazówek, by nie przeoczyć jej najciekawszych fragmentów. Na dziedzińcu głównym, na którym warto zwrócić uwagę na kamienny pręgierz, stoją drewniane ławki, na których siadamy i czekamy na puszczoną z taśmy historię zamku i legendę o Kunegundzie. Nad bramą, przez którą tutaj weszliśmy, zachowała się drewniana, osmolona belka, będąca świadectwem pożaru, jaki w 1675 roku wybuchł w wyniku uderzenia pioruna i zniszczył zamek. Ciekawy jest tu również okazały bluszcz, który misterną koronką korzeni oplótł zamkowe mury. Idąc dalej, mijamy zbrojownię, a nad naszymi głowami widoczny jest wykusz zamkowej kaplicy z maszkaronem, mającym odganiać złe duchy. Kolejnym etapem zwiedzania jest wejście na wieżę, skąd rozpościera się wspaniała panorama okolicy z dominującymi na południu szczytami Karkonoszy. Po zejściu z wieży (uwaga na głowy!) czeka nas jeszcze obejście zamku wzdłuż murów, które pozwala na poznanie przykładów architektury obronnej, takich jak blanki, basteja z otworami strzelniczymi, czy same mury warowni. Podczas zwiedzania warto zwrócić uwagę na głębokie, zakratowane studnie, których na zamku było kilka, a ich zadaniem było zbieranie wody deszczowej, wykorzystywanej później w ówczesnym gospodarstwie.*

Po wyjściu z zamku kierujemy się w prawo i za znakami szlaków żółtego i zielonego wychodzimy z terenu warowni przez kamienną bramę. Niżej czeka nas zejście po kamienistych schodach na **Przełęcz Żarską**, oddzielającą Chojnik od Żaru. Tutaj też spotykamy znaki szlaku zielonego i razem z nimi podążamy zboczami Żaru do doliny Choińca, mijając po drodze, nieco poniżej naszej ścieżki, ujęcie wody w postaci murowanego domku. W dolinie przechodzimy przez Żelazny Mostek i tuż za nim odbijamy z drogi za znakami zielonym w prawo, ścieżką pod górę. Pokonujemy

Zamek Chojnik

Wodospad Podgórnej

niewielki grzbiecik i schodzimy na **Przełęcz Ludomira Różyckiego** na terenie **Zachełmia**, nazwaną tak na cześć kompozytora, który w domu stojącym nieco dalej, przy zielonym szlaku, spędził ostatnie lata swego życia. *Z zamku Chojnik 20 min.* 1.00 2.10

Za **domem Różyckiego** (nazwanym przez niego samego „Pan Twardowski") skręcamy w prawo i zaraz potem w lewo, by łąką wspiąć się do wygodnej dróżki, prowadzącej zboczami Kopy. Ostatni odcinek na **Zachełmską Przełęcz** pokonujemy pod górę, kierujemy się w lewo w stronę lasu, potem w prawo i następnie stromo, ale krótko, schodzimy do pierwszych zabudowań **Przesieki**.

Ulicą Zachełmska Droga dochodzimy do ulicy Dolina Czerwienia, gdzie skręcamy w lewo przez mostek na Czerwieniu i zaraz za nim w prawo, razem ze szlakiem żółtym, podchodzimy ulicą Łąkową, którą po chwili opuszczamy i malowniczymi ścieżkami i dróżkami idziemy do ulicy Karkonoskiej, na zakręcie której znajduje się miejsce odpoczynku z punktem widokowym i panoramą Śnieżnych Kotłów, Szrenicy, Gór Kaczawskich i Rudaw Janowickich. Podchodzimy szosą, mijamy po prawej stronie **Waloński Kamień** i 100 metrów przed przystankiem MZK opuszczamy asfalt i schodzimy na drogę odchodzącą w lewo. *Z Przełęczy Ludomira Różyckiego 50 min.* 2.10 1.00

Polną drogą dochodzimy do lasu, gdzie żegnamy się ze szlakiem żółtym, który wiedzie dalej w kierunku Borowic i schodzimy za znakami zielonymi do doliny Podgórnej. Mijając efektowne skałki, po chwili jesteśmy już przy **Wodospadzie Podgórnej**, trzecim po polskiej stronie Karkonoszy, jeśli wziąć pod uwagę wysokość. Woda spada tutaj przez trzy progi o łącznej wysokości 10 metrów, a niżej rzeka tworzy malowniczą dolinę z licznymi skałkami i małymi progami. *Z Przesieki 25 min* 2.35 0.35

Od wodospadu idziemy właśnie tą doliną do połączenia z rzeką Myją, którą przekraczamy. Za mostkiem skręcamy w nieznakowaną drogę w lewo i po kilkudziesięciu metrach jesteśmy przy tablicy pamiątkowej, poświęconej XIX-wiecznemu malarzowi Adolfowi Dresslerowi, nazywanemu czasami pierwszym malarzem Karkonoszy. Dalsza część naszej wędrówki wiedzie prawym brzegiem Podgórnej, wygodną drogą leśną, schodzącą w kierunku zabudowań **Podgórzyna**. Drugim mostem na rzece przechodzimy na jej przeciwległy brzeg i zaraz potem w górę, do ulicy Karkonoskiej. Spotykamy tutaj znaki szlaku niebieskiego, którym schodzimy do przystanku MZK Podgórzyn Górny Pod Skałką. Stojący tutaj tramwaj jest świadectwem dawnej świetności jeleniogórskiej komunikacji miejskiej, której tramwaje docierały nawet w to miejsce. Z tego miejsca można dostać się do Jeleniej Góry autobusami nr 4 i 18. *Od Wodospadu Podgórnej 35 min.* 3.10 0.00

atlas:
103, 104
113, 114

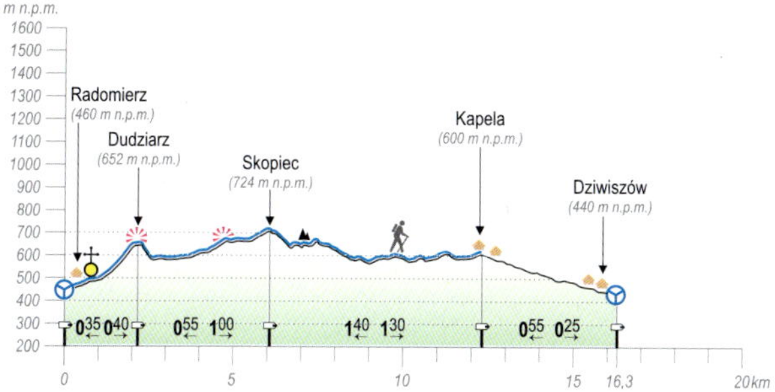


## Radomierz – Dudziarz – Straconka – Leszczyniec – Ziemski Kopczyk – Baraniec – Przełęcz Komarnicka – Psi Kościół – Przełęcz nad Kobyłą – Źróbek – Kapela – Dziwiszów

*Suma podejść ok. 440 m. Czas przejścia ok. 3.30 godz., w przeciwnym kierunku ok. 4 godz.* 440 3.35

*Góry Kaczawskie nie należą do najwyższych pasm w Sudetach, przez co często są pomijane podczas planowania wycieczek w regionie. Rozciągają się z nich za to piękne panoramy gór otaczających Kotlinę Jeleniogórską, a poza tym są niezwykle cennym obszarem pod względem krajoznawczym. Podczas wycieczki będziemy mieli okazję odwiedzić ich najwyższą część, a także nacieszyć oczy pięknymi panoramami. Mała popularność Gór Kaczawskich skutkuje też tym, że raczej nie spotkamy zbyt wielu turystów na naszej trasie. Do Radomierza dotrzemy z Jeleniej Góry autobusem PKS lub komunikacją prywatną. Samochód najlepiej pozostawić w Jeleniej Górze, do której z Dziwiszowa wrócimy autobusem PKS lub MZK.*

Wycieczkę rozpoczynamy w centrum **Radomierza**, przy ruiach kościoła, z którego pozostała jedynie dzwonnica. Stojący nieopodal drugi z kościołów zbudowany został jako świątynia ewangelicka i warto w nim zobaczyć m.in. barokową chrzcielnicę. 0.00 3.35

Ruszamy na szlak za znakami niebieskimi, asfaltem prowadzącym przez wieś, przecinamy ruchliwą drogę nr 3 i dalej idziemy polną drogą idącą nieco w lewo. Po 200 metrach opuszczamy ją i ścieżką przez łąki wchodzimy na zbocza **Dudziarza**. *Z Radomierza 40 min.* 040 2.55

Za nami rozciąga się ładna panorama Gór Sokolich, Rudaw Janowickich ze Skalnikiem i Karkonoszy ze Śnieżką. Mniej więcej w połowie łąki odchodzi droga w prawo, ale my idziemy dalej prosto, pod górę, w stronę lasu. W lesie skręcamy w lewo i trawersując zbocza Dudziarza, schodzimy do leśnej drogi, którą idziemy dalej. W pewnym momencie z prawej odsłania nam się widok na kamieniołom na Połomie.

Idziemy dość długo drogą, podchodząc najpierw na **Ziemski Kopczyk** (wspaniałe widoki na Kotlinę Jeleniogórską, Karkonosze i Rudawy, a z drugiej strony na Góry Kaczawskie), a następnie na siodło między Barańcem (z przekaźnikiem) i **Skopcem**. Aby wejść na tego ostatniego, idziemy drogą w prawo do dużej sterty kamieni po lewej i stąd już tylko kilka kroków na zarośnięty niestety szczyt. *Z Dudziarza 1.00 godz.* Z siodła schodzimy na Przełęcz Komarnicką, gdzie spotykamy szlak żółty. Oba idą w dół do pierwszych zabudowań Komarna (pierwszy budynek to popularna kiedyś wśród wędrowców gospoda), a następnie niebieski odbija w prawo na idącą pod górę polną drogę, a my wraz z nim. Żółtym szlakiem można zejść do centrum **Komarna** (przystanek MZK). Trawersujemy zbocza Maślaka przyjemnie poprowadzonym szlakiem, dochodząc do okazałych ruin zakładu przemysłowego, od którego schodzimy łagodnie do ściany lasu i tam skręcamy w prawo. Dość długo idziemy leśnymi drogami, zwracając uwagę na znaki, bo szlak nieco kluczy, aż w końcu wychodzimy na rozległą łąkę, z której widoczna jest już meta naszej wycieczki, a także Łysa Góra z usytuowanym na niej ośrodkiem narciarskim. *Ze Skopca 1.30 godz.* 1.40 1.55 3.10 0.25

Po wyjściu na szosę po prawej mamy przystanek PKS, z którego możemy wrócić do Jeleniej Góry. Inna możliwość to zejście do **Dziwiszowa**, skąd odjeżdżają autobusy MZK (linia 10). *Z Kapeli 25 min.* 3.35 0.00

atlas: 111, 112

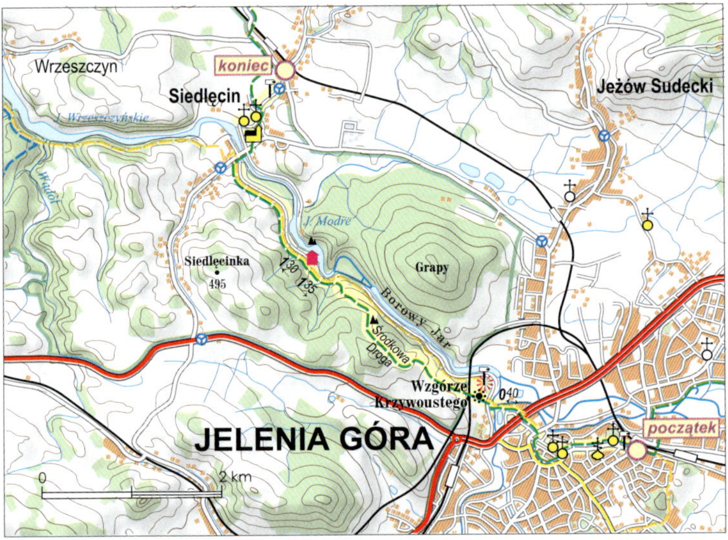


## Jelenia Góra (zwiedzanie miasta) – Wzgórze Krzywoustego – Zadory – Gościniec „Perła Zachodu" – Siedlęcin

110

2.15

*Suma podejść ok. 110 m. Czas przejścia ok. 2 godz. w obu kierunkach.*
*Jelenia Góra często jest pomijana w turystycznych peregrynacjach regionu. Tymczasem znajduje się tu kilka cennych nie tylko z historycznego punktu widzenia zabytków, które predestynują miasto do grona najważniejszych centrów turystycznych Dolnego Śląska. Stolica Karkonoszy (jak miasto nazywane jest w folderach) oferuje możliwość wypoczynku, zakosztowania dobrej kuchni, ale także zaplanowania ciekawych spacerów w jej najbliższej okolicy, jak na przykład prezentowana poniżej wycieczka do Siedlęcina. Jeżeli korzystamy z samochodu, najlepiej pozostawmy go w Jeleniej Górze, do której możemy wrócić autobusami MZK, PKS lub pociągiem. Trzeba jednak pamiętać, że kursy nie są częste i warto wcześniej sprawdzić rozkład jazdy.*

0.00
2.15

Naszą wycieczkę rozpoczynamy od poznania kilku zabytków **Jeleniej Góry**. Jak już wspomniano, miasto jest nazywane stolicą Karkonoszy i mimo że jego centrum dzieli od gór spory dystans, warto pamiętać, że granice administracyjne miasta sięgają grzbietu Karkonoszy.

Pierwszym zabytkiem, jaki zobaczymy, jest poewangelicki **kościół Podwyższenia Krzyża Świętego**, zwany Kościołem Łaski. Ta ciekawa budowla, zbudowana na wzór kościoła św. Katarzyny w Sztokholmie, powstała po pokoju zawartym w 1707 roku w Altranstädt.

*Kościół Łaski. Wewnątrz zwraca uwagę, oprócz cennego i ciekawego barokowego wyposażenia, charakterystyczny dla kościołów ewangelickich układ ławek, skierowanych w stronę centralnie położonej ambony oraz 2-kondygnacyjne empory. Pięknie prezentują się odnowione w ostatnich latach organy, których zalety poznać można podczas wrześniowych koncertów w ramach festiwalu organowego. Na zewnętrznej ścianie, przy wejściu do zakrystii, warto odnaleźć nagrobek pastura zabitego przez piorun podczas głoszenia kazania na kościelnej ambonie. Scena ta została przedstawiona na jego epitafium. Wokół terenu, na którym stoi kościół znajduje się szereg okazałych grobowców.*

Od kościoła idziemy pięknie odnowioną i okazale się prezentującą ulicą 1 Maja, będącą w rzeczywistości deptakiem, do **cerkwi śś. Piotra i Pawła**, dawnego kościoła NMP.

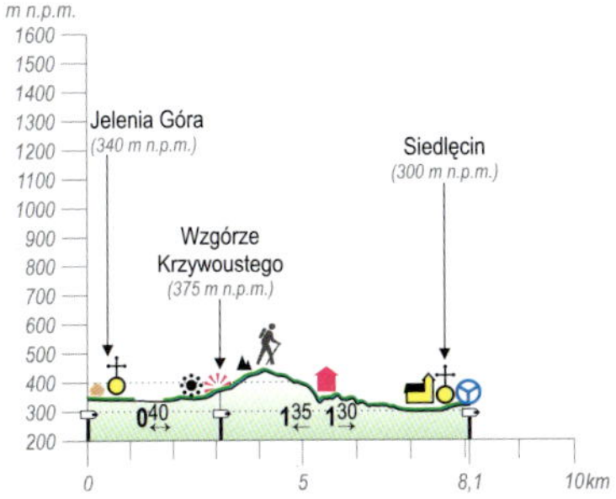


*Cerkiew śś. Piotra i Pawła. Na zewnętrznej ścianie świątyni znajdują się dwa wmurowane średniowieczne kamienne krzyże, tzw. pokutne. Jeśli cerkiew jest otwarta, warto do niej wejść i zobaczyć wnętrze.*

Kolejnym obiektem sakralnym na naszej trasie do rynku jest **kościół św. Anny**, stojący w linii dawnych murów obronnych Jeleniej Góry. Tuż obok niego stoi zrekonstruowana jedna z trzech bram miejskich, tzw. Wojanowska. Przechodzimy przez nią i zaraz potem skręcamy w wąską uliczkę w prawo, która doprowadzi nas na plac, na którym stoi **kościół śś. Erazma i Pankracego**. Nad wejściem, którym wyszliśmy na plac, znajduje się głowa zniszczonego pomnika św. Jana Nepomucena, którego kopia stoi po drugiej stronie kościoła.

*Kościół śś. Erazma i Pankracego. Wnętrze gotyckiej świątyni, najstarszej sakralnej budowli Jeleniej Góry sięgającej swymi korzeniami XII wieku, wypełnia wyposażenie z różnych epok, do którego najcenniejszych elementów należą m.in. drewniane stalle i ambona (oba zabytki z XVI wieku). Warto też zwrócić uwagę na bogato zdobiony XV-wieczny portal w południowej fasadzie.*

Po zobaczeniu kościoła przechodzimy ulicami Boczną i Konopnickiej na Plac Ratuszowy, którego środek zajmuje okazały ratusz. Rynek otaczają podcieniowe kamienice, w większości zrekonstruowane po ostatniej wojnie. Podcienia służyły kupcom jako miejsce handlu, a poszczególne fragmenty zabudowy rynku miały swoje własne nazwy, np. Podcienia Sukienników, Białoskórników itd. Pomiędzy ratuszem a Domami Chlebowymi (ich mieszkańcy mieli prawo handlowania chlebem, ale i obowiązek gromadzenia zapasów na wypadek nieszczęść dotykających miasto) znajduje się fragment torów tramwajowych, będących świadectwem dawnej świetności jelenio-

Jelenia Góra

Wzgórze Krzywoustego

górskiej komunikacji miejskiej. Tramwaje dojeżdżały nawet do wysoko położonego Podgórzyna. Dzisiaj stanowią jedynie turystyczną atrakcję – jeden stoi zaledwie kilka kroków od nas, kolejny przy zajezdni MZK, a jeszcze inny na dawnej pętli w Podgórzynie. Na rynku warto zwrócić jeszcze uwagę na fontannę Neptuna. Wydaje się to dziwne, że Neptun zawitał do miasta tak odległego od morza, ale ma to związek z kontaktami handlowymi jeleniogórskich kupców z miastami hanzeatyckimi.

Z jeleniogórskiego rynku wychodzimy ulicą Jasną i podążamy do ulicy Podwale, którą przekraczamy przejściem dla pieszych i następnie ulicą Obrońców Pokoju idziemy w kierunku zachodnim. Od tej chwili będziemy podążać za znakami szlaku zielonego, któremu z początku będzie towarzyszył szlak żółty. Po prawej mijamy dworzec autobusowy PKS, przed nami widoczne jest Wzgórze Krzywoustego z wieńczącą je wieżą widokową.

Dochodzimy do obwodnicy i przejściem podziemnym przechodzimy na drugą stronę, a następnie skręcamy w lewo i podążamy przedłużeniem ulicy Obrońców Pokoju, która po chwili sprowadza nas do różowego mostu na Kamiennej. Przechodzimy na drugą stronę rzeki i dalej idziemy ścieżką prowadzącą na **Wzgórze Krzywoustego**. Za mostem szlak żółty odbija w prawo

0.40 1.30 i prowadzi wzdłuż **Bobru** do Perły Zachodu. Nasz szlak skręca w lewo tuż pod wierzchołkiem wzniesienia, opuszczamy go więc i podchodzimy na szczyt, by móc podziwiać widoki z wieży widokowej. *Z Jeleniej Góry 40 min.*

*Wzgórze Krzywoustego. Ładnie prezentuje się stąd panorama Jeleniej Góry na tle Sokolików, Rudaw Janowickich i Karkonoszy. Te ostatnie widoczne są niemal w całości – od Kowarskiego Grzbietu po Szrenicę.*

Wracamy ze szczytu do szlaku zielonego, przy którym możemy zobaczyć pozostałości **grodziska**, jakie tu istniało i dalej podążamy za jego znakami. Schodzimy do ogródków działkowych, a następnie przekraczamy torowiska linii kolejowych do Szklarskiej Poręby i Węglińca (uwaga: obie linie są czynne, podczas ich przekraczania trzeba zachować ostrożność) i po chwili wkraczamy na teren **Parku Krajobrazowego Doliny Bobru**.

Nasza droga wznosi się łagodnie. Dochodzimy do niewyraźnego wzniesienia po lewej, na którym niegdyś znajdował się Helikon, zwany również Ogrodem Muz – miejsce odpoczynku jeleniogórzan z altankami, ławeczkami i punktami widokowymi, po którym dzisiaj pozostały jedynie nikłe resztki. Od drogi, którą podążamy odchodzi szpaler drzew, doprowadzający na wierzchołek wzniesienia.

Podążamy dalej szlakiem zielonym, tzw. Środkową Drogą, dochodząc do dużych połaci wiatrołomów – jest to efekt wichury, jaka w styczniu 2007 roku przeszła nad Sudetami. Za wiatrołomem, gdy droga zaczyna wyraźnie schodzić w dół, z prawej strony mijamy skałki **Zadory**, będące niegdyś dobrym punktem widokowym na leżącą poniżej dolinę Bobru – dzisiaj nie ma z nich żadnego widoku.

Niżej spotykamy kolejny wiatrołom, przy którym nasz szlak odbija w prawo i schodzi w kierunku dna doliny. Nie dochodząc do samej rzeki, przy budynkach elektrowni Bobrowice III i IV spotykamy znaki szlaku żółtego, z którym idziemy w lewo ścieżką poprowadzoną ponad dnem doliny. Wygodny szlak, zabezpieczony barierkami, doprowadza nas do **gościńca „Perła Zachodu"** – pięknego drewnianego budynku, przy którym stoi kamienna wieża (nawiązywała do niej niemiecka nazwa schroniska). Poniżej budynku, nad Bobrem, przerzucony jest most, umożliwiający dojście do okazałej skałki **Wieżycy**. Rozpościera się stamtąd ładny widok na jezioro i wznoszące się nad nim schronisko.

Od schroniska aż do Siedlęcina będziemy zmuszeni do korzystania z asfaltowej drogi. Po drodze mijamy elektrownię wodną Bobrowice I z imponującym progiem wodnym.

W **Siedlęcinie** przekraczamy most na Bobrze i za nim skręcamy w lewo do widocznej już wieży mieszkalnej. Przedtem jeszcze warto podejść drogą na wprost do ogrodzenia leśniczówki, gdzie za płotem ustawione zostały tablice przedstawiające pracę leśników.

Do średniowiecznej wieży podchodzimy przez dziedziniec dawnego folwarku. **Wieża** jest jednym z najważniejszych i najciekawszych zabytków w regionie, dlatego koniecznie należy ją zobaczyć przed pójściem dalej. XIV-wieczne freski na jej ścianach przedstawiają w głównej mierze dzieje rycerza Okrągłego Stołu sir Lancelota z Jeziora.

Po zwiedzeniu wieży idziemy dalej szlakiem zielonym do centrum miejscowości, gdzie warto zajrzeć do dwóch kościołów: gotycko-barokowego **kościoła św. Mikołaja** z początku XVI wieku oraz poewangelickiego **kościoła MB Nieustającej Pomocy** z lat 1780–1782.

Szlak zielony prowadzi dalej do stacji kolejowej, ale wycieczkę możemy zakończyć przy przystanku MZK Siedlęcin Biblioteka, pomiędzy dwoma kościołami. Aby powrócić do Jeleniej Góry autobusem PKS, musimy podejść ulicą Długą do głównej drogi, gdzie znajduje się przystanek. *Ze Wzgórza Krzywoustego 1.30 godz.* 3.35 0.00

Perła Zachodu

atlas:
144, 145
113, 122
123

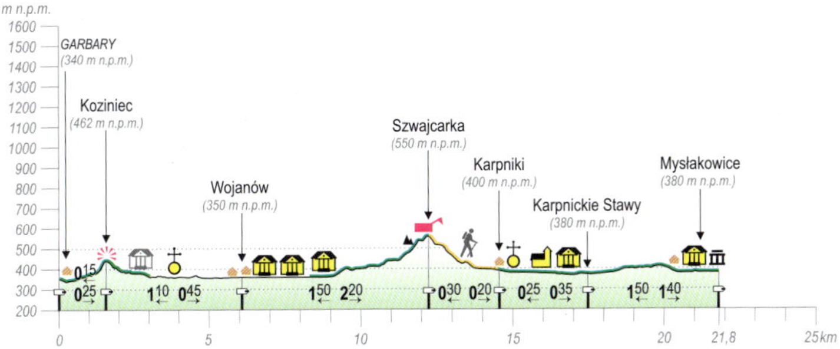


## Jelenia Góra Grabarów – Koziniec – Dąbrowica (ruiny pałacu, kościół) – Wojanów (pałac) – Łomnica (pałac) – Wojanów – Bobrów – Przełączka – Schronisko „Szwajcarka" – Karpniki – Karpnickie Stawy – Droga Królewska – Mysłakowice

290

5.55

*Suma podejść ok. 290 m. Czas przejścia ok. 6 godz. w obu kierunkach.*
*Obszar Kotliny Jeleniogórskiej nazywany jest Doliną Pałaców i Ogrodów. Piękne położenie i dobre warunki przyciągały osadników, a w XIX wieku królów, książąt i wysoko postawionych w państwie pruskim urzędników. Ich siedziby musiały być godne posiadanych przywilejów i tytułów, stąd duża liczba okazałych rezydencji w regionie. Podczas wycieczki zobaczymy zaledwie kilka z nich, ale ich widok z pewnością będzie zachętą do poznania pozostałych. Niestety niektóre z pałaców i dworów są w złym stanie, duża jednak ich część miała szczęście być użytkowana przez różne instytucje, dzięki czemu zachowały się w dobrej formie. Dzisiaj pełnią różne role, od szkół i siedziby lokalnych instytucji po hotele i pensjonaty. Na czas wycieczki samochód najlepiej pozostawić w Jeleniej Górze, do której z Mysłakowic łatwo powrócić autobusami PKS i MZK.*

0.00
5.55

Wycieczkę rozpoczynamy w dzielnicy **Jeleniej Góry – Grabarowie**. Dotrzemy tutaj z centrum miasta autobusem MZK linii nr 2, wysiadając na przystanku „Grabarów". Od przystanku wracamy drogą do mostu na **Bobrze**, przed którym skręcamy w lewo w ulicę Batalionów Chłopskich i zaraz w prawo przez most na Radomierce. Idziemy za znakami zielonymi Szlaku Zamków Piastowskich (szlak zaczyna się na zamku Grodziec, a kończy na zamku Grodno w Górach Wałbrzyskich), który wyprowadza nas do podnóża **Kozińca**. Na skraju lasu opuszczamy wygodną drogę i skręcamy w lewo na ścieżkę prowadzącą pod górę. Podejście z początku jest łagodne, później bardziej strome, prowadzi pięknym bukowym lasem. *Z Jeleniej Góry Grabarowa 25 min.*

0.25
5.30

*Na szczycie, znanym niegdyś z ciekawych widoków, na skałach stoi metalowa konstrukcja dawnej wieży widokowej, dzisiaj niedostępnej. Ze szczytu możemy podziwiać ograniczony przez drzewa widok na leżące poniżej lotnisko sportowe i Jelenią Górę. Na horyzoncie widoczne są Karkonosze i Góry Izerskie, a między drzewami z lewej – Rudawy Janowickie.*

Ze szczytu schodzimy do skraju lasu, gdzie skręcamy w lewo i wychodzimy na gruntową drogę wśród pól. Wyprowadza nas ona do pierwszych zabudowań **Dąbrowicy** i następnie schodzi do centrum wsi. Gdybyśmy na skrzyżowaniu w centrum poszli dalej prosto, po chwili z prawej zobaczylibyśmy zabudowania dąbrowickiego pałacu, my jednak skręcamy w lewo, w drogę prowadzącą początkowo w dół, a następnie do widocznego już kościoła. Świątynię mijamy po lewej, ale warto podejść do niej – znajduje się tutaj **sanktuarium Matki Bożej Jasnogórskiej Uzdrowienia Chorych**, którego historia zaczęła się

Pałac w Wojanowie (XIX w.)

w 1963 roku. Od tego czasu powstało wiele kaplic, a sława sanktuarium staje się coraz większa. Główne uroczystości odbywają się w pierwszą niedzielę po 26 sierpnia. Sam kościół nie jest stary – ma zaledwie nieco ponad 100 lat.

Od kościoła szlak zielony schodzi do przejazdu kolejowego, przed którym skręca w lewo na brukowaną drogę. *Odcinek ten możemy pominąć, opuszczając teren kościoła przez furtkę w płocie i dalej schodząc skrajem łąki w kierunku torów kolejowych, przy których spotykamy nasz szlak.* 1.10 4.45 Idziemy dalej za znakami zielonymi i jeszcze przed stacją kolejową w **Wojanowie** przechodzimy na drugą stronę torów. Po chwili jesteśmy już na szosie, gdzie chwilowo opuszczamy szlak i skręcamy w prawo w kierunku wsi. *Z Kozińca 45 min.*

Dochodzimy do skrzyżowania, skąd podchodzimy do wojanowskiego **pałacu**, ładnej budowli z czterema narożnymi wieżami. Po drugiej stronie Bobru stoi kolejny pałac, dzisiaj wykorzystywany jako hotel „**Pałac Łomnica**". Aby do niego dojść, musimy podejść główną drogą, bez znaków, przez most na Bobrze. Po obejrzeniu pałacu w **Łomnicy** wracamy do wojanowskiej rezydencji i idziemy dalej szosą przez wieś. Wkrótce spotykamy znów znaki szlaku zielonego, za którymi podążamy dalej. Szosa zbliża się do brzegu Bobru i do mostu, którym przechodzimy na drugą stronę rzeki ku widocznemu kolejnemu **pałacowi**. Liczne wieżyczki i wykusze nadają mu nieco bajkowego wyglądu, a wysoki mur z blankami – charakteru średniowiecznej budowli. W rzeczywistości jednak pałac został zbudowany w XIX wieku.

Idziemy dalej szlakiem wzdłuż muru, potem w lewo i po chwili opuszczamy ostatnie zabudowania Wojanowa. Po lewej stronie mijamy Buczek, pierwsze ze wzniesień **Gór Sokolich**. Dalszy fragment trasy należy do przyjemnych – czeka nas spacer wygodną drogą w lesie i przez polany, aż do podnóża Sokolika. Tutaj wychodzimy na szeroką drogę leśną, która w lewo prowadzi do Ośrodka Szkoleniowego „Pod Krzywą" (jedna z baz noclegowych wspinaczy korzystających z dróg wspinaczkowych na skałach Gór Sokolich). Przecinamy tę drogę i dalej zaczynamy podejście na zbocza **Sokolika**, do Przełączki, znajdującej się pomiędzy Sokolikiem a najwyższą w Górach Sokolich **Krzyżną Górą**. Będąc tutaj, nie sposób nie wejść przynajmniej na jedną z tych gór – ze szczytowych skałek rozpościerają się niezapomniane widoki. Dokładny opis, umożliwiający zobaczenie atrakcji Sokolików, znajduje się przy opisie *trasy nr 14*. Z Przełączki idąc w lewo, można dojść na Sokolika, my natomiast idziemy w prawo i podchodzimy na **Husyckie Skały**. Tutaj z kolei odchodzi w prawo szlak czarny, wyprowadzający na Krzyżną Górę. Od Husyckich Skał schodzimy do **schro-**
3.30 2.25 **niska „Szwajcarka"** – pięknej budowli z 1823 roku, zbudowanej w szwajcarskim stylu. To doskonałe miejsce na odpoczynek i posilenie się. *Z Wojanowa 2.20 godz.*

Sokolik

Przy schronisku opuszczamy szlak zielony i zaczynamy schodzić w kierunku południowym szlakiem żółtym. Idziemy początkowo lasem, potem wychodzimy na łąki ponad **Karpnikami**, do których schodzimy w ostatnim fragmencie szosą. *Ze schroniska „Szwajcarka" 20 min.* 3.50 2.05

Na skrzyżowaniu dróg we wsi skręcamy w prawo i idziemy drogą przez wieś. Po lewej wznoszą się malownicze ruiny kościoła ewangelickiego, nieco dalej mijamy **kościół św. Jadwigi** z ciekawą „pogańską głową", wmurowaną w ściany świątyni. Za szkołą, którą mijamy po prawej, odchodzi droga, którą możemy dojść po krótkiej chwili do **Willi pani Aichinger**, ciekawej architektonicznie budowli, powstałej w 1870 roku jako pałac myśliwski. Wokół pałacu rozciąga się ładny, ale nieco zaniedbany park krajobrazowy. Po obejrzeniu budowli wracamy na szosę i na szlak zielony, którym idziemy dalej w kierunku zabudowań gospodarczych folwarku, jaki istniał przy karpnickim pałacu. Sam **pałac** stoi nieco w głębi; aby do niego dojść, trzeba przejść przez dziedziniec gospodarczy.

Krzyżna Góra

*„Zamek" w Karpnikach, niegdyś rezydencja brata króla Prus, jest obecnie niedostępny dla zwiedzających, ale warto do niego podejść ze względu na malownicze położenie i zachowaną fosę, otaczającą jego mury.*

Po obejrzeniu pałacu, kontynuujemy wycieczkę szlakiem zielonym, opuszczając wieś ulicą Rudawską i mijając **stawy hodowlane**. *Z Karpników 35 min.* 4.15 1.40

Za Wielkim Stawem schodzimy z asfaltu na tzw. Drogę Królewską, łączącą niegdyś dwie posiadłości panującej rodziny królewskiej w Prusach (w Mysłakowicach i Karpnikach). Droga prowadzi najpierw przez łąki, a następnie lasem do podnóża wznoszącego się nad Mysłakowicami Mrowca. Tutaj idzie skrajem lasu, a następnie w kierunku zachodnim ku widocznym już zabudowaniom Mysłakowic. Dochodzimy do brzegu **Jedlicy**, chwilę idziemy jej prawym brzegiem, a następnie przez most przechodzimy na drugą stronę rzeki. Stąd już zaledwie 200 metrów pozostaje nam do ulicy Jeleniogórskiej, którą kursują autobusy do Jeleniej Góry (aby dojść do przystanku należy pójść drogą w prawo).

W zasadzie można by w tym miejscu zakończyć wycieczkę, ale będąc w **Mysłakowicach** grzechem byłoby nie zobaczyć **pałacu cesarskiego**, przynajmniej jednego domu tyrolskiego i kolumn z antycznych Pompei. Idziemy zatem szlakiem zielonym do ulicy Sułkowskiego i nią do budynku szkoły, dawnej letniej siedziby cesarza niemieckiego. Przed wejściem do pałacu stoi pomnik Johanna Fleidla, a przy płocie kamienny krzyż pojednania. Od pałacu idziemy szlakiem zielonym do mostu na Łomnicy, gdzie opuszczamy szlak, przechodzimy przez most i podążamy dalej do obwodnicy. Po prawej stoi **dom tyrolski**, jeden z wielu zbudowanych w okolicy przez tyrolskich uciekinierów religijnych. Wewnątrz mieści się restauracja, ale także ciekawa ekspozycja, mówiąca o losach mysłakowickich Tyrolczyków. Od chaty wracamy do pałacu i dalej szlakiem czarnym idziemy do **kościoła Najświętszego Serca Pana Jezusa** z ciekawym wyposażeniem. Najstarszym elementem świątyni są kolumny (według opinii niektórych bazy tych kolumn), przywiezione z antycznych Pompei. Od kościoła szlakiem czarnym wzdłuż stawu dojdziemy do ulicy Wojska Polskiego, która wyprowadzi nas w pobliże nieczynnego dworca kolejowego, przy którym znajdują się przystanki autobusowe PKS i MZK. *Od Karpnickich Stawów 1.40 godz.* 5.55 0.00

atlas: 100-103

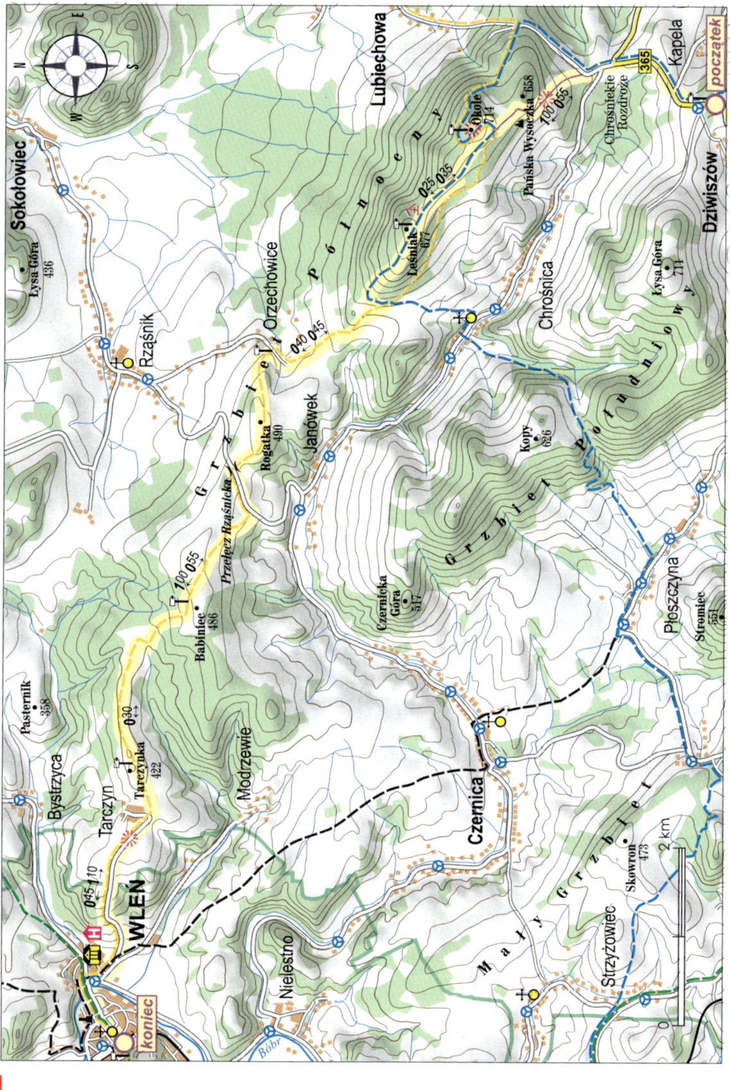

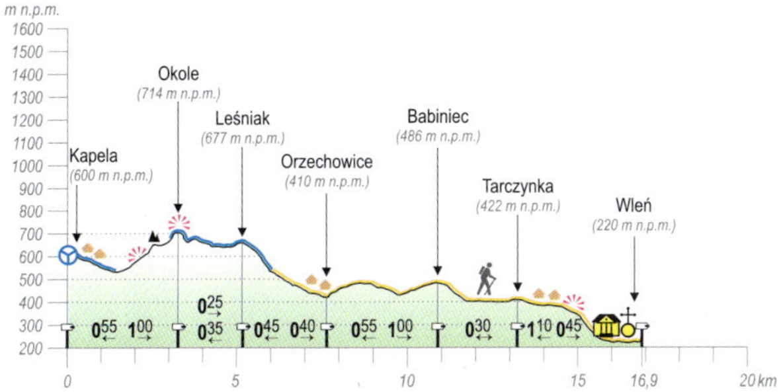


## Dziwiszów Kapela – Chrośnickie Rozdroże – Okole – Leśniak – Orzechowice – Rogatka – Przełęcz Rząśnicka – Babiniec – Tarczynka – Wleń

310

4.20

*Suma podejść ok. 310 m. Czas przejścia ok. 4.30 godz., w przeciwnym kierunku ok. 5 godz. Niedoceniane przez turystów Góry Kaczawskie oferują wędrowcom piękne widoki na wyższe od nich pasma górskie znajdujące się w regionie. To również idealne miejsce dla osób, które pragną ciszy i spokoju, bowiem spotkanie innych turystów na szlaku graniczy czasami z cudem. Niestety ma to odzwierciedlenie w zagospodarowaniu turystycznym pasma, co przejawia się m.in. brakiem schronisk turystycznych, czy słabym niekiedy oznakowaniem szlaków. O tej ostatniej przypadłości Gór Kaczawskich będziemy mieli okazję przekonać się osobiście – aby nie zgubić się w plątaninie dróg i ścieżek, potrzebować będziemy dokładnego przewodnikowego opisu. Miejmy nadzieję, że sytuacja ta szybko się zmieni, a lokalni działacze turystyczni zauważą braki w oznakowaniu (wiosna 2007). Trasa łączy ze sobą dwa odległe od siebie miejsca, w związku z czym samochód najlepiej pozostawić w Jeleniej Górze i na miejsce startu dotrzeć komunikacją publiczną. Z Jeleniej Góry kursują tutaj autobusy PKS w kierunku na Legnicę i Wojcieszów.*

0.00
4.20

Autobusem PKS docieramy do przystanku Widok, usytuowanego w pobliżu przełęczy i wzniesienia o tej samej nazwie. Do leżącego niżej **Dziwiszowa** można również dotrzeć autobusem MZK (linia 10), ale wówczas czeka nas mozolne podejście na przełęcz. Z przystanku ruszamy szlakiem niebieskim, najpierw szosą, by po chwili zejść w prawo na polną drogę, ścinającą jeden z zakrętów głównej drogi. Niestety nie ominiemy konieczności wędrówki ruchliwą szosą, bowiem nieco niżej przecinamy lokalną drogę do Podgórek, a następnie wychodzimy na drogę nr 365, prowadzącą w dół do Świerzawy. Idziemy szosą, mając po prawej widok na najwyższą część Gór Kaczawskich z Barańcem, na którym stoi przekaźnik, a po lewej – na Łysą Górę z ośrodkiem narciarskim. Dochodzimy do skrzyżowania dróg, gdzie skręcamy na drogę w kierunku Chrośnicy i po chwili na podrzędną drogę do Lubiechowej. Na najbliższym zakręcie drogi skręcamy w prawo, opuszczamy szlak niebieski i wybieramy leśną drogę prowadzącą na wprost.

Idziemy cały czas wyraźną drogą, w początkowym fragmencie kamienistą, potem przekształcającą się w gruntową. Podchodzimy bez znaków na zbocza **Pańskiej Wysoczki**, wychodząc w końcu na rozległe łąki, z których mamy piękny widok na fragment Grzbietu Południowego Gór Kaczawskich z charakterystyczną **Łysą Górą**, „ozdobioną" dwoma przekaźnikami. Po prawej zaś, ponad nami, widoczne są okazałe łupkowe skały na Pańskiej

Miłek w Górach Kaczawskich

Kościół przy pałacu we Wleniu

Wysoczce. Maszerujemy wzdłuż łąki do rozdroża dróg, gdzie wybieramy tę idącą w prawo, wyraźnie pod górę, mijamy po prawej wspomniane skały i już po chwili jesteśmy na grzbiecie masywu Okola. Tutaj spotykamy kolejne rozdroże, na którym wybieramy trawiastą drogę odchodzącą w lewo. Po ok. 300 metrach dochodzi do niej z lewej kolejna droga, tutaj skręcamy w prawo i po kolejnych 200 metrach ostro w lewo, na wyraźną drogę gruntową. Po chwili doprowadzi nas ona do szlaków żółtego i niebieskiego.

Po spotkaniu szlaków idziemy za nimi w prawo na szczyt **Okola** (714 m n.p.m.), wspinając się ścieżką wśród dorodnych świerków, często zagradzających nam drogę swymi gałęziami. *Jeśli nie mamy ochoty na zdobycie szczytu, możemy pójść obydwoma szlakami prosto (wrócimy na nie nieco dalej, po zdobyciu Okola).* Na wierzchołku szlaki mijają z prawej strony najwyższe skałki, ale warto pozostać na szczycie nieco dłużej i podejść do skał znajdujących się dalej po prawej.

1.00
3.20

*Z Dziwiszowa Kapeli 1.00 godz.*

*Okole. Był to dawniej dobry i uczęszczany punkt widokowy, o czym świadczą pozostałości barierek i metalowe stopnie prowadzące na wierzchołek. Także zagospodarowanie turystyczne było większe, bo stała tutaj drewniana wieża widokowa, a poniżej szczytu można było posilić się w niedużym schronisku. Obecnie widok ze skał jest ograniczony przez drzewa, a po wieży i schronisku nie ma śladu, ale ładnie prezentuje się stąd Grzbiet Południowy, a za nim Karkonosze i Góry Izerskie. Dobrze widoczne są również Rudawy Janowickie z Sokolikami, a między drzewami można jeszcze dostrzec ściętą sylwetkę Połomu.*

Ze szczytu schodzimy za znakami obu szlaków, które sprowadzają nas na siodło, gdzie oba skręcają w prawo. Przed nami znajduje się młodnik porastający **Sołtysie Skały**, a w lewo w dół odchodzi droga, która po chwili doprowadzi nas do opuszczonych przed szczytem Okola szlaków żółtego i niebieskiego. Na drodze skręcamy w prawo i podążamy za znakami. 200 metrów dalej żółty odchodzi w lewo, a my dalej idziemy za znakami niebieskimi, trawersując zbocza masywu Okola i mijając po drodze okazałe skały, którymi upstrzony jest masyw Okola.

Na rozdrożu pod Leśniakiem stoi pomnik postawiony przez Koło Łowieckie „Muflon" z Jeleniej Góry, a także tablice upamiętniające zmarłych myśliwych. Po drugiej stronie pomnika, pod skałą, znajduje się ołtarzyk polowy. Na rozdrożu stoi także wiata ze stołami i ławkami – doskonałe miejsce na odpoczynek. Z tego miejsca podchodzimy krótko i łagodnie na grzbiet **Leśniaka**, a następnie czeka nas długie zejście lasem do drogi, na której spotykamy znów znaki szlaku żółtego. *Z Okola 25 min.*

1.25
2.55

Opuszczamy szlak niebieski, który dalej schodzi do wsi **Chrośnica**, a następnie przez Płoszczynę nad zaporowe **Jezioro Pilchowickie**. Idziemy w prawo polną drogą w kierunku pierwszych zabudowań **Orzechowic**. Na skraju pól, jeszcze ponad wsią, rozciąga się ładna panorama Pogórza Kaczawskiego z dominującą Ostrzycą (najwyższym jego szczytem), widocznym nieco z prawej Grodźcem i częściowo „zjedzonym" przez kamieniołom Wilkołakiem koło Złotoryi. *Z Leśniaka 40 min.*

2.05
2.15

Schodzimy do wsi, gdzie kończy się dobre oznakowanie szlaku, wobec czego odtąd konieczny jest bardziej szczegółowy jego opis, bo znaków jest mało albo nie ma ich wcale. Schodzimy w dół wsi do stojącego na zboczu po lewej nowego domu (drugi dom po lewej w Orzechowicach, jaki mijamy). Tuż przed nim skręcamy w lewo na łąkę i wzdłuż ogrodzenia podchodzimy na zbocza Rogatki. Nieco wyżej łukiem w lewo idziemy wyraźną już drogą powyżej wsi. Utrzymujemy cały czas ten sam kierunek marszu, a za zagajnikiem, który mijamy po prawej, nasz szlak prowadzi dalej przez łąkę w kierunku widocznego kolejnego lasku. Mijamy niewyraźny szczyt Rogatki i schodzimy do szosy z Rząśnika do Janówka. Tutaj skręcamy w lewo i idziemy dalej w dół szosą kilkaset metrów, do miejsca, gdzie w prawo odchodzi gruntowa droga jezdna (bardzo wyraźna) i nią dość łagodnie pod górę podążamy na wierzchołek **Babińca**. Tutaj droga skręca w lewo, a my idziemy dalej prosto, przy czym z dwóch dróg wybieramy tę idącą bardziej na lewo. *Z Orzechowic 1.00 godz.*

3.05
1.15

Podążamy teraz ciągle skrajem lasu. Jest to o tyle istotne, że gdy las po prawej się skończy, a droga pójdzie dalej na wprost, my schodzimy w prawo wzdłuż lasu do widocznej poniżej drogi, mijając myśliwską ambonę. Na drodze skręcamy w lewo i dochodzimy po chwili do rozdroża, gdzie droga, którą idziemy, schodzi w lewo, a my wybieramy mniej wyraźną, prowadzącą na wprost wzdłuż brzozowego zagajnika. Na kolejnych rozdrożach konsekwentnie wybieramy drogi prowadzące na wprost. Po dłuższym marszu wychodzimy w końcu na otwartą przestrzeń, na łąki ponad niewielką wsią **Tarczyn**. We wsi schodzimy do szosy, na której skręcamy w lewo i po chwili jesteśmy już na skraju miejscowości. *Z Babińca 30 min.* Szosa, którą będziemy podążać dalej, jest w swym pierwszym odcinku niezwykle widokowa.

3.35
0.45

*Tarczyn jeszcze przed wojną był popularnym celem wycieczek, właśnie z powodu swego wyjątkowo widokowego położenia. Panorama, jaka rozpościera się z drogi, obejmuje m.in. Karkonosze i Góry Izerskie, a z drugiej strony Góry Kaczawskie i ich Pogórze. Pięknie prezentuje się stąd dolina Bobru, a nieco niżej zobaczymy również Górę Zamkową z doskonale widoczną wieżą ruin zamku Lenno, górującego nad Wleniem.*

Schodzimy szosą do **Wlenia**, na którego skraju zobaczymy zabudowania XVII-wiecznego **pałacu**, w którym obecnie mieści się hotel. Jeszcze przed mostem na **Bobrze** znajduje się przystanek PKS, z którego odjeżdżają autobusy do Jeleniej Góry. Jeśli pozostało nam jednak trochę czasu, warto podejść do centrum miejscowości, by zobaczyć rynek z otaczającymi go XIX-wiecznymi kamienicami oraz pomnik dziewczyny z gołębiami, upamiętniający wielowiekowe tradycje miasta, znanego niegdyś z targów gołębi. Ciekawy jest również **kościół św. Jadwigi**, którego korzenie sięgają XIII wieku i który został zbudowany na polecenie jego patronki. Po obejrzeniu zabytków Wlenia do Jeleniej Góry możemy wrócić pociągiem, malowniczą linią poprowadzoną doliną Bobru lub autobusem PKS. *Z Tarczynka 45 min.*

4.20
0.00

Zamek Lenno we Wleniu

atlas: 100, 101

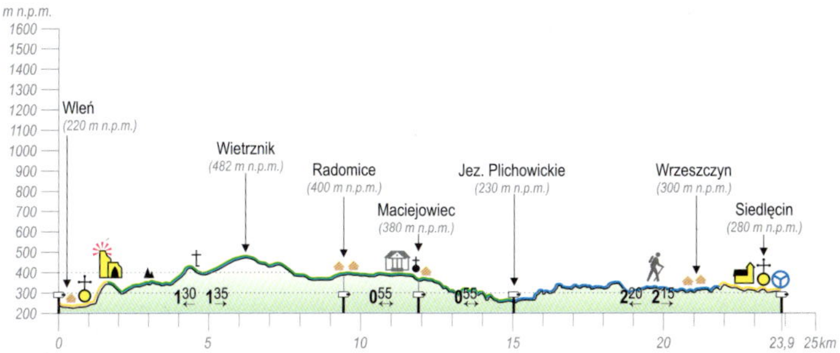


## Wleń – Zamek Lenno – Gniazdo – Wietrznik – Radomice – Maciejowiec – Dziki Wąwóz – Zapora na Jeziorze Pilchowickim – Stanek – Wrzeszczyn – Siedlęcin

*Suma podejść ok. 420 m. Czas przejścia ok. 5.30 godz. w obu kierunkach.*
*Dolina Bobru jest chętnie odwiedzana przez turystów z powodu ciekawie poprowadzonych szlaków, licznych miejsc widokowych i ciekawostek przyrodniczych. Duża jej część objęta jest ochroną w ramach Parku Krajobrazowego Doliny Bobru, sięgającego swymi granicami przedmieść Jeleniej Góry. Na początku XX wieku zbudowano na Bobrze kilka zbiorników retencyjnych wraz z elektrowniami wodnymi, które będziemy mieli okazję zobaczyć. Trasa nie jest trudna, ale miejscami szlaki poprowadzone są dość uciążliwie. Samochód najlepiej pozostawić we Wleniu, do którego z Siedlęcina można wrócić pociągiem lub autobusem PKS.*

420
5.40

Wycieczkę rozpoczynamy na rynku we **Wleniu**, gdzie przed wyruszeniem na trasę warto obejrzeć pomnik dziewczyny z gołębiami, postawiony dla upamiętnienia targów gołębich, z których Wleń był znany już w średniowieczu. Następnie za znakami szlaku żółtego idziemy w stronę kościoła św. Mikołaja, po czym opuszczamy miejscowość i wspinamy się na **Górę Zamkową**. Po drodze mijamy kościół św. Jadwigi i po chwili dochodzimy do **ruin zamku**. Zwiedzając ruiny, trzeba koniecznie wejść na wieżę, skąd rozpościera się imponująca panorama okolicy. Z zamku schodzimy znów do kościoła św. Jadwigi, a potem obok pałacu do drogi asfaltowej, którą podążamy dalej. Po drodze spotykamy znaki ścieżki dydaktycznej, która doprowadzi nas do osobliwości geologicznej, jaką są **piaskowcowe porwaki**.

0.00
5.40

*Bryły piaskowca są tutaj „wtopione" w bazalt i popękane w charakterystyczny dla bazaltu sposób w słupki, raczej niespotykane w przypadku piaskowca. Okazy takiego piaskowca znajdują się w niewielkim kamieniołomie za pagórkiem, u stóp którego stoi tablica informacyjna.*

Od porwaków idziemy dalej wzdłuż szosy, by po 500 metrach zejść w lewo i zacząć wspinaczkę na Gniazdo. Dalej wychodzimy na odkryty teren, dochodzimy do asfaltu (na skrzyżowaniu stary znak i krzyż pojednania) i dalej nim schodzimy do **Radomic**. *Z Wlenia 1.35 godz.* Przechodzimy przez wieś i opuszczamy asfalt, by zacząć wędrówkę polnymi drogami do **Maciejowca**. Na skraju wsi widoczny jest **renesansowy dwór**, a nieco głębiej w parku kolejne zabytki: **pałac i pięknie położony kościółek**. *Z Radomic 55 min.*

1.35
4.05

Z Maciejowca schodzimy do malowniczego **Dzikiego Wąwozu** i nim do doliny **Bobru**. Następnie wzdłuż rzeki wychodzimy na **Zaporę Pilchowicką**. *Z Maciejowca 55 min.* Tutaj opuszczamy szlak zielony i za znakami niebieskiego przechodzimy koroną zapory na drugi brzeg Bobru. Czeka nas długi i kręty odcinek, poprowadzony wzdłuż Bobru przez liczne punkty widokowe. Na Stanku spotykamy szlak żółty i razem z nim kontynuujemy wycieczkę. Będzie nam on towarzyszył aż do Siedlęcina, prowadząc nas przez Wrzeszczyński Przełom brzegiem Jeziora Wrzeszczyńskiego. W **Siedlęcinie** koniecznie musimy zobaczyć średniowieczną **wieżę rycerską** z unikatowymi freskami, przedstawiającymi m.in. historię rycerza Okrągłego Stołu sir Lancelota z Jeziora. Do Wlenia możemy wrócić pociągiem (do stacji doprowadzi nas szlak zielony) lub autobusem (przystanek jest przy głównej drodze, do której dojdziemy ulicą Długą). *Od Zapory Pilchowickiej 2.15 godz.*

2.30
3.10
3.25
2.15
5.40
0.00

atlas:
136-144
152, 153
162, 163
106-112
118-122
131, 132

## Jelenia Góra – Siedlęcin – Barcinek – Stara Kamienica – Krobica – Świeradów-Zdrój– Szklarska Poręba – Piechowice – Sobieszów – Sosnówka – Karpacz – Mysłakowice – Jelenia Góra

126 km

*Długość trasy – 126 km.*
*Region jeleniogórski należy pod względem krajoznawczym do najciekawszych w naszym kraju. Trudno w czasie jednej wycieczki zobaczyć wszystko, co godne uwagi, stąd nasza trasa omija wiele powszechnie znanych obiektów, koncentrując się na tych mniej znanych, ale nie mniej cennych. Będziemy również mieli okazję spróbować świeradowskich wód mineralnych, a także podziwiać najwyższą w Sudetach Śnieżkę. Pięknych widoków zobaczymy zresztą więcej, bowiem wiele dróg poprowadzonych jest w niezwykle widokowych miejscach.*

**0 km** Wycieczkę rozpoczynamy w **Jeleniej Górze**, którą opuszczamy ulicą Grunwaldzką (mijając po prawej TESCO), a następnie ulicą Podchorążych. Wjeżdżając na ulicę Długą, jesteśmy już na terenie Jeżowa Sudeckiego. Po prawej mijamy stawy hodowlane i wkrótce dojeżdżamy do Siedlęcina.

**7 km** Na dużym skrzyżowaniu w **Siedlęcinie** opuszczamy drogę, którą tutaj dotarliśmy i przy przystanku PKS i MZK skręcamy w lewo, kierując się w dół wsi. Mijamy po prawej dwa kościoły i zjeżdżamy do mostu na Bobrze, którego nie przekraczamy, bowiem tutaj parkujemy samochód i już pieszo podchodzimy do oddalonej o 200 metrów **średniowiecznej wieży** mieszkalnej z unikatowymi na skalę europejską freskami, przedstawiającymi m.in. historię sir Lancelota z Jeziora, bodaj najbardziej znanego rycerza Okrągłego Stołu. Po zwiedzeniu wieży przejeżdżamy przez most na Bobrze i dalej drogą przez Siedlęcin Górny kierujemy się do sugestywnie nazwanej osady, będącej dzisiaj kolonią Siedlęcina – Łapiguza.

**18 km** Tutaj skręcamy w prawo na drogę nr 30 i podążamy nią przez Rybnicę do **Barcinka**, znanego kiedyś jako uzdrowisko, dzisiaj mocno podupadłego. Na wysokości wsi, której centrum położone jest nieco z boku, opuszczamy drogę nr 30 i zjeżdżamy w stronę Starej Kamienicy. Mijamy po prawej kościół i nikłe już ruiny pałacu i skręcamy w prawo, w drogę prowadzącą w kierunku Kwieciszowic.

**38 km** Następnie przez Proszową jedziemy do Rębiszowa, na początku którego skręcamy w lewo i przez Przecznicę i Gierczyn docieramy do **Krobicy** i drogi nr 361. Tutaj skręcamy w lewo i po chwili zmieniamy numer drogi na 404, na szosę prowadzącą do Świeradowa-Zdroju.

Widok znad Zbiornika Sosnówka

Zamek Chojnik

41 km To jedyne na naszej trasie czynne uzdrowisko położone jest niezwykle malowniczo, co jest jednym z jego atutów. Łagodny klimat w połączeniu z leczniczymi właściwościami tutejszych wód powodują, że **Świeradów-Zdrój** jest chętnie odwiedzany przez osoby przedkładające spokój nad rozrywkową atmosferę dużych zdrojów. Będąc tutaj warto pospacerować po **Parku Zdrojowym**, odwiedzić najdłuższą w Polsce drewnianą **halę spacerową** i napić się wody. Lekarze od wieków zalecali kuracjuszom spacery i popijanie wody małymi łykami jako najlepszy sposób na podreperowanie swego zdrowia. W parku warto jeszcze odnaleźć pomnik z żabą, która przyczyniła się do odkrycia leczniczych właściwości tutejszych **wód mineralnych**. W Świeradowie ma też swój początek Główny Szlak Sudecki, przebiegający przez większość pasm sudeckich i kończący się w Prudniku w Górach Opawskich. Opuszczamy Świeradów-Zdrój drogą nr 404, będącą na tym odcinku fragmentem Szosy Sudeckiej.

63 km Podjeżdżamy doliną **Kwisy** przez piękne lasy, mijamy na **Rozdrożu Izerskim** dawne schronisko turystyczne (zaniedbane dzisiaj i chylące się ku ruinie) i kierujemy się w stronę **Szklarskiej Poręby**. Następną atrakcją na naszej trasie jest słynny **Zakręt Śmierci**, który swą nazwę wziął od wypadków, jakie tu się wydarzyły. Aby odczuć klimat tego miejsca, najlepiej pozostawić samochód na parkingu i przejść poboczem na Zakręt. Dawniej miejsce to było znane także z pięknych panoram, dzisiaj nieco ograniczonych przez drzewa. Zjeżdżamy z Zakrętu Śmierci do Szklarskiej Poręby – jednego z dwóch kurortów karkonoskich. Miasto oferuje wiele możliwości spędzenia wolnego czasu, od licznych lokali gastronomicznych, poprzez kilka **muzeów**, po krótsze lub dłuższe wycieczki. To również dobre miejsce na posiłek i odpoczynek na naszej trasie. Opuszczamy Szklarską Porębę drogą nr 3 w kierunku Jeleniej Góry, ale za miastem obieramy odchodzącą w prawo drogę do Piechowic, przez które przejeżdżamy. Kierujemy się do Sobieszowa, będącego już dzielnicą Jeleniej Góry i najdogodniejszym miejscem startu wycieczek na **zamek Chojnik**. Jeżeli zaoszczędziliśmy nieco czasu lub kosztem kolejnych atrakcji decydujemy się na pieszą wycieczkę na zamek, musimy pamiętać, by przeznaczyć na to przynajmniej 2,5 godziny. Zachętą do wycieczki mogą być piękne widoki na warownię i jego pozorna bliskość – niemal na wyciągnięcie ręki. Z wieży zamkowej rozpościerają się niezapomniane widoki nie tylko na Karkonosze, Góry Izerskie i Rudawy Janowickie, ale także na położoną niżej Kotlinę Jeleniogórską.

81 km W **Sobieszowie** (od Piechowic poruszamy się drogą nr 366) nasza droga nieco kluczy, należy więc zachować uwagę i kierować się za znakami na Karpacz. Przejeżdżamy przez Pod-

górzyn i następnie docieramy do podnóża korony **zbiornika Sosnówka**, w ostatnich latach przedmiotu sporu między lokalnymi samorządowcami a Urzędem Marszałkowskim. Zbiornik pełni funkcję rezerwuaru wody pitnej dla aglomeracji jeleniogórskiej, ale na razie woda nie jest wykorzystywana i gminy, na terenie których zbiornik jest położony, chciałyby móc go używać jako akwenu sportów wodnych. Na razie we wszystkich sądach wygrywa Urząd Marszałkowski. Brzegiem zalewu (ładne widoki na Karkonosze) docieramy do Sosnówki, w której skręcamy w prawo na lokalną drogę, prowadzącą przez wieś, a następnie ulicami Liczyrzepy i Muflonową (drogowskazy na Karpacz).

**100 km** Podjeżdżamy na Przełęcz pod Czołem, znajdującą się w górnej części **Karpacza**. Po drodze w lewo odbija droga w kierunku ośrodka Lubuszanin – jest to dogodne miejsce do zaparkowania samochodu i krótkiej wycieczki do **kaplicy św. Anny** na zboczach Grabowca i Dobrego Źródła, bijącego poniżej. W Karpaczu mamy możliwość skorzystania z kilku atrakcji (zobaczenie wszystkich zajęłoby nam cały dzień). Zjeżdżając do dolnej części miasta mijamy kolejno: **Młyn Miłości**, **świątynię Wang**, **Muzeum Zabawek**, Letnią Rynnę Saneczkową „Kolorowa" oraz **Muzeum Sportu i Turystyki** z ciekawą ekspozycją dokumentującą rozwój turystyki w regionie karkonoskim. Na samym dole, na terenie nieczynnej stacji kolejowej, czeka atrakcja dla miłośników kolejnictwa – przejazdy drezyną.

**110 km** Z Karpacza wyjeżdżamy drogą na północ, pozostawiając z prawej zjazd w kierunku Kowar. Obwodnicą docieramy do **Mysłakowic**, widocznych z daleka dzięki dwóm dominantom – wieżom kościoła i pałacu cesarskiego. Przy naszej drodze, z prawej, stoi restauracja **Chata Tyrolska**, do której zjeżdżamy. Oprócz funkcji typowo gastronomicznej, Chata proponuje zapoznanie się z niezwykle ciekawą wystawą dokumentującą losy Tyrolczyków, wygnańców religijnych, którzy w 1837 roku przybyli tutaj i założyli swoją osadę. Wystawa znajduje się na piętrze. Po jej obejrzeniu i być może posileniu się jedziemy ulicą Sułkowskiego do **pałacu cesarza** Prus, który miał tutaj swoją letnią rezydencję. Obecnie wnętrza nie są dostępne, mieści się w nich szkoła, ale przed wejściem warto zobaczyć pomnik Johanna Fleidla – przywódcy przybyłych do Mysłakowic Tyrolczyków, a także kamienny krzyż pojednania, stojący przy płocie. Jeśli mamy jeszcze trochę wolnego czasu, możemy pospacerować po dawnym parku przy kościele i obejść dookoła staw. Z Mysłakowic wyjeżdżamy z powrotem na obwodnicę i podążamy dalej w kierunku Jeleniej Góry. Przy stacji benzynowej, już poza wsią, mijamy **wystawę wojskowego sprzętu radiolokacyjnego** – jest to gratka dla miłośników wojskowości. Nieco dalej przy drodze, po prawej stronie, stoi okazały zabytek średniowiecznego prawa, tzw. krzyż pokutny.

**126 km** Do **Jeleniej Góry** wjeżdżamy ulicą Sudecką, która doprowadzi nas do centrum miasta.

Droga Sudecka

# 22 Izerskie klimaty

atlas:
136-138
146
106-108
116-119
127

## Szklarska Poręba Górna – Dolina Kamiennej – Jakuszyce – Dział Izerski – turystyczne przejście graniczne – Stara Droga Celna – Orle – Izerska Hala, Chatka Górzystów – Polana Izerska – Agrafka – Droga Tartaczna – Droga Sudecka – Rozdroże Izerskie – Zakręt Śmierci – Szklarska Poręba Górna

590

50 km

*Suma podjazdów 590 m. Długość trasy ok. 50 km.*

*Okolice Szklarskiej Poręby są prawdziwym rajem dla rowerzystów. Lokalne władze zadbały o stworzenie sieci tras rowerowych oplatających Góry Izerskie i niższe fragmenty Karkonoszy. Trzeba pamiętać, że ze względu na istnienie Karkonoskiego Parku Narodowego, na terenie Karkonoszy obowiązują przepisy mające na względzie przede wszystkim ochronę przyrody. W związku z tym jazda rowerem dozwolona jest tylko do niektórych schronisk, a łamanie tego przepisu może skończyć się dotkliwą karą. Bez strachu o mandat można dojechać na przykład do schronisk „Na Hali Szrenickiej" (1195 m n.p.m., ale nie na samą Szrenicę), czy „Pod Łabskim Szczytem" (1168 m n.p.m., sprzed schroniska rozpościerają się przepiękne panoramy). Za to w Górach Izerskich nie ma takich obostrzeń, a na dodatek ich ukształtowanie i sieć dróg pozwalają na zaplanowanie ciekawych, średnio męczących wycieczek. Zaproponowana trasa jest jedną z wielu możliwych, bowiem znakowane trasy rowerowe w okolicach Szklarskiej Poręby obejmują łącznie kilkaset kilometrów.*

**0 km** Wycieczkę rozpoczynamy przy informacji turystycznej w **Szklarskiej Porębie** Górnej. Jedziemy stąd ulicą Sikorskiego (drogą krajową nr 3) w kierunku Jakuszyc. Jazda ruchliwą szosą nie należy do najprzyjemniejszych, ale już wkrótce opuścimy ją i będziemy podążać wygodną leśną drogą, na dodatek poprowadzoną łatwiejszym terenem, bez dużych podjazdów, jakie czekałyby na nas na krajowej „trójce". Zanim jednak ją opuścimy, zobaczymy po prawej stronie ukryte nieco w lesie **Krzywe Baszty** ze sztucznie wykutą grotą, a po lewej wznoszące się 30 metrów nad doliną Kamiennej **Krucze Skały** z Ośrodkiem Sportów Ekstremalnych „Quasar". Można do niego dojechać jadąc dalej drogą nr 3 i następnie skręcając w lewo w ulicę Mickiewicza. Na miejscu można skorzystać ze ścianki wspinaczkowej, czy rozpiętych nad przepaścią mostów linowych – podniesienie poziomu adrenaliny gwarantowane! Na zakręcie głównej drogi w lewo, przy przystanku PKS, tuż przed mostem na Kamiennej, wybieramy drogę prowadzącą na wprost (ul. Osiedle

Rowerzysta w Górach Izerskich

Widok ze Szklarskiej Poręby

Huty). Po lewej stronie mijamy zabudowania dawnej **huty „Julia"**, słynącej niegdyś z wysokiej jakości wyrobów. Podążamy lewym brzegiem rzeki, a prowadzą nas znaki tras rowerowych nr 2, 8, 10 i 11 – ta ostatnia wkrótce odbija w prawo w kierunku Białej Doliny.

**7.5 km** Jedziemy cały czas wzdłuż linii kolejowej, dzisiaj nieczynnej, przejeżdżając przez również nieczynny kamieniołom granitu, do Walońskiego Kamienia, przy którym skręcamy w lewo, przecinamy tory kolejowe i już po chwili wyjeżdżamy z lasu na łąki w **Jakuszycach**. Tutaj znów jesteśmy zmuszeni do skorzystania z drogi nr 3, ale ponownie tylko na chwilę. Po wyjechaniu na szosę skręcamy w prawo i podjeżdżamy krótko na **Przełęcz Szklarską**, z której zjeżdżamy do budynków Stowarzyszenia Biegu Piastów – organizatora znanej na całym świecie imprezy narciarstwa biegowego.

**11 km** Za nimi w prawo odchodzi wąska asfaltowa droga, przecinająca tory kolejowe i dalej prowadząca do Orla. Jedziemy nią aż do **Działu Izerskiego**, podążając za znakami tras nr 2 i 13. Tutaj oba szlaki rowerowe skręcają w lewo – doprowadzą nas do przejścia granicznego nad stacją kolejową w Harrachovie *(na Dziale Izerskim szosa prowadzi na wprost bezpośrednio do Orla, można w ten sposób skrócić sobie wycieczkę)*.

**14 km** Od **przejścia granicznego** korzystamy z łącznikowego szlaku 13a, którym wygodną drogą leśną dojedziemy do Orla.

**18 km** Warto zajrzeć do znajdującego się tutaj schroniska, znanego z turystycznego klimatu, podobnie jak położona na Izerskiej Hali „Chatka Górzystów". **Orle** powstało jako osada hutnicza, a o hutniczej przeszłości świadczą m.in. fragmenty donic służących do wytopu, poustawiane na parapetach schroniskowego bufetu. Przed schroniskiem stoi z kolei drewniany pomnik hutnika, a na wieżyczce budynku wisi dzwon (podobny wzywał robotników do pracy, gdy surówka gotowa była do wytopu – czasami zdarzało się to nawet w nocy). Z Orla jedziemy dalej szlakami 8, 9 i 10, a towarzyszą nam znaki szlaku pieszego (czerwonego). Mijamy mostek na Kamionku, jedziemy krótko lasem i wyjeżdżamy na Izerską Halę z unikatowym zespołem torfowisk, chronionym w **rezerwacie „Torfowiska Doliny Izery"**. Po drodze mijamy kolejne przystanki ścieżki przyrodniczej. Warto się przy nich zatrzymać, by poznać specyfikę tego miejsca, znanego m.in. z niezwykle niskich temperatur. Przymrozki zdarzają się tu nawet w lipcu – 20 lipca 1996 roku zanotowano tutaj temperaturę -5,5 stopnia, a w grudniu tego samego roku – -36,6 stopnia. Ciekawostką jest też występowanie kosodrzewiny, która na przykład w Karkonoszach występuje dopiero na terenach położonych o 400 metrów wyżej. Jej występowanie na **Izerskiej Hali** spowodowane jest specyfiką tutejszego klimatu.

**23 km** Zjeżdżamy do mostku na Jagnięcym Potoku, skąd już tylko kilka chwil dzieli nas od **„Chatki Górzystów"**. To doskonałe miejsce na odpoczynek i posilenie się, zwłaszcza że naleśniki przygotowywane przez gospodynię są warte spróbowania. Budynek schroniska jest jedynym, jaki zachował się z ludnej niegdyś osady (przed wojną liczyła ona ponad 130 mieszkańców). Miejsce to znane było kuracjuszom ze Świeradowa-Zdroju, którzy przychodzili tu na spacery, a w samym uzdrowisku brali kąpiele, wykorzystujące borowinę wydobywaną na Izerskiej Hali. Wyjątkowo trudne warunki panujące na Hali i jej przygraniczne położenie spowodowały po wojnie wyludnienie wsi. Dawna szkoła (dzisiejsza „Chatka Górzystów") przetrwała tylko dlatego, że była wykorzystywana jako strażnica Wojsk Ochrony Pogranicza. Sprzed schroniska możemy podziwiać piękną panoramę górnego odcinka doliny Izery, a także wzniesienia czeskiej części Gór Izerskich. Z „Chatki Górzystów" ruszamy asfaltem w kierunku północnym, ale szybko go opuszczamy i za znakami trasy nr 10 (towarzyszyć nam będzie krótko żółty szlak turystyczny) zjeżdżamy w lewo, objeżdżamy dokoła niewyraźne wzniesienie Sielnej Kopy i następnie tzw. Drogą Walcową docieramy na **Polanę Izerską**. Dawniej znajdowała się tutaj osada drwali, dzisiaj pozostały po niej resztki hotelu robotniczego. Z Polany kontynuujemy naszą wycieczkę trasą nr 10, która będzie nam towarzyszyć już do samej Szklarskiej Poręby.

**29 km** Czeka nas zjazd Nową Drogą Izerską (Starą prowadzi szlak niebieski do Świeradowa Zdroju) do miejsca zwanego Agrafką, a następnie Drogą Tartaczną do drogi nr 362, prowadzącej ze Świeradowa-Zdroju do Szklarskiej Poręby (Droga Sudecka). Z **Agrafki** można też zjechać w kilka minut do pierwszych zabudowań Świeradowa-Zdroju, ale później czekałoby nas mozolne odzyskiwanie wysokości. Droga na szczęście nie jest zbyt ruchliwa, ale i tak należy zachować na niej ostrożność. Jedziemy dość długo lasem, bez większych widoków, poruszając się cały czas w górę doliny **Kwisy**, mającej swoje źródła na zboczach rozłożonej po prawej **Wysokiej Kopy** (1126 m n.p.m.)– najwyższego szczytu Gór Izerskich.

**40 km** Na **Rozdrożu Izerskim**, przy okazałym, ale zaniedbanym budynku dawnego schroniska, możemy chwilę odpocząć. W myśl planów, jakie ma odnośnie tego miejsca Kombinat Górniczo-Hutniczy Miedzi, już niedługo powstanie tutaj ogromny kompleks narciarski, wykorzystujący m.in. nieczynną w miesiącach zimowych kopalnię kwarcu „Stanisław" – najwyżej położoną kopalnię odkrywkową w Europie. Na razie jest tutaj jednak spokojnie i nie ma tłumu narciarzy i turystów. Od Rozdroża jedziemy dalej, cały czas w lesie, w kierunku Szklarskiej Poręby. Mijamy po lewej charakterystyczną **Skałkę Teściowej**, potem parking po prawej i wjeżdżamy na słynny **Zakręt Śmierci**, którego nazwa związana jest z kilkoma wypadkami, jakie wydarzyły się tutaj w latach 40. XX wieku. Dzisiaj ograniczona murkiem szosa wydaje się bezpieczna, tym bardziej że na odcinku tym obowiązuje ograniczenie prędkości. Przed wojną miejsce to znane było z pięknych panoram, często odwiedzali je letnicy ze Szklarskiej Poręby, obecnie widoki są nieco ograniczone przez rosnące tu drzewa. Kilka lat temu wycięto niektóre z nich, dzięki czemu panorama znów stała się wartą zobaczenia. Widok mamy przede wszystkim na leżącą poniżej Szklarską Porębę i górujące nad miastem Karkonosze.

**50 km** Od Zakrętu Śmierci czeka nas miły zjazd do **Szklarskiej Poręby**, do głównej drogi w centrum, gdzie zaczynaliśmy naszą wycieczkę.

Krzywe Baszty

### Bukowiec

*Historia Bukowca ma swoje początki w XIV wieku, z którego pochodzi pierwsza wzmianka o wsi. W 1785 roku Bukowiec został kupiony przez pruskiego ministra górnictwa, Fryderyka Wilhelma von Reden, który zamieszkał tu wraz ze swoją żoną Fryderyką, znaną z działalności charytatywnej i ze sprowadzenia do Karpacza drewnianego kościółka Wang. Redenowie dbali o swoją rezydencję i z czasem powstało tutaj pierwsze w Prusach* ***romantyczne założenie ogrodowe****, uważane przez wielu XIX-wiecznych znawców sztuki ogrodowej za najpiękniejsze na Śląsku.*

Zwiedzając bukowiecki park, dzisiaj mocno zaniedbany, trzeba pamiętać, że jego twórcom przyświecała pewna idea. Warto przyjrzeć jej się bliżej, bowiem jest to piękny przykład ilustracji rozwoju architektury i dziejów ludzkości. Pierwszym mieszkaniem człowieka była **jaskinia** i taką znajdziemy nad brzegiem Jedlicy. Niedaleko niej, ale położona nieco wyżej, stała chata kryta mchem, która nie zachowała się do naszych czasów. Jeszcze wyżej postawiona została **świątynia Ateny** – symbol cywilizacji greckiej – nad którą góruje **rzymski Amfiteatr**, leżący na wzniesieniu na północ od centrum wsi. Przy tym ostatnim stoi jeszcze jedna budowla – **wieża gotyckiego zamku**, symbolizująca zwycięstwo Gotów nad rzymskim imperium.

Podobną ideową wymowę ma położenie budowli związanych z wiarą. Najniżej znajduje się stworzony z wielkich głazów **Krąg Druidów** i otaczający go Święty Gaj, a ponad nimi **Opactwo** – chrześcijański symbol zwycięstwa nad pogaństwem. Warto jednak zauważyć, że Opactwo postawione zostało jako ruina, a wyżej umiejscowiony został jeszcze krzyż (na skraju łąki w pobliżu cmentarza), symbolizujący wiarę protestancką (Redenowie byli wyznawcami tej wiary), wywyższoną w ten sposób ponad katolicką.

### Dolina Pałaców i Ogrodów

Urok **Kotliny Jeleniogórskiej**, przepięknie położonej i otoczonej malowniczymi pasmami górskimi, przyciągał ludzi od czasów średniowiecza. Z czasem powstawały we wsiach dwory obronne, zamki, a później piękne rezydencje, godne swych właścicieli i ich pozycji społecznej. Apogeum tego procesu miało miejsce w XIX wieku, kiedy to powstało wiele pałaców, dworów i otaczających je ogrodów i parków. Stąd też romantyczna nazwa, jaką nadano regionowi – **Dolina Pałaców i Ogrodów**. Nie ma w niej cienia przesady, bowiem na stosunkowo niewielkim obszarze można doliczyć się ponad 20 rezydencji. Dzisiaj niektóre z nich są w złym stanie, inne nawet w ruinie, ale większość przetrwała do naszych czasów, pełniąc funkcję hotelową, gastronomiczną, czy siedzib lokalnych organizacji.

Wieża widokowa na Wzgórzu Krzywoustego

Do najciekawszych zabytków należą z pewnością **zamek cesarski** w **Mysłakowicach** i należący do brata króla Prus zamek w Karpnikach. Ten ostatni otoczony był rozległym założeniem parkowym, sięgającym na położone wysoko **Starościńskie Skały**. Z miejscowości, w których zachowały się pałace warto odwiedzić **Staniszów**, **Łomnicę**, **Wojanów**, **Bobrów**, **Bukowiec**, **Kowary**, **Jelenią Górę** i **Miłków**. Okazała **rezydencja Schaffgotschów** znajduje się w **Cieplicach Śląskich-Zdroju**, obecnie służąc Politechnice Wrocławskiej. Równie ciekawe było otoczenie pałaców i dworów, ale dzisiaj na próżno szukać wspaniałych budowli ogrodowych, bo zostały zniszczone lub po prostu

Kościół w Bukowcu

nie przetrwały próby czasu. Jest jednak jedno miejsce wyjątkowe, które zachowało ślady dawnej świetności – to park w Bukowcu, założony przez hrabiego Fryderyka Wilhelma von Reden.

**Jelenia Góra**

*Przekazy historyczne mówią, że miasto miał założyć w 1108 roku Bolesław Krzywousty, ale nie jest to do końca udokumentowane. Tak czy inaczej miejscowość szybko się rozwijała i została otoczona murami miejskimi, które oparły się nawet najazdowi husytów w XV wieku. Do ciekawej sytuacji doszło w 1433 roku, kiedy Rada Miasta kupiła stojący na Wzgórzu Krzywoustego zamek, a następnie kazała go rozebrać, by nie przyciągał wrogich wojsk. Najbardziej dynamiczny rozwój miał miejsce w XIX wieku, kiedy to powstało wiele zakładów produkcyjnych, w tym cukrownia, założona przez Acharda, wynalazcę produkcji cukru z buraków. Jelenia Góra miała również komunikację tramwajową, której śladem jest fragment szyn w rynku oraz stojący tuż obok tramwaj.*

W centrum miasta znajdują się trzy obiekty sakralne, do których koniecznie trzeba zajrzeć. Najstarszą świątynią jest **kościół śś. Erazma i Pankracego** – gotycka budowla z wysmukłą wieżą, kryjąca w swym wnętrzu ciekawe wyposażenie z kilku epok. Warto zwrócić uwagę na 22-metrowej wysokości barokowy ołtarz, renesansową ambonę z herbami Austrii i Jeleniej Góry, a także na XVI-wieczne stalle w nawie południowej. Przy ulicy 1 Maja stoi **Kościół Łaski**, jeden z sześciu zbudowanych na Śląsku dla protestantów na początku XVIII wieku. Świątynia nosi wezwanie **Podwyższenia Krzyża Świętego** i obecnie służy katolikom. Wewnątrz znajduje się bogate wyposażenie z czasów baroku, wśród którego zwracają uwagę kamienna ambona z 1717 roku, liczne obrazy oraz organy nad ołtarzem. Ciekawy jest układ ławek w kościele, skierowanych w stronę centralnie położonej ambony, charakterystyczny dla świątyń ewangelickich, w których najważniejszym miejscem jest nie ołtarz, lecz miejsce głoszenia Słowa Bożego. Przy zewnętrznym wejściu do zakrystii znajdziemy ciekawe epitafium pastora, który zginął od pioruna podczas głoszenia kazania – scena ta jest uwidoczniona na kamiennej płycie. Trzecim z obiektów sakralnych jest dzisiejsza cerkiew **śś. Apostołów Piotra i Pawła** (dawniej kościół św. Anny), także stojąca przy ulicy 1 Maja – niestety często zamknięta.

Na jeleniogórskim **rynku**, posiadającym średniowieczną metrykę, stoi **ratusz**, zbudowany w latach 1744–1749, po zawaleniu się poprzedniego. Plac otaczają piękne, częściowo zrekonstruowane **kamienice z podcieniami**, będącymi niegdyś miejscem handlu. Podcienia posiadały swoje nazwy, np. Podcienia Kuśnierzy, Sukienników, Białoskórników itp. Przy ratuszu stoi szereg domków, w których niegdyś handlowano chlebem. Przywilej ten, dający spore korzyści, wiązał się z obowiązkiem gromadzenia żywności na wypadek zagrożenia miasta.

Zwiedzając miasto, nie można zapomnieć o **Muzeum Karkonoskim**, oferującym możliwość poznania historii Kotliny Jeleniogórskiej oraz wyrobów XVII i XVIII-wiecznego rzemiosła, zobaczenia kolekcji szkła artystycznego, wnętrza chałupy wiejskiej i małego skansenu górniczo-hutniczego i etnograficznego. Oddziałem Muzeum jest **Skansen Uzbrojenia Wojska Polskiego** przy ulicy Sudeckiej, prezentujący różne rodzaje broni, a także potężne urządzenia radiolokacyjne (te ostatnie przy drodze do Mysłakowic, już poza Jelenią Górą). Z **wieży widokowej** na **Wzgórzu Krzywoustego** rozciąga się wspaniała panorama miasta oraz Kotliny Jeleniogórskiej, Rudaw Janowickich i Karkonoszy. Równie piękna panorama rozpościera się z wieży **zamku Chojnik**, także leżącego na terenie miasta.

Będące dzisiaj częścią Jeleniej Góry **Cieplice Śląskie-Zdrój** powstały w XIII wieku. Już wtedy znane były dobroczynne właściwości tutejszych wód, kariera **uzdrowiska** zaczęła się jednak dopiero w XVII wieku. W lipcu 1678 roku bawiła tu królowa Marysieńka wraz ze swoim dworem, który – według przekazów – liczył aż 1500 osób. Ciekawostką jest istnienie przez jakiś czas uzdrowiska dla koni, które podobnie jak ludzie mogły korzystać z dobroczynnych kąpieli. Obecnie leczy się tutaj choroby narządów ruchu, reumatyczne, dróg moczowych i nerek. W niezwykle skromnej pijalni można spróbować miejscowych **wód mineralnych**. Najciekawszym zabytkiem Cieplic jest kościół ś**w. Jana Chrzciciela** z ładnym barokowym wyposażeniem i niezwykłą kolekcją płyt nagrobnych Schaffgotschów na okalającym świątynię murze. W centrum stoi potężny **pałac Schaffgotschów**, którzy zbudowali go po pożarze swej rodowej siedziby, zamku Chojnik, w 1675 roku. W Parku Norweskim, w stylowym domu, ma swą siedzibę ciekawe **Muzeum Przyrodnicze** z ekspozycją poświęconą motylom i ptakom.

### Karkonoskie schroniska górskie

Karkonoskie schroniska wywodzą się w dużej mierze od bud pasterskich, które były schronieniem dla pasterzy i ich rodzin, jak na przykład buda Hampla, dzisiejsza „**Strzecha Akademicka**". Z czasem budy zaczęły również pełnić rolę schronienia dla wędrowców, oferując skromne posłanie i równie proste wyżywienie. Pierwszym obiektem, który od początku był przeznaczony dla turystów, było schronisko zbudowane w 1837 roku nad Śnieżnymi Kotłami, dzisiaj niedostępny dla zwiedzających przekaźnik radiowo-telewizyjny. Nieco inną historię ma **„Samotnia"**, malowni-

Kowary

czo położona nad Małym Stawem, będąca dawniej siedzibą strażnika stawu, z którego na stół Schaffgotschów dostarczano ryby. Z kolei schronisko **„Pod Łabskim Szczytem"** powstało jako strażnica na drodze łączącej Śląsk z Czechami. Warto jeszcze zauważyć, że w połowie XIX wieku liczba samotnych chałup w Karkonoszach sięgała 2 tysięcy, ale oczywiście tylko ich znikoma część służyła turystom.

**Karpacz**

Początki miasta związane są ze średniowiecznymi poszukiwaczami drogich kamieni, a także drwalami i kurzakami, dzięki którym powstały tereny dogodne do zakładania pierwszych osad. Rozwój miasta wiąże się też z jego położeniem pod **Śnieżką** – do dzisiaj jest to najpopularniejsze miejsce startu wycieczek na najwyższy szczyt Karkonoszy. Najbardziej znanym zabytkiem jest położony w Karpaczu Górnym **kościółek Wang** – romańska drewniana budowla, sprowadzona w 1841 roku z Norwegii, a następnie złożona w Karpaczu. Z oryginalnych elementów warto wspomnieć m.in. o czterech bogato zdobionych portalach oraz wewnętrznych słupach nośnych z rzeźbionymi kapitelami. Przy ulicy Karkonoskiej 5 ma swoją siedzibę **Muzeum Zabawek** z niezwykłą kolekcją, przyciągającą nie tylko dzieci, ale i dorosłych. Osoby zainteresowane turystyką i krajoznawstwem z pewnością zainteresuje ekspozycja w **Muzeum Sportu i Turystyki** (ul. Kopernika 2), gdzie zobaczyć można m.in. sanie rogate, których używano do zjazdów z karkonoskich schronisk, lektyki służące do noszenia turystów w góry i zbiór starych pocztówek. Poziom adrenaliny z kolei można sobie podnieść, korzystając z letniej rynny saneczkowej „Kolorowa".

Starościńskie Skały

**Kowary**

W XII wieku pojawił się tutaj zajmujący się górnictwem mistrz waloński Laurentius Angelus, a w 1355 roku istniała już osada górnicza. Po II wojnie światowej w górnej części miejscowości prowadzono prace związane z wydobyciem rud uranu, a samo miasto znane było z produkcji dywanów, które stały się obiektem westchnień tysięcy Polaków. Dzisiaj ładnie odnowiona **starówka** i deptak w centrum zachęcają do spacerów, warto też wstąpić do **kościoła NMP**, w którym znajduje się ciekawe renesansowe i barokowe wyposażenie, a także cenna gotycka rzeźba Madonny oraz XV-wieczne malowidła na stropie w jednej z kaplic.

Kowary posiadają przynajmniej dwie atrakcje, dla których warto tu przyjechać. Plany na najbliższe lata przewidują powstanie dużego ośrodka narciarskiego, ale póki co trzeba zadowolić się zwiedzaniem starej **sztolni pouranowej** w **Podgórzu** i **Parkiem Miniatur Zabytków Dolnego Śląska**, znajdującym się na terenie dawnej fabryki dywanów. Trasa turystyczna w sztolni ma 1200 metrów długości. Pokonuje się ją w towarzystwie przewodnika, oglądając po drodze m.in. bogatą kolekcję minerałów oraz figury górników przy pracy i modlitwie. Z kolei w Parku Miniatur można poczuć się jak bajkowy Guliwer. Modele zabytków w skali 1: 25 zachwycają precyzją wykonania i szczegółami.

**Siedlęcin**

Atrakcją wsi jest **książęca wieża** mieszkalna, w której zachowały się średniowieczne freski – jedne z kilkunastu zachowanych w Europie z tego okresu o tematyce świeckiej. Przedstawiają m.in. historię najbardziej znanego rycerza Okrągłego Stołu, sir Lancelota z Jeziora i jego tragiczną miłość do królowej Ginewry. Pięknie odnowione w 2006 roku freski można oglądać przy dźwiękach średniowiecznej muzyki.

### Sokoliki (Góry Sokole)

Wycieczka w Sokoliki, ze względu na ich malowniczość, ilość potężnych skał i wspaniałe punkty widokowe na **Sokoliku** i **Krzyżnej Górze**, zawsze okaże się udana. To mekka wspinaczy dolnośląskich, którzy mają tu do dyspozycji wiele ubezpieczonych dróg o różnej skali trudności. Ze skał najwyższej Krzyżnej Góry, zwieńczonej potężnym krzyżem, zobaczyć można m.in. Rudawy Janowickie, Karkonosze, Góry Izerskie i leżącą poniżej Kotlinę Jeleniogóską. Z nieco niższego Sokolika rozciąga się jeszcze panorama Gór Kaczawskich i wijącego się w dole **Bobru**. Po wycieczce w swoje podwoje zaprasza stylowe **schronisko „Szwajcarka"**, zbudowane ponad 180 lat temu.

### Szklarska Poręba

*Początki miasta wiążą się z działalnością średniowiecznych poszukiwaczy skarbów – Walończyków, a później także z uchodźcami religijnymi, którzy przybyli tu z Czech i założyli Marysin, będący dzisiaj częścią Szklarskiej Poręby. W 1825 roku Szklarska Poręba była najrozleglejszą wsią w Prusach, składającą się z 26 części i przysiółków. Dużą rolę w jej rozwoju odegrało szklarstwo i laboranci zajmujący się zbieraniem ziół. W XIX wieku znana była ze zjazdów saniami rogatymi, a dzisiaj to przede wszystkim duży ośrodek narciarski.*

W mieście znajduje się kilka muzeów z ciekawymi ekspozycjami. W domu **Gerharta** (literacki noblista) **i Carla Hauptmannów** przy ulicy 11 Listopada 23 obejrzeć można ekspozycję poświęconą Duchowi Gór oraz prace obu braci, a w domu **Wlastimila Hofmana** (ul. Matejki 23), malarza czeskiego pochodzenia – jego urocze karkonoskie pejzaże. Przy głównej drodze znajduje się **Muzeum Energetyki Jeleniogórskiej** (ul. Jeleniogórska 2) z niezwykłymi przykładami działania bardzo wysokiego napięcia i piorunów, a przy ulicy Kilińskiego 20 – **Muzeum Mineralogiczne** z wielobarwnymi minerałami, odciskami dinozaurów, kawałkiem meteorytu i skamieniałym lasem karbońskim. Równie ciekawe jest **Muzeum Ziemi „Juna"** (ul. Jeleniogórska 9) oraz **Stara Chata Walońska** (ul. Kołłątaja 12), w której można zapoznać się z tradycjami średniowiecznych poszukiwaczy skarbów. Niedaleko stąd jest do **Leśnej Huty** (ul. Kołłątaja 2), gdzie ręcznie wyrabiane są różnego rodzaju szklane cacka. W 2006 roku otwarte zostało **Karkonoskie Centrum Edukacji Ekologicznej KPN** (ul. Okrzei 28), w którym wizyta może być doskonałym początkiem wycieczki w Karkonosze. Warto też wspomnieć o dwóch wodospadach: **Kamieńczyka** i **Szklarki** (leży już na terenie Piechowic) oraz o **Chybotku** – potężnej skale, dającej się rozkołysać. Poziom adrenaliny można sobie podnieść w ośrodku „Quasar" na **Kruczych Skałach**, przy drodze do Jakuszyc.

### Śnieżka

Królowa Karkonoszy, a jednocześnie najwyższa góra w Sudetach (1602 m n.pm.m.), była licznie odwiedzana już w czasach, gdy turystyka w Tatrach dopiero raczkowała. Średnia roczna temperatura wynosi tu tylko 0,4 stopnia – przymrozki występują przez 200 dni w roku, a przez 190 występuje zachmurzenie. Na szczycie stoi kilka budowli, w tym tzw. latające talerze, mieszczące **Obserwatorium Meteorologiczne** z ekspozycją prezentującą historię obserwacji pogody, a także bufet. W XVII wieku powstała **kaplica św. Wawrzyńca**, wykorzystywana przez jakiś czas jako schronisko. Po czeskiej stronie stoi nowoczesny budynek poczty, a nieco niżej – górna stacja wyciągu krzesełkowego. Najpopularniejsze szlaki pod kopułę szczytową prowadzą z Karpacza: niebieski przez Polanę, **„Samotnię"** i **„Strzechę Akademicką"** oraz czerwony przez Kocioł Łomniczki (zamknięty zimą) .

Śnieżka

Schronisko „Szwajcarka"

### Świeradów-Zdrój

Legendarne początki miasta związane są z plemieniem Milczan, które założyło tu ośrodek kultu bożka Flinsa. Historycznie osada powstała w XVI wieku i z tego też okresu mamy pierwsze informacje o leczniczych właściwościach **świeradowskich wód**. Oprócz kuracji pitnych, wodę wykorzystywano w kąpielach z dodatkiem igliwia, a także borowiny, wydobywanej na **Izerskiej Hali**. Po pożarze miasta w 1895 roku powstała największa w Sudetach **hala spacerowa**, która dzisiaj stanowi jedną z atrakcji uzdrowiska. Oprócz tego warto pokusić się o odnalezienie w Parku Zdrojowym pomnika żaby, która przyczyniła się do odkrycia radoczynności wody, a także tablicy poświęconej Mieczysławowi Orłowiczowi, założycielowi Akademickiego Klubu Turystycznego i patronowi Głównego Szlaku Sudeckiego, który w Świeradowie-Zdroju ma swój początek. W niedalekiej **Czerniawie-Zdroju** stoi owiany legendami **Czarci Młyn**, a sprzed schroniska **„Na Stogu Izerskim"** rozciągają się zapierające dech w piersiach panoramy.

### Zamek Bolczów

Potężna warownia zbudowana została z wykorzystaniem skał znajdujących się wysoko ponad doliną **Janówki**. XIV-wieczna budowla została zdobyta przez husytów, a później zniszczona przez wojska mieszczańskie, gdy stała się ostoją rycerzy-rabusiów. Odbudowany zamek służył aż do czasów wojny 30-letniej, kiedy to spalili go Szwedzi. Od tej pory pozostaje w ruinie. W okresie międzywojennym przeżywał jeszcze swoje pięć minut, gdy istniało tu schronisko. Dzisiaj to jedna z najbardziej malowniczych i okazałych ruin w Sudetach, z której murów rozpościerają się widoki m.in. na Sokoliki.

Polana

szpitale, pogotowie ratunkowe:

**Jelenia Góra**

Pogotowie Ratunkowe
ul. Wojska Polskiego 21, tel. 075 752 64 62
www.pog-jg.neostrada.pl
pogotowiejg@pogotowiejg.pbox.pl
Szpital Wojewódzki
ul. Ogińskiego 6,
tel. 075 753 10 05, tel. 075 764 57 67
www.spzoz.jgora.pl, poczta@spzoz.jgora.pl
Szpital Specjalistyczny MSWiA
ul. Cieplicka 69/71, tel. 075 643 57 00
szpimsw_jg@golddom.com.pl

**Karpacz**

Karkonoskie Centrum Zdrowia
ul. Myśliwska 13, tel. 075 761 95 83
www.kcz.pl, nzoz@poczta.kcz.pl

**Kowary**

Szpital „Bukowiec", ul. Sanatoryjna 15,
tel. 075 641 57 21, tel. 075 641 57 00
Szpital Gruźlicy i Chorób Płuc „Wysoka Łąka"
ul. Sanatoryjna 27,
tel. 075 645 88 59, tel. 075 718 23 51
www.szpital-kowary.pl

**Szklarska Poręba**

Izerskie Centrum Pulmonologii i Chemioterapii
ul. Sanatoryjna 1, tel. 075 754 71 00
sekretariat@izer-med.com.pl

**GOPR:**
telefon ratunkowy **601 100 300** lub **985**
www.gopr.pl
**Jelenia Góra**
Stacja Centralna Grupy Karkonoskiej
ul. Sudecka 79,
tel. 075 752 47 34
www.gopr.karkonosze.net.pl
karkonoska@gopr.pl
(całoroczna, całodobowa)
**Zamek Chojnik**
tel. 075 755 63 94
tel. 075 755 35 35
(całoroczna społeczna)
**Karpacz**
Bacówka
ul. Turystyczna 1
przy dolnej stacji Kolei Linowej na Kopę
tel. 075 761 65 33
czynna w godz. 08.00 – 18.00
(całoroczna)
Kopa
górna stacja Kolei Linowej na Kopę
łączność radiowa GOPR
(w sezonie zimowym)
Strzecha Akademicka
tel. 075 753 52 75
tel. 075 752 25 46
czynna w godz. 08.00 – 18.00
(w sezonie zimowym)
**Szklarska Poręba**
Marysieńka
ul. Urocza 2
przy dolnej stacji Kolei Linowej na Szrenicę
tel. 075 717 33 93
czynna w godz. 08.00 – 18.00
(całoroczna)
Na Hali Szrenickiej
tel. 075 717 24 21
czynna w godz. 08.00 – 18.00
(całoroczna)
górna stacja wyciągu na Szrenicę
łączność radiowa GOPR
czynna w czasie działania wyciągów
(w sezonie zimowym)
**Świeradów-Zdrój**
Meta
ul. Dąbrowskiego
tel. 075 781 63 55
czynna w godz. 08.00 – 18.00
(w sezonie zimowym)

schroniska górskie:

**Czarnów**
Schronisko „Czartak"
Czarnów 13
tel. 075 742 88 77
tel. 609 110 440

**Jelenia Góra**
Schronisko PTTK „Chojnik"
tel. 075 755 35 35

**Karpacz**
Schronisko „Dom Śląski"
ul. Na Śnieżkę
tel. 075 753 52 90
tel. 509 205 513
www.domslaski.pl
info@domslaski.pl
Schronisko PTTK „Nad Łomniczką"
(nie ma noclegów)
tel. 603264707
www.lomniczka.vmoon.com.pl/
Schronisko PTTK „Samotnia"
ul. Śnieżki 16
tel. 075 761 93 76
www.samotnia.com.pl
Schronisko PTTK „Strzecha Akademicka"
tel. 075 753 52 75
www.strzecha-akademicka.com.pl

**Karpniki**
Schronisko PTTK „Szwajcarka"
tel. 075 753 52 83

**Kowary**
Schronisko PTTK „Na Przełęczy Okraj"
tel. 075 761 51 10

**Przesieka**
Schronisko PTTK „Odrodzenie"
Przełęcz Karkonoska
tel. 075 752 25 46

**Szklarska Poręba**
Schronisko „Kamieńczyk"
tel. 075 752 60 85
Schronisko „Kochanówka"
tel. 075 717 24 00
www.kochanowka.wszklarskiej.net
www.szklarska.ig.pl/kochanowka
Schronisko PTTK „Na Hali Szrenickiej"
tel. 075 717 24 21
www.hala-szrenicka.com
Schronisko Stacja Turystyczna „Orle"
tel. 420 607 920 541
www.orle.vulcan.pl
orle@wroc.vulcan.pl
Schronisko PTTK „Pod Łabskim Szczytem"
tel. 075 752 60 88
www.labskiszczyt.pl

Schronisko „Dom Śląski"

Schronisko „Szrenica"
tel. 075 75 260 11
tel. 075 75 232 06
www.szrenica.pl

**Świeradów-Zdrój**

Schronisko „Chatka Górzystów"
ul. Hala Izerska 1
tel. 075 75 325 33
tel. 607 426 998
chatkagorzystow@o2.pl
www.chatkagorzystow.prv.pl
Schronisko PTTK „Na Stogu Izerskim"
tel. 075 752 21 10, tel. 075 221 10,
tel. 601 974 895
www.stogizerski.prv.pl

Schronisko „Strzecha Akademicka"

objaśnienia znaków

- szpitale; ośrodki zdrowia
- apteki; GOPR
- hotele; sanatoria
- gospodarstwa agroturystyczne; pensjonaty
- schroniska górskie; schroniska młodzieżowe
- kempingi; pola namiotowe
- restauracje; bary
- informacja turystyczna; bankomaty
- stadniny; wypożyczalnie rowerów
- stacje benzynowe; baseny
- zabytki; muzea
- kina; teatry
- poczty; komisariaty policji
- siedziba parku narodowego

| | Bukowiec | Jelenia Góra | Karpacz | Kowary | Piechowice | Siedlęcin | Szklarska Poręba | Świeradów-Zdrój | Wleń |
|---|---|---|---|---|---|---|---|---|---|
| szpitale | | x | x | x | | | x | | |
| ośrodki zdrowia | x | x | x | x | x | x | x | x | x |
| Górskie Ochotnicze Pogotowie Ratunkowe | | x | x | | | | x | x | |
| apteki | | x | x | x | x | | x | x | x |
| hotele | | x | x | | x | | x | x | |
| sanatoria | | x | x | x | | | x | x | x |
| gospodarstwa agroturystyczne | x | | x | | x | x | x | x | x |
| domy wczasowe, pensjonaty | x | x | x | x | x | | x | x | x |
| schroniska górskie, schroniska młodzieżowe | młodzieżowe | młodzieżowe | górskie | górskie | młodzieżowe | | górskie | górskie | młodzieżowe |
| kempingi | | x | x | x | | | x | | |
| pola namiotowe | | x | x | | | | x | | x |
| restauracje, bary | | restauracje, bary | restauracje, bary | restauracje, bary | restauracje, bary | restauracje | restauracje, bary | restauracje, bary | restauracje, bary |
| informacja turystyczna | | x | x | x | x | x | x | x | x |
| stadniny | | | x | x | | | x | | |
| wypożyczalnie rowerów | | | x | | | | x | x | |
| bankomaty | | x | x | x | x | | x | x | x |
| stacje benzynowe | | x | x | x | x | x | x | x | x |
| baseny | | x | x | x | | | x | x | |
| muzea | | x | x | x | | | x | x | |
| kina, teatry | | kina, teatry | | | | | | | |
| zabytki | x | x | x | x | x | x | x | x | x |
| poczty | | x | x | x | x | | x | x | x |
| policja | | x | x | x | x | | x | | x |
| siedziba parku narodowego, krajobrazowego | | x | | | | | x | | x |

- szpitale
- ośrodki zdrowia
- Górskie Ochotnicze Pogotowie Ratunkowe
- apteki
- hotele
- sanatoria
- gospodarstwa agroturystyczne
- domy wczasowe, pensjonaty
- schroniska górskie, schroniska młodzieżowe
- kempingi
- pola namiotowe
- restauracje, bary
- informacja turystyczna
- stadniny
- wypożyczalnie rowerów
- bankomaty
- stacje benzynowe
- baseny
- muzea
- kina, teatry
- zabytki
- poczty
- policja
- siedziba parku narodowego, krajobrazowego

## Sudety Zachodnie

strony 100-135

skala 1:60 000

0 1 2 km

- granice państw
- granice parków narodowych
- granice parków krajobrazowych
- granice obszarów ochrony ścisłej, rezerwatów przyrody
- koleje; stacje; przystanki
- 84 drogi krajowe
- 897 290 drogi wojewódzkie
- drogi inne asfaltowe
- drogi inne utwardzone
- drogi gruntowe wiejskie
- drogi gruntowe polne i leśne
- ścieżki
- 4.5 2 odległości w kilometrach
- wyciągi krzesełkowe
- wyciągi orczykowe
- szlaki turystyczne
- S ścieżki dydaktyczne i spacerowe
- 3 szlaki rowerowe
- szlaki konne
- szlaki zimowe
- szlaki zamykane od 10.04 do 31.05
- szlaki zamykane zimą
- trasy biegowe

## Karkonosze

strony 136-181

skala 1:30 000

0 0,5 1 km

- nartostrady i trasy zjazdowe
- niebezpieczeństwo lawin
- $1^{45}$ $2^{20}$ czasy przejść na szlakach pieszych
- P parkingi
- stacje benzynowe
- przystanki autobusowe
- TAXI postoje taksówek
- postoje dorożek
- przejścia graniczne
- zakazy wjazdu
- punkty informacyjno-kasowe parków narodowych
- Górskie Ochotnicze Pogotowie Ratunkowe
- szpitale
- ośrodki zdrowia
- apteki
- schroniska górskie
- schroniska młodzieżowe
- hotele
- domy wczasowe, pensjonaty
- sanatoria
- kempingi
- pola namiotowe
- stadniny, ośrodki jeździeckie

- restauracje, bary
- informacja turystyczna
- bankomaty
- wiaty
- punkty widokowe
- poczty
- komisariaty policji
- pijalnie wód
- muzea
- kina
- kościoły zabytkowe
- kościoły
- cerkwie zabytkowe
- zamki
- ruiny zamków
- pałce
- dwory
- inne budynki zabytkowe
- ruiny
- 1760 miejsca bitew
- pomniki przyrody ożywionej
- rezerwaty przyrody
- baseny
- kąpieliska
- krzyże
- kapliczki

- pomniki
- wieże radiowo-telewizyjne
- bunkry
- grodziska
- kamieniołomy
- kopalnie i sztolnie czynne
- kopalnie i sztolnie nieczynne
- młyny wodne
- cmentarze
- nadleśnictwa
- leśniczówki
- jaskinie
- skały
- 1425 szczyty
- 950 przełęcze
- 900 800 poziomice
- źródła
- wodospady
- tereny podmokłe
- zabudowa
- zabudowa i tereny przemysłowe
- kosodrzewina
- lasy

15° 38'
15° 40'
Jamna
Łupki
Góra Zamkowa
Lenno XII w.
Wleń
Wleński Gródek
XVII w.
WLEŃ
porwak piaskowcowy
Park
447
Gniazdo
Klecza
2,5
315
Wietrznik
482
Bóbr
Czarna
51° 00'
Kaczmarka
Nielestno
Radomice
400
XVII w.
2,5
Pilchowice-Nielestno
Krajobrazowy
5,5
Wapniak
391
Strzyżówka
Pilchowice
300
M
a
ł
y
3,5
Maciejówka
Zamkowa Góra
Czyżyk
425
400
Doliny
Strzyżowiec
Maciejowiec
Dziki Wąwóz
Pilchowice-Zapora
50° 58'
Kamienna
Jezioro
Strzyżowa
424
Korzec
438
Pokrzywnik
Zapora Pilchowicka
378
6,5
392
Pilchowickie
300
Stanek
Wysokie Skały
Kowalowe Skały
Kamienica
Bobru
Siedlęcin
3
Barcinek
Wrzeszczyn
Buczyna
434
Siedlęcin
J. Wrzeszczyńskie
1,5
Wieża Rycerska




110
111

15°42'
15°44'
15°46'
Posępsko
Czermnica
Tarczyn
Tarczynka
422
Rząśnik
Babiniec
486
Przełęcz Rząśnicka
3,5
Modrzewie
Grzbiet Północny
Rogatka
490
Orzechowice
51° 00'
Janówek
120
4
Czernicka Góra
517
Chrośnickie Kopy
Czernica
Lastek
Kopy
626
Chrośnica
300
035
3
Przeł. Chrośnicka
50° 58'
kowron
473
Grzbiet Południowy
Płoszczyna
6,5
Płoszczynka
Leśnica
665
Wapienna
507
Stromiec
551
Grzbiet
Polna
Srebrna
5
Szkoła Szybowcowa
Dom Gwarków
Jeżów Sudecki
Dziwiszów
400
500
600
102
111
112
113

15° 42'
15° 44'
15° 46'
Posępsko
Czermnica
Tarczyn
Tarczynka
422
Rząśnik
400
G ó r y
2,10
Babiniec
486
Przełęcz Rząśnicka
3,5
Rogatka
490
300
Modrzewie
G r z b i e
51° 00'
400
Orzechowice
Janówek
120
4
Czernicka Góra
517
015
5,5
Czernica
Chrośnickie Kopy
600
Lastek
500
101
Kopy
626
300
035
1,15
Przeł. Chrośnicka
Mały Grzbiet
3
400
50° 58'
Skowron
473
400
Grzbiet
1,15
Płoszczyna
6,5
Płoszczynka
Leśnica
665
Wapienna
507
Stromiec
551
Srebrna
Polna
500
500
Siedlęcin
5
Dom Gwarków
Szkoła Szybowcowa
Jeżów Sudecki
400
111
112
365

15° 48'
15° 50'
15° 52'
stacja nieczynna
Bucze Wielkie
Koziniec
3
Piaskowa Góra
Młynka
51° 00'
XVIII w.
Lubiechowa
Młynka
1 50
1 30
KACZAWSKIE
Północny
Południowy
t
Leśniak 677
0 25
0 35
0 30
0 40
Sołtysie Skały
Okole 714
Chrośnica
6
0 45
0 35
2,5
4
Janochów
104
Radzynka
Pańska Wysoczka 658
Gackowa 549
0 45
Chrośnickie Rozdroże
4
Raczyn
Radostka 532
50° 58'
365
1
Łysa Góra 711
17,5
Widok 617
Krzyżowa 563
Podgórki
XVIII w.
7
Kapela
Przełęcz Widok
Jaskinia Wałońska
Buczyna Storczykowa na Białych Skałach
5
Żróbek 616
Kobyła 626
Ogier 646
Przełęcz Nad Kobyłą
715
1 15
1 30
Maślak
Skopiec 724
Psi Kościół
Przeł. Komarnicka
662
720
Baraniec
Ulina 562
Komarno
Dziwiszów
Bełkotka
113
400
300
500
600
700

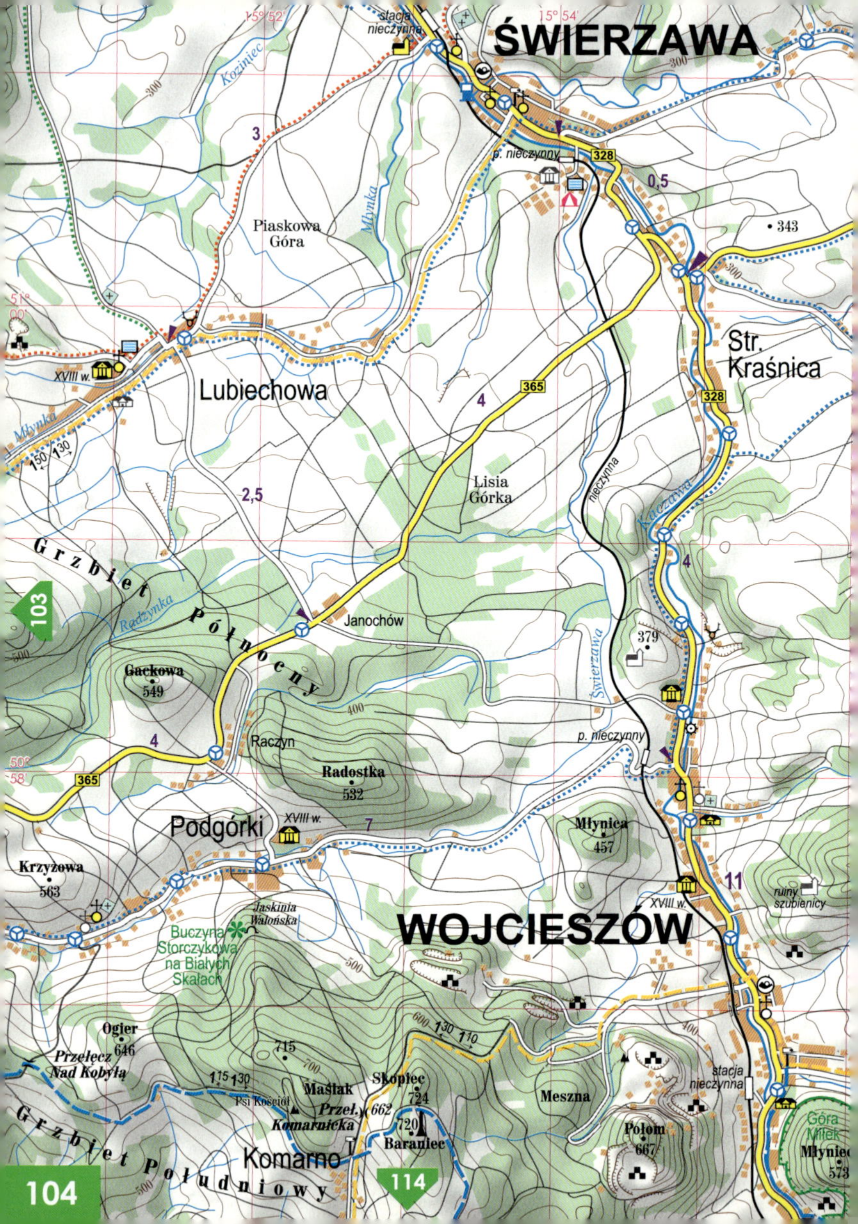
ŚWIERZAWA
WOJCIESZÓW
Lubiechowa
Podgórki
Komarno
Str. Kraśnica
Janochów
Raczyn
Piaskowa Góra
Lisia Górka
Grzbiet Północny
Grzbiet Południowy
Gackowa 549
Radostka 532
Krzyżowa 563
Młynica 457
Ogier 646
Przełęcz Nad Kobyłą
Maślak
Skopiec 724
Przeł. 662 Komarnicka
Baraniec 720
Psi Kościół
Meszna
Połom 667
Góra Miłek
Młyniec 573
Jaskinia Walońska
Buczyna Storczykowa na Białych Skałach
ruiny szubienicy
stacja nieczynna
p. nieczynny
nieczynna
XVIII w.
Koziniec
Młynka
Radzynka
Kaczawa
Świerzawa
328
365
343
379
715
300
400
500
600
700
15°52'
15°54'
51° 00'
50° 58'
103
114

15° 58'
16° 00'
Rzeszówek
Dworska Góra
397
Kamiennik
POGÓRZE KACZAWSKIE
365
Muchów
Park Krajobrazowy Chełmy
Muchowskie Wzgórze
Jurczyce
Sarnka
Kamiennik
51° 00'
Piaseczna
409
Dobków
Muchówek
8,5
Małpi Gaj
400
Kapela
Lipa
453
472
Grzbiet Wschodni
50° 40'
Polanka
624
500
423
5
450
Grudno
Chmielarz
585
Żeleźniak
664
Bukowinka
Buki Sudeckie
Głogowiec
535
Biały P.
Przełęcz Mysłowska
3
Milek
560
Radzimowice
115
Cisowa
596
Wroniec
569
Mysłów

Krobica
361
p. nieczynny
Czerniawski Las
572
358
CZERNIAWA-
-ZDRÓJ
Czarci Młyn
5,5
ŁĘCZYNA
6,5
1
361
404
3
przejście drogowe Czerniawa-Zdrój - Nové Město
Zajęcznik
Świeradówka
605
595
Czerniawka
573
SIEMKOWICE
Rapicka hora
708
Czerniawska Kopa
776
Młynica
stacja nieczynna
Szachów
GÓRECZNO
Spaleniec
825
ŚWIERADÓW-
-ZDRÓJ
Graniczna
Czarny Potok
nieczynna
3,5
KAMIENIEC
Brusná
Na Stogu Izerskim
Izerski Stóg
1105
turystyczne
Smrek
1123
Przełęcz Łącznik
Smrk
1124
Klečoviště na Smrku
Droga Tartaczna
Stara Droga Izerska
Nowa Droga Izerska
Agrafka
Łużec
Świeradowiec
1037
Łęczno
G Ó R Y I Z E R S K I E
Na Piscinach
Suchacz
917
Polana Izerska
Podmokła
1001
Klinový vrch
972
Świerczyniec
Jarzębinka
Jizera
Tracznik
Bystrzyna
Skotnica
Droga Walcowa
Torfowiska Doliny Izery
Graniczna
Droga Borowinowa
Borowina
Łącznik
Sindelový důl
Sina Droga
Plochý
939
Zadní Studánka
Zelený kámen
933
Sielna Kopa
888
CHKO Jizerské Hory
Rašeliniště Jizery
Černá Jezírka
116
Vlčí kameny
Chatka Górzystów

15° 22'
15° 24'
15° 26'
Gierczyn
Przegonia
Młądz
Przecznica
Świerczynka
Kotlina
Łyszczyk
Granaty
Łasek II
Prochowa
Kocioł (Zamkowa)
721
Blizbor
712
Radoszków
Sępia Góra
Biały Kamień
828
Jelenie Skały
Wysoka
816
Stary Grzbiet
Dłużec
867
Spadki
Bystrzyk
Złomisko
Regiel Dolny
Jastrzębiec
Niedźwiedzia Skała
DROŻYNA
Dolina Kwisy
Kwisa
Płoka
Struga
Grzbiet Kamienicki
Kamienica
973
Rysianki
Kamienica
18,5
404
Szerzawa
975
Rudy Grzbiet
945
Mokra Przełęcz
941
Głuszec
Młodnik
Rozdroże Pod Kopą
Świeradowski Las
Rozdroże Izerskie
Wądołno
Biała Droga
Mlaki
Sine Skałki
1122
Przednia Kopa
1114
Źródliska
Wysoki Grzbiet
Zielona
Hala Izerska
Sina Droga
108
117

15° 26'
Rębiszów
15° 28'
15° 30'
50° 56'
Przegonia
Mlądz
5
Wygorzel
Kłopotnica
Granaty
Przecznica
Urwista
Mrożynka
Łąda
Kwieciszowice
Proszowa
Schaffgotschów
Kwieciszowice
Hucianka
Lasek II
Prochowa
P O G Ó R Z E I Z
7
Radoszków
Przecznicki P.
600
Jelenie Skały
500
700
Dłużec
867
Spadki
Tłoczyna
785
Ciemny Wądół
Jaroszyce (Boża Góra)
50° 54'
800
Wolframowe Źródło
Antoniów
107
Pogorzel
Kowalówka
889
Kamienica
Struga
Kamienica
973
Rysianki
900
700
G r z b i e t K a m i e n i
404
5
800
Jastrzębiec
792
Rondo
50° 52'
Piaszczysta
788
742
Świerkowiec
Rozdroże Izerskie
Wądolno
Świeradowski Las
Przednia Kopa
1114
Źródliska
Zielona
Wysoki Grzbiet
10
Droga Sudecka
118
900
800
404
700

15° 32'
15° 34'
Góra Kamienista
50° 56'
Węglarka
429
Kamieniczka
3
400
Nowa Kamienica
0 50
3,5
Stara Kamienica
XIII w.
0 55
Kamienne
Sosnka
Kamienica Mała
400
Stara Kamienica
2
3,5
Kromosz
449
1,5
Zbyrk
472
E R S K I E
588
522
Kamienica
50° 54'
110
Międzylesie (Gogolice)
Popiel
530
4,5
Trzciniak
562
500
Chromiec
Kopaniec
Wiśniowa
545
Kromnów
Zaroślak
560
Smolnik
624
Kopaniecki P.
Chromiec
500
Kamionek
546
1 25
1 10
4,5
Kopań
751
600
Bobrowe Skały
Kozia Szyja
Babia Przełęcz
647
Ciemniak
698
Gaik
782
0 50
PIASTÓW
50° 52'
c
k
i
Kamienna Mała
0 50
0 40
Mały Ciemniak
3
500
Górzyniec
600
3
Krokusy w Górzyńcu
GÓRZYNIEC
119
Kopalniana Droga

15° 34'
15° 36'
15° 38'
100
Buczyna
434
Łupki
Siekierka 457
Węglarka
429
Kamieniczka
Stara
Kamienica
Młyńska Góra
419
Piekielnik
Grząbka
XIII w.
3,5
Rybnica
Miedlica
480
Stara
Kamienica
2
3,5
Rybnica
Kromosz
449
Zbyrk
472
1,5
Wysoczyzna Ry
Sroczka
109
Rozłóg
533
Kopaniec
Wiśniowa
545
Kromnów
Zarośląk
560
4,5
Biesy
Kopaniecki P.
Kamionek
546
Wilcza Góra
482
-Górne
-Dolne
4,5
Piastowskie
Pole
Bobrowe
Skały
Babia
Przełęcz
647
Ciemniak
698
Wojcieszyce-
PIASTÓW
Ptak
440
Mały
Ciemniak
PAKOSZÓW
Górzyniec
GÓRZYNIEC
120
Kamienna

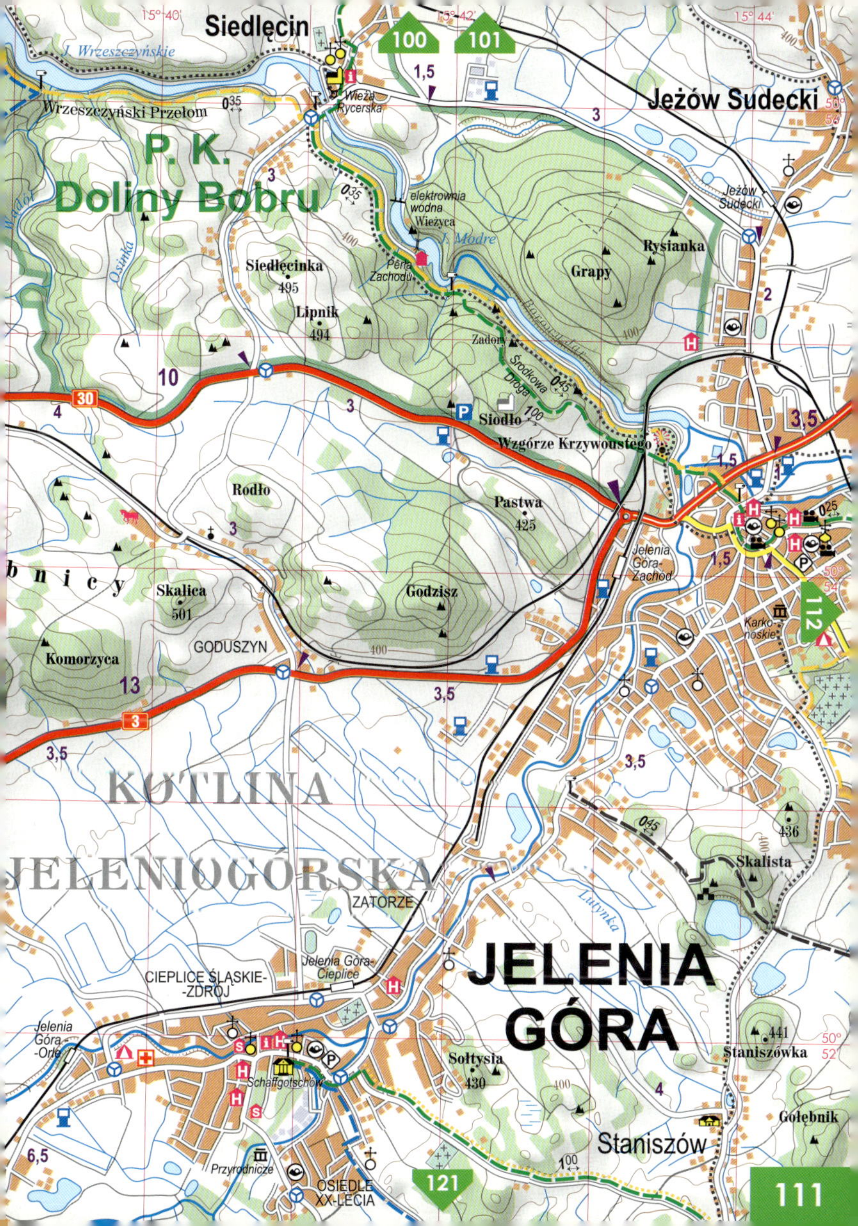

Siedlęcin
J. Wrzeszczyńskie
Wrzeszczyński Przełom
Wieża Rycerska
P. K. Doliny Bobru
Jeżów Sudecki
elektrownia wodna Wieżyca
J. Modre
Perła Zachodu
Siedlęcinka 495
Lipnik 494
Grapy
Rysianka
Zadory
Środkowa Droga
Siodło
Wzgórze Krzywoustego
Rodło
Pastwa 425
Skalica 501
Godzisz
Komorzyca
GODUSZYN
Jelenia Góra-Zachód
Karkonoskie
KOTLINA JELENIOGÓRSKA
ZATORZE
Skalista
436
Lutynka
Jelenia Góra-Cieplice
CIEPLICE ŚLĄSKIE-ZDRÓJ
JELENIA GÓRA
Jelenia Góra-Orle
Schaffgotschów
Sołtysia 430
441 Staniszówka
Gołębnik
Staniszów
Przyrodnicze
OSIEDLE XX-LECIA
100
101
112
121

15° 42'
15° 44'
15° 46'
101
102
Jeżów Sudecki
365
3,5
50° 56'
3
P. K. Doliny Bobru
Jeżów Sudecki
J. Modre
Perła Zachodu
Rysianka
Grapy
Sośnia
420
400
Zadory
Środkowa Droga
0:45
2
2
ZABORZE
3,5
STRUPICE
4,5
Siodło
100
Wzgórze Krzywoustego
0:55
Bóbr
1,5
1
0:25
Pastwa
425
Jelenia Góra-Zachód
1,5
Bartek
Jelenia Góra
50° 54'
111
Godzisz
0:20
lotnisko sportowe
Karkonoskie
400
Skansen Uzbrojenia Wojska Pol.
Paulinum
6,5
3,5
Zamkowa Góra
449
367
3,5
0:40
0:45
436
400
Skalista
XVIII w.
Lutynka
449
Ziębiniec
5,5
JELENIA GÓRA
50° 52'
Staniszówka
441
16
Sołtysia
430
400
4
Łomnica
Gołębnik
Staniszów
Żeleźniak
420
0:40
Sprzętu Radiolokacyjnego (sez. V-IX)
100
1
122

15° 48'
15° 50'
15° 52'
103
Dziwiszów
Grzbiet Południowy
Baraniec
50° 56'
548
Komarno
Bełkotka
Złotucha
Kolonia Komarno
Rybień
436
MACIEJOWA
RABARY
Popielnica
15,5
3
7
114
Koziniec
462
Dąbrowica
Jasiowa Dolina
sanktuarium
439
428
Wojanów
Tunelowa
Trzcińsko
395
Bobrów
Łysa
480
p. nieczynny
Łomnica XVIII w.
Wojanów XVII w.
Wojanów-Bobrów
Buczek
456
7,5
Sokole
Sokolik
623
Sukiennice
Husyckie Skały
Góry Sokole
Rudzik
500
Browarówka
510
Sokolec
Krzyżna Góra
654
Szwajcarka
Przeł. Karpnicka
Radlica
403
422
4,5
Rudawski Park Krajobrazowy
123
Karpnickie Stawy
50° 52'

Grzbiet Południowy
WOJCIESZÓW
Komarno
Kolonia Komarno
Ziemski Kopczyk
672
Leszczyniec
604
Połom
667
548
Straconka
611
Dudziarz
652
Przełęcz Radomierska
Radomierz
Różanka
628
599
15,5
7
3
4
Jasiowa Dolina
428
Trzcińsko
Trzcińskie Mokradła
Janowice Wlk.
Janowice St.
drogowskaz Janowice Wielkie
XVII w.
Tunelowa
Bobrów
Łysa
480
7,5
3,5
Góry Sokole
Sokolik
623
Sukiennice
Husyckie Skały
Rudzik
500
Browarówka
510
Sokolec
Krzyżna Góra
654
Szwajcarka
475
Przeł. Karpnicka
Janowickie Garby
Jańska G.
Bolczów XIV w.
Sucha Góra
Głaziska Janowickie
Janówka
Bielawa
Hawiczy Potok
104
113
124

Biały P.
15°58'
Radzimowice
560
105
16°00'
Przełęcz Mysłowska
3
Miłek
Isowa
596
Wroniec
569
110
Mysłów
Buki Sudeckie
Nw. Rochowice
Góra Miłek
Osełka
581
50° 56'
XVIII w.
4
030
328
Okrajek
Grzbiet Wschodni
657
600
500
Grodzik
615
585
nieczynna
ruiny wieży telegraficznej
3
Lubrza
554
p.nieczynny
0,5
045
Kaczorów
500
1
2,5
nieczynna
Niesytno
Twardowice
040
Płonina
030
040
Kol. Słowików
Góra Czaszek
50° 54'
Ołowlana
658
p. nieczynny
670
115
130
Świdnik
600
Góry Ołowiane
684
Turzec
5
Pastewnik
Ciechanówka
520
Sośniak
Miedzianka
328
10
CK-6 Międzynarodowy Szlak Rowerowy
150
055
8,5
3,5
Ciechanowice
Bóbr
3
50° 52'
Rudawski P. K.
Ciechanowice
nieczynna
XVIII w.
1,5
Mniszków
125
Przybkowice
Marciszów

106
126
Šindelový důl
Plochý
939
Zadní Studánka
Zelený kámen
933
Zadní kopec
905
Černá Smědá
CHKO
Jizerské Hory
Černá Jezírka
Rašeliniště Jizery
Borowina
Łącznik
Droga Borowinowa
Torfowiska Doliny Izery
Droga Walpowa
Sielna Kopa
888
Chatka Górzystów
Vlčí kameny
Rybí Loučky
Izera
Český vrch
918
Smědava
Krásná Louka
Střední hřeben jizerský
Jelení stráň
1018
Pralesy Jizera
Na Kurovci
Na Hřebenkach
Černý vrch
1025
Jizerka
Rašeliniště Jizerky
CZECHY
Zelený vrch
966
290
Starý polom
Vlašský hřeben
966
Bukovec
1005
Karkrada
Bukovec
Černá Desná
JIZERSKÉ HORY
Bílé kameny
993
Kaní hnízdo
849
Hruškové skály
997
štola
V Tokaništi
U Mostu
CHKO
Jizerské hory
Polubenská silnice
Na Kobyle
v. n. Souš
Desenský hřeben
908
Zámky
1002
Zámecké kam.
888
Na Paloučku
Bučina
868
Bílá Desná
Souš
Křížecí cesta
Nýčovy Domky
Václavíkova stud

GÓRY IZERSKIE
Wysoki Grzbiet
Młodnik
Rozdroże Pod Kopą
Świeradowski Las
Rozdroże Izerskie
Wądolno
Przednia Kopa
1114
Sine Skałki
1122
Młaki
Źródliska
Zielona
Sina Droga
Hala Izerska
Wysoka Kopa
1126
Stanisław
Zwalisko
1047
Torfowiska Doliny Izery
Złote Jamy
1087
Szklarska Droga
Kobyła
Rozdroże pod Cichą Równią
Skalny Dom
Waloński Kamień
Kobyła
907
Jelenia Łąka
Smolna
Dolny Dukt Końskiej Jamy
Górny Dukt Końskiej Jamy
Cicha Równia
1002
983
Polana Jakuszycka
Pelikan
Krogulec
988
JAKUSZYCE
Granicznik
870
Orle
ORLE
Płonka
Samolot
886
Przełęcz Szklarska
kamień graniczny
Kamionek
przejście drogowe Jakuszyce-Harrachov
Kamenné návrší
Torfowisko pod Kamiennikiem
Dział Izerski
904
Novosvětský průsmyk
Polom
Mrtvý vrch
1059
Na čihadlech
Bílý vrch
1033
Buková pašeka
Kozi Grzbiet
945
Świńskie Dziury
Spáleniště
U kohouta
Lesní zátiší
Jakšín
1115
HARRACHOV
KRKONOŠSKÝ N.P.
U lana
Tkacka Góra
Stara Droga Celna
Izera
Mumlava
Szkła
Na vyhlídce
Nad svahem
Kamenice
107
118
127
12
3
10

Świeradowski Las
Przednia Kopa
1114
Rozdroże Izerskie
108
Wądolno
Świerkowiec
742
Źródliska
10
404
Zielona
Wysoka Kopa
1126
Wysoki Grzbiet
Stanisław
Zwalisko
1047
Rozdroże pod Zwaliskiem
999
Zawalidroga
Kozie Skały
1058
Wysoki Kamień
(w budowie)
Szklarska Droga
Rozdroże pod Ciechą Równią
Ciekoń
Skalny Dom
Czerwone Skałki
952
Czerwony Potok
Szklarska Struga
BIAŁA DOLINA
U Rumcajsa
Chatka Robaczka
Walońskie Kamień
Ścielnisko
839
Dolny Dukt Końskiej Jamy
Górny Dukt Końskiej Jamy
nieczynna
117
983
Polana Jakuszycka
3
12
998
Babiniec
JAKUSZYCE
Skalna Brama
p. nieczynny
Huta Julia
Rozdroże pod Kamieńczykiem
Wysoki Most
6,5
886
Przełęcz Szklarska
Kamienna
Kamieńczyk
Owcze Skały
Rozdroże pod Przedziałem
Przedział
1068
Wdsp. Kamieńczyka
przejście drogowe Jakuszyce-Harrachov
Kamenné návrší
Torfowisko pod Kamiennikiem
Novosvětský průsmyk
Polom
Mrtvý vrch
1059
Kompleks Narciarski „Szrenica"
Na čihadlech
Bílý vrch
1033
Bukova paseka
Spáleniště
Główny (Śląski) Grzbiet
Mumlawski Wierch
Žlabský vrch
1219
Zielony Klin
Hala Szrenicka
Obserwatorium Meteorolog. Uniw. Wrocł.
2,5
U kohouta
Lesní zátiší
Jakšín
1115
Łąka pod Kamiennikiem
Na Hali Szren.
U lana
Kamiennik
1294
Luboch
1295
CZECHY
Prameny Labe
Kamenec
1238
Hraniční louka
Mumlava
Szkła
HARRACHOV
128
Terex-Janovská cesta
Vosecká bouda

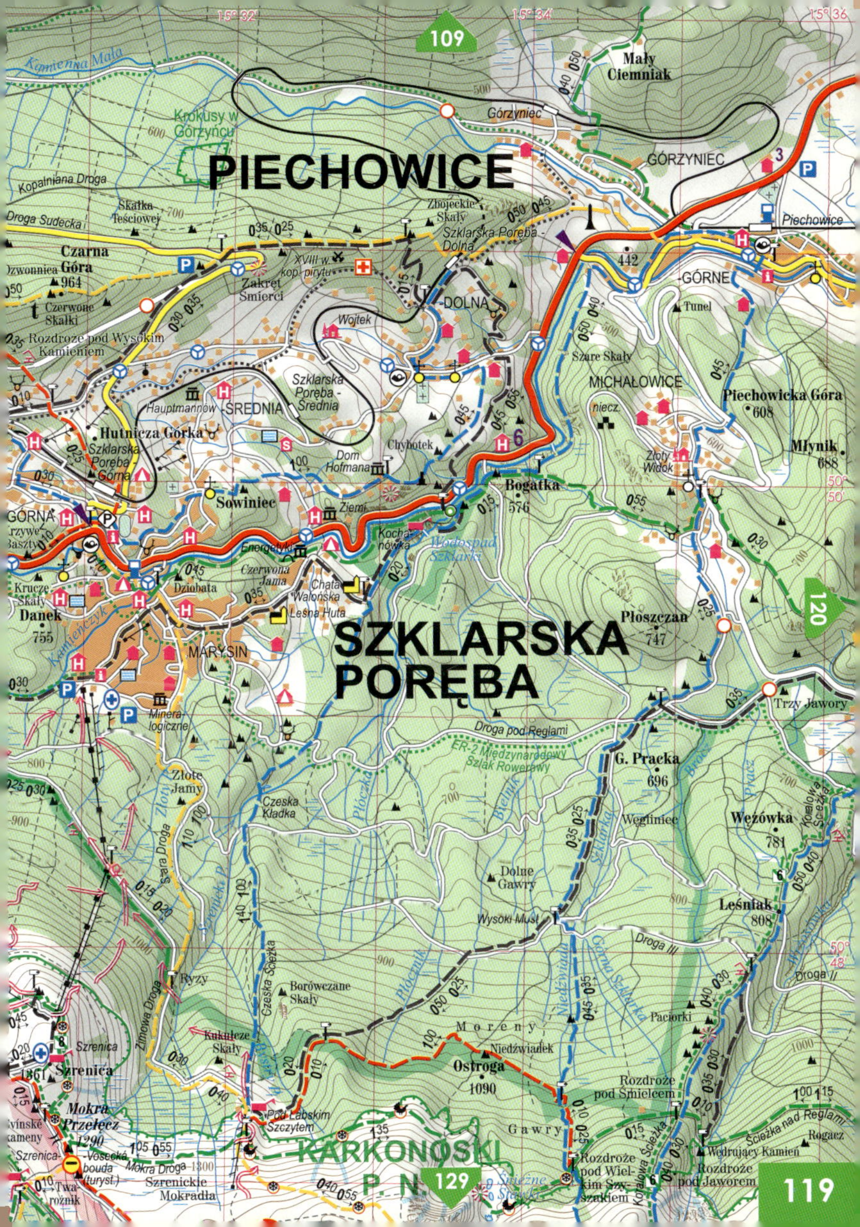
PIECHOWICE
SZKLARSKA PORĘBA
KARKONOSKI P. N.
109
120
129
Mały Ciemniak
Górzyniec
GÓRZYNIEC
Piechowice
Krokusy w Górzyńcu
Kopalniana Droga
Droga Sudecka
Skałka Teściowej
Zbójeckie Skały
Szklarska Poręba - Dolna
Czarna Góra 964
Dzwonnica
Czerwone Skałki
XVIII w. kop. pirytu
Zakręt Śmierci
Rozdroże pod Wysokim Kamieniem
DOLNA
Wojtek
GÓRNE
442
Tunel
Szare Skały
MICHAŁOWICE
Piechowicka Góra 608
Młynik 688
Złoty Widok
Szklarska Poręba - Średnia
Hauptmannów
ŚREDNIA
Hutnicza Górka
Szklarska Poręba Górna
Dom Hofmana
Chybotek
Sowiniec
Ziemi
Bogatka 576
GÓRNA
Krzywe Baszty
Energetyki
Kochanówka
Wodospad Szklarki
Czerwona Jama
Chata Walońska
Leśna Huta
Kruczne Skały
Danek 755
Dziobata
Kamieńczyk
MARYSIN
Płoszczan 747
Trzy Jawory
Mineralogiczne
Droga pod Reglami
ER-2 Międzynarodowy Szlak Rowerowy
G. Pracka 696
Złote Jamy
Czeska Kładka
Płóczka
Bielnik
Sklarka
Węgliniec
Wężówka 781
Sara Droga
Dolne Gawry
Wysoki Muł
Leśniak 808
Droga III
Droga II
Ryzy
Zimowa Droga
Czeska Ścieżka
Borówczane Skały
Płócznik
Niedźwiadki
Górna Sklarka
Paciorki
Moreny
Niedźwiadek
Ostroga 1090
Kukułcze Skały
Szrenica
1361 Szrenica
Mokra Przełęcz 1290
Świńskie Kamieny
Szrenica
Vosecká bouda (turyst.)
Pod Łabskim Szczytem
Mokra Droga
Szrenickie Mokradła
Dwa rozniki
Gawry
Rozdroże pod Śmielcem
Ścieżka nad Reglami
Rogacz
Wędrujący Kamień
Rozdroże pod Jaworem
Rozdroże pod Wielkim Szyszakiem
Koralowa Ścieżka
Śnieżne Stawki
15°32'
15°34'
15°36'
50°50'
50°48'

110
119
130
PIECHOWICE
Ptak
440
PIASTÓW
Mały Ciemniak
Górzyniec
GÓRZYNIEC
PAKOSZÓW
Kamienna
Piechowice
Piechowice Dolne
Jelenia Góra - Sobieszów
Zbójeckie Skały
Szklarska Poręba - Dolna
DOLNA
442
GÓRNE
DOLNE
Schaffgotschów
366
Tunel
Szare Skały
MICHAŁOWICE
Piechowicka Góra
608
Młynik
688
Sobiesz
623
Ostrosz
Przyrodnicze Dyrekcja KPN
Zbójeckie Skały
Chybotek
Bogatka
576
Złoty Widok
Chojnik
627
Trzmielak
Przeł. Żarska
Żar
Żelazny Mostek
Wodospad Szklarki
Grzybowiec
750
Płoszczan
747
Leśne Łąki
582
Przeł. Pod Kopistą
Przeł. Różyckiego
Kopista
681
Kotliska
JAGNIĄTKÓW
Trzy Jawory
dom G. Hauptmanna
Droga pod Reglami
ER-2 Międzynarodowy Szlak Rowerowy
G. Pracka
696
Kopa
Niedźwiedzie Skałki
Szerzawa
706
Koralowa Ścieżka
Węgliniec
Wężówka
781
Malowana Skała
Jeżówka
Huciska
Olszynka
607
Niedźwiednik
625
Czerwień
626
Wdsp. Wrzosówki
Dolne Gawry
Baszty Skalne
Trojan
Leśniak
808
Wysoki Most
Droga III
Droga II
Droga na Dwa Mosty
Moreny
Niedźwiadek
Ostroga
1090
Paciorki
KARKONOSKI P. N.
Nad Czerwienią
Rozdroże pod Śmielcem
Gawry
Pohucie
Ścieżka nad Reglami
Rogacz
Wędrujący Kamień
Rozdroże pod Jaworem
Kozielec
Rozdroże pod Wielkim Szyszakiem
Długi Grzbiet
Hutniczy Grzbiet
Bażynowe Skały
Czerwień

JELENIA GÓRA
111
122
131
Jelenia Góra -Orle
Schaffgotschów
Przyrodnicze
OSIEDLE XX-LECIA
Staniszów
Gołębnik
Chmielnik
422
Witosza
483
454
Czop
450
Staniszów
Wrzosówka
SOBIESZÓW
6,5
Podgórzyńskie Stawy
380
Czubek
Bukowa
458
Grodna
506
sztuczne ruiny XIX w.
401
Zachełmie Dolne
3,5
Podgórzyn-
Marczyce
3
366
24,5
Zbiornik Sosnówka
Wzgórza Łomnickie
1,5
-Dolna
-Dolne
Chełm
Czerwona Jaskinia
Zachełmie
Kucznik
575
Różyckiego
-Górne
Przeł. Zachełmska
500
Skałka
-Górny
Pieczara
Rozpadlisko
Podgórzynka
486
Lisiura
525
Rowerowa Obwodnica Jeleniogórska
Radzicz
4,5
Sosnówka-
6
Polanka
542
Bukowna
Czerwoniak
Przesieka
Walońskí Kamień
Wdsp. Podgórnej
Płonik
683
Polanka
Niedźwiadki
630
Warzelnia
646
Wierzchnica
649
Gajniki
Kazalnica
Ofiarny Kamień
-Górna
Głaśnica
616
Rozdroże pod Grabowcem
Czartowiec
Dzierżby
Złomy
Rozdroże
Patelnia
Grabowiec
785
Skiba
Skiba
749
Raszków
św. Anny
Dobre Źródło
Przełączka
722
Broniów
2
Młynarz
Lubuszanin
Źródło Magdaleny
ER-2
7,5
Droga Sudecka
ofiar obozu jenieckiego
Susz
708
Borowice
Wilczak
708
Jeleni Potok
Babia Ścieżka
Czoło
874
KARPACZ GÓRNY
Nad Przesieką
Droga Chomontowa
Przeł. pod Czołem

JELENIA GÓRA
112
121
132
Staniszów
Sołtysia 430
Staniszówka 441
Gołębnik
Żeleźniak 420
Łomnica
16
Sprzętu Radiolokacyjnego (sez. V-IX)
Krzyżowa Góra 436
Chmielnik 422
Witosza 483
454
Czop 450
Staniszów
Dom Tyrolski
Cesarski
Jedlica
Czubek 380
Wzgórza Łomnickie
Mysłakowice
Bukowa 458
Grodna 506
sztuczne ruiny XIX w.
Zarośla 496
Czerwony Dworek
Marczyce
401
Suchy Świerk
p. nieczynny
Domy Tyrolskie
366
Zbiornik Sosnówka
suchy zbiornik retencyjny
-Dolna
Głębock
Lomnica
Radzicz
Sosnówka-
Czerwoniak
-Górna
Gajniki
Kazalnica
Ofiarny Kamień
Skiba
Skiba 749
Raszków
Rozdroże
Głaśnica 616
Złomy
Dzierżby
Czartowiec
Miłków
p. nieczynny
Sośniak
Patelnia
Rozdroże pod Grabowcem
ruiny szubienicy
św. Anny
Dobre Źródło
Grabowiec 785
Przełączka 722
Lubuszanin
Źródło Magdaleny
Ściegny
Wilczak 708
Jeleni Potok
Babia Ścieżka
Czoło 874
Brzezie Karkonoskie
Łomniczka
KARPACZ GÓRNY
Przeł. pod Czołem
Księża Góra

Rudawski Park Krajobrazowy
Wojanów
Radlica 403
422
p. nieczynny
4,5
113
Rudzik 500
Browarówka 510
Husyckie Skały
Sokolec
Krzyżna Góra 654
Szwajcarka
475
Przeł. Karpnicka
Karpnickie Stawy
Bucznik 451
Willa Aichinger
Karpniki
Mężykowa 543
Droga Królewska
486
Wzgórza Karpnickie
Krogulec
493
Mrowiec 513
dawne założenie parkowe
Amfiteatr Rzymski
Zamek
Lisiak 437
Płonica 507
Staw Kapielnik
Dom Ogrodnika
karczma XVIII w.
Opactwo
świątynia Ateny
367
Bukowiec
Długa Góra
Gruszkowska 535
9,5
124
Staw Ponurej Kapliczki
von Redenów
Skalnik
Gruszków
Popów
Czartowiec 552
Skalna Brama im. Klöbera
Kostrzyca
p. nieczynny
Przeł. Pod Brzeźnikiem 492
Bukowa 552
Średnica
Przeł. Pod Średnicą
Wilczysko
3,5
552
Brzeźnik 557
Wojków
Skarbczyk
Chaty
465
Zameczek Myśliwski
Ciszyca
Nowy Dwór
603
Kalnica
Stary Trakt Kamiennogórski
Złotniki
Park Miniatur Zabytków Dolnego Śląska
KOWARY
st. niecz.
Kowarska Skała
6,5
nieczynna
Źródełko nr 26
st. nieczynna
133
Krzaczyna
Rudawy Janowickie
123

Rudawski Park Krajobrazowy
Rudawy Janowickie
Janowickie Garby
114
123
134
Husyckie Skały
Sokolec
Krzyżna Góra 654
Szwajcarka
Rudzik 500
Browarówka 510
Przeł. Karpnicka 475
Karpnickie Stawy
Willa Aichinger
Karpniki
Jańska G.
Rozdroże pod Jańską G.
Fajka
Bolczów XIV w.
Sucha Góra
Głaziska Janowickie
Skalne Bramy
Malinowa Piec
Skalny Most
Miedziane Skały
Janówka
Husiczy Potok
Lwia Góra
Starościńskie Skały
Mężykowa 543
Strużnica
Sokolik
Świnia Góra
Krogulec
Lisiak 437
Płonica 507
Wołek 878
Dzicza Góra 881
Długa Góra
Gruszkowska 535
Bielec 871
Gruszków
Karpnicki P.
Czartowiec 552
Przeł. Rudawska
Bukowa 552
Średnica
Przeł. Pod Średnicą 595
Wojków
Wilczysko
Skarbczyk
Mała Ostra
Skalnik 945
Kalnica
Konie Apokalipsy
Czartak
709
756
603
Stary Trakt Kamiennogórski
Złotniki
Przeł. Pod Bobrzakiem
Czarnów
Jagoda
367
Kowarska Skała
Bobrzak 839
Rozdroże pod Bobrzakiem
Źródełko nr 26
Kowary Średnie
Wilkowyja 776
Przeł. pod Wilkowyją 724
Liściasta 755
Leszczyniec
15° 52'
15° 54'
15° 56'
50° 52'
50° 50'
50° 48'

Ciechanowice
115
Ciechanowice
ER-6 Międzynarodowy Szlak Rowerowy
Mniszków
XVIII w.
Przybkowice
440
328
nieczynna
Marciszów
Marciszów
Marciszówek
Wieściszowice
586
Purpurowe Jeziorko
Błękitne Jeziorko
Kolorowe Jeziorka
Przełęcz Rędzińska
Rędziny
Zielony Stawek
Wielka Kopa
871
Wybuchy
Góry Lisie
671
638
542
ANTONÓWKA
Raszów
dawna fabryka amunicji
Bystra
653
Kozie Górki
Pisarzowice
135
KAMIENNA GÓRA
GRODZTWO
st. nieczynna
towarowa

116

15° 18'
v n. Souš
15° 20'
CHKO Jizerské ho
JIZERSKÉ HORY
Bučina
868
Bílá Desná
Souš
Knížecí cesta
Zámecké kam.
4,5
888
Na Paloučku
Nýčovy Domky
Václavíkova stud.
822
Novina
796
Novina
Dlouhý kopec
788
Černá Desná
Černá Říčka
Dlauhá skála
868
Černá Říčka
Horní-
Mariánská Hora
290
1,5
Sovin
Albrechtice v Jizerských Horách
Dolní-
Polubný
2,5
Merklov
Kořenov
Hutní hora
762
Sokolí kam.
Morava
Růžodol
Willa Riedla
5
4
Nová Viska
DESNÁ
Desná
Špičák
831
Žďár
Pustiny
Tesařov
3
10
2,5
2,5
Světlá
1,5
Sladká Díra
Hvězda
960
678
TANVALD
Tanvald
1
HORNÍ TANVALD
Sluneční chata
Přichovice
3,5
ŠUMBURK NAD DESNOU
Jírův kopec
746
Dolní Smržovka
1,5
14
Kamenné Mlýny
DOLNÍ SMRŽOVKA
Šout
2,5
Šulíkova sk.
Český Šumburk
Rejdice
Rejdický kopec
816
Skalní brána
Na Stráži
Muchov
787
2,5
10
Kamenice
Palackého cesta
Rejdický p.
Bradlo
690
VELKÉ HAMRY
Zlatník
SVÁROV
Na Rovinách
Navarovska
VEL. HAMRY II
Zlatníky
Vel. Hamry
Bohdalovice
Na Vršich
618
Semilská
Zadní
Zlatníky
Žalamanský p.
Mlýn Zalamáň
Haratice
Zlatá Olešnice
Hampejs
Michovka

HARRACHOV
ROKYTNICE NAD JIZEROU
KRKONOŠSKÝ N. P.
CHKO Jizerské hory
Kořenov
Nový Svět
Mýtiny
Janov
Nad Mýtem 743
Na Mýtě
Anenské údolí
U zatracené
Čertova pláň
Čertova hora 1021
Velký polom
Slalomový svah
Ryžoviště
Šerá struha
Ptačinec 950
Mumlavský vodopád
Mumlavská bouda
Jakšín 1115
U kohouta
U lana
Na vyhlídce
Nad svahem
V zavřeném
Pod svahem
Nad Harrachovou cestou
Harrachova cesta
Krakonošova cesta
Janova cesta
Lyžařská magistrála
Pionýrka
Studená 989
Zlatá vyhlídka
Studenov
Hleďsebe
Na skalkách
Liščí Díra
Hranice
Vilémov
Horní Kout
Letní strana
Hutský potok
Dolní Rokytnice
Zimní strana
Na Koncinách
Stráž 782
Konciny
Paloušův kopec
Malá Rokytnice
Rokytnice nad Jizerou
Zadní Blansko
Přední Blansko
Praškova skála 686
Sklenařice
Tomášovy vrchy 717
Amerika
Makov
Pomník Patriotów
Paseky n. Jizerou
Mechovice 799
Javorník 822
Počátky
Havírna
Obora
Zabyly
Čertova hora
Hromovka 916
Bílá skála 964
chata Hvězda
Rovná cesta
Kapradník 910
cesta Famberka
Na Kamlu 896
Jizerský důl
Tkacka Góra
Stara Droga Celna
Szkla
Narciarstwa
turyst.
Jizera
Mumlava
Kamenice
Tesařovský p.
Klokočný p.
Dlouhý p.
Prudký ručej
Havírenský p.
Zabylská pěšina
15° 24'
15° 26'
50° 46'
50° 44'
117
128
10
14
290
294

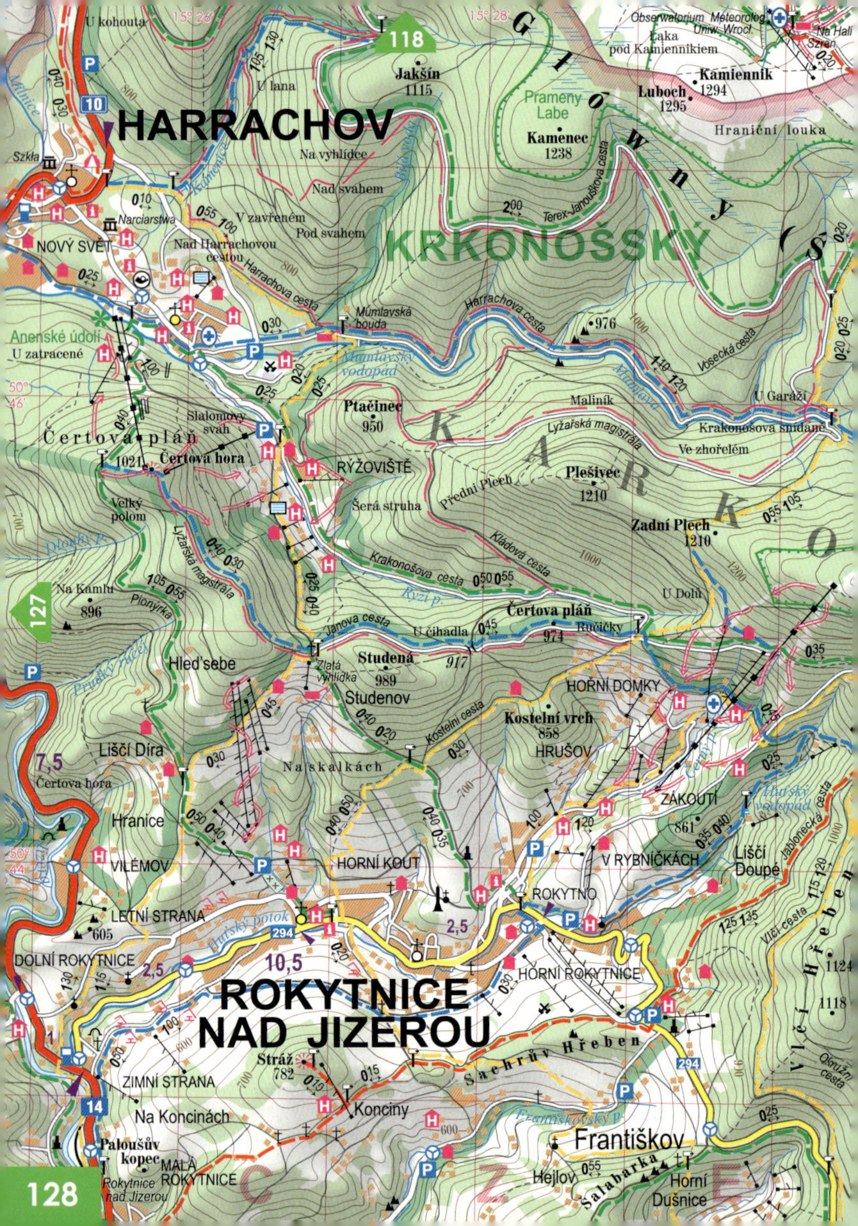
HARRACHOV
ROKYTNICE NAD JIZEROU
KRKONOŠSKÝ
Główny
KARKO
118
127
U kohouta
Jakšín
1115
U lana
Na vyhlídce
Nad svahem
Prameny Labe
Kamenec
1238
Luboch
1295
Kamiennik
1294
Obserwatorium Meteorolog. Uniw. Wrocł.
Łaka pod Kamiennikiem
Na Hali Szren.
Hraniční louka
Terex-Janouškova cesta
Szkła
Narciarstwa
NOVÝ SVĚT
V zavřeném
Pod svahem
Nad Harrachovou cestou
Harrachova cesta
Mumlavská bouda
Mumlavský vodopád
Anenské údolí
U zatracené
Ptačinec
950
Maliník
Lyžařská magistrála
U Garáží
Krakonošova snídaně
Ve zhořelém
Slalomový svah
Čertova pláň
1021
Čertova hora
RÝŽOVIŠTĚ
Šerá struha
Přední Plech
Plešivec
1210
Zadní Plech
1210
Velký polom
Kládová cesta
Krakonošova cesta
Ryzí p.
U Dolu
Na Kamlu
896
Pionýrka
Janova cesta
U čihadla
Čertova pláň
974
Ručičky
Hleďsebe
Zlatá vyhlídka
Studená
989
917
Studenov
HORNÍ DOMKY
Kostelní vrch
858
HRUŠOV
Kostelní cesta
Liščí Díra
Na skalkách
7,5
Čertova hora
Hranice
ZÁKOUTÍ
861
Huťský vodopád
Jablonecká cesta
VILÉMOV
HORNÍ KOUT
V RYBNÍČKÁCH
Liščí Doupě
LETNÍ STRANA
605
ROKYTNO
2,5
Huťský potok
294
DOLNÍ ROKYTNICE
10,5
HORNÍ ROKYTNICE
Vlčí cesta
Vlčí Hřeben
1124
1118
Sachrův Hřeben
Stráž
782
ZIMNÍ STRANA
Konciny
Na Koncinách
Františkov
Palouškův kopec
MALÁ ROKYTNICE
Rokytnice nad Jizerou
Hejlov
Šalabarka
Horní Dušnice
Obsrubní cesta
14
10
CZE

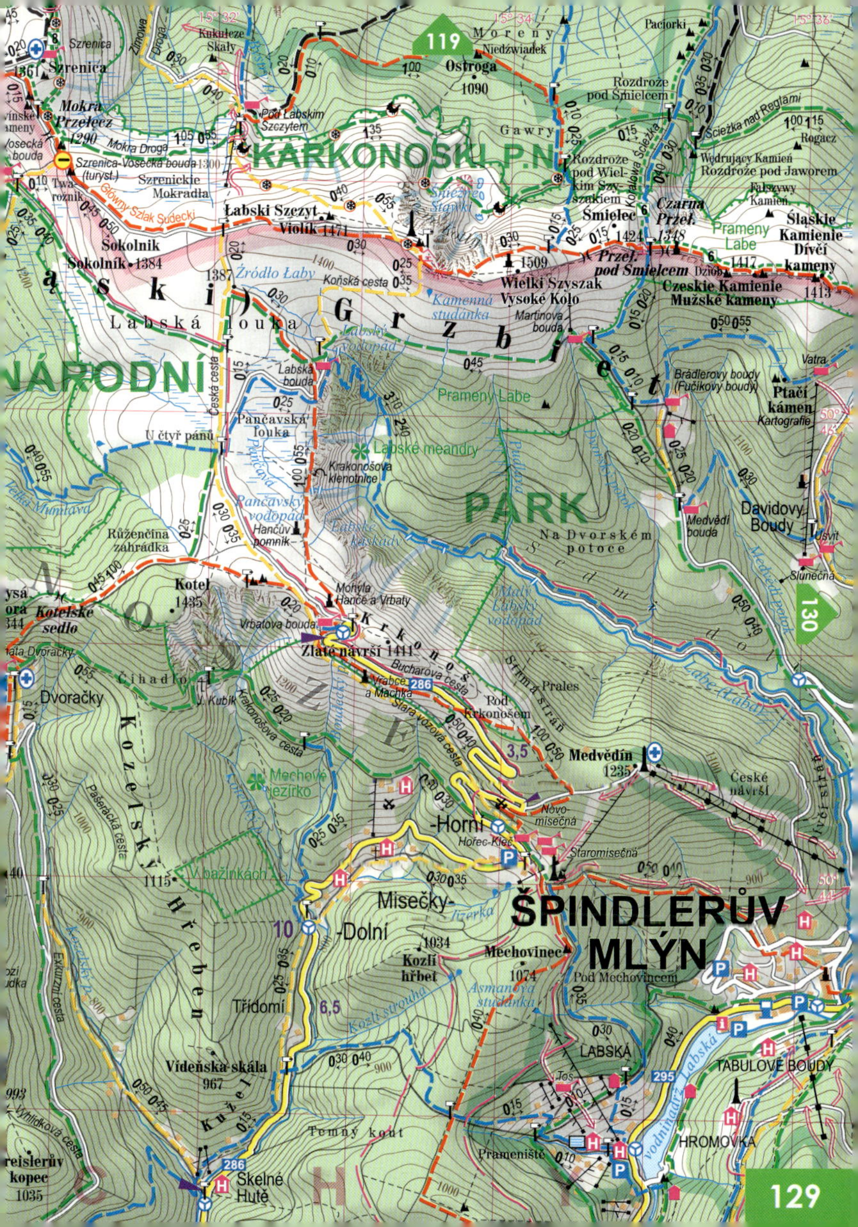
119
130
15° 32'
15° 34'
15° 36'
Szrenica
1361
Mokra Przełęcz
1290
Mokrá Droga
Szrenica-Voseckà bouda (turyst.)
Szrenickie Mokradła
Twa-rożnik
Główny Szlak Sudecki
Sokolnik
Sokolník 1384
Kukułcze Skały
Pod Łabskim Szczytem
Łabski Szczyt
Violík 1471
1387
Źródło Łaby
Kotel
1435
Koňská cesta
Śnieżne Stawki
Ostroga
1090
Moreny
Niedźwiadek
Gawry
KARKONOSKI P.N.
Kamenná studánka
Wielki Szyszak
Vysoké Kolo
1509
Martinova bouda
Rozdroże pod Śmielcem
Rozdroże pod Wielkim Szyszakiem
Śmielec
1424
Czarna Przeł.
1348
Przeł. pod Śmielcem
Ścieżka nad Reglami
Rogacz
Wędrujący Kamień
Rozdroże pod Jaworem
Fałszywy Kamień
Prameny Labe
Śląskie Kamienie
Dívčí kameny
1413
1417
Czeskie Kamienie
Mužské kameny
Paciorki
Labská louka
Grzbiet
NÁRODNÍ
PARK
Labský vodopád
Labská bouda
Prameny Labe
Pančavská louka
Labské meandry
Krakonošova klenotnice
Pančavský vodopád
Hančův pomník
Labské kaskády
U čtyř pánů
Růženčina zahrádka
Bradlerovy boudy (Fučíkovy boudy)
Ptačí kámen
Kartografie
Vatra
Medvědí bouda
Davidovy Boudy
Úsvit
Slunečná
Na Dvorském potoce
Malý Labský vodopád
Mohyla Hanče a Vrbaty
Vrbatova bouda
Zlaté návrší
1411
Krkonoš
Koteľské sedlo
Dvoračky
Čihadlo
J. Kubík
Krakonošova cesta
Bucharova cesta
Vrabce a Machka
Stará vozová cesta
Rod Krkonošem
Prales
Labe (Łaba)
Medvědín
1235
České návrší
Mechové jezírko
Kozelský Hřeben
V bažinkách
1115
Horní
Hořec-Kleč
Novomisečná
Staromisečná
Misečky
Dolní
Jizerka
ŠPINDLERŮV MLÝN
Kozlí hřbet
1034
Mechovinec
1074
Pod Mechovincem
Asmanova studánka
Kozí strouha
Třídomí
Vídeňská skála
967
Kužel
Temný kout
Labská
Tabulové Boudy
Hromovka
Prameniště
Skelné Hutě
286
295
1035
Reislerův kopec
Exkurzní cesta
Pašerácká cesta

120
129
Moreny
Niedźwiadek
Ostroga
1090
Paciorki
Rozdroże pod Śmielcem
Gawry
Ścieżka nad Reglami
Rogacz
Wędrujący Kamień
Rozdroże pod Jaworem
Kozielec
Koralowa Ścieżka
Rozdroże pod Wielkim Szyszakiem
Śnieżne Stawki
Śmielec
Czarna Przeł.
Fałszywy Kamień
KARKONOSKI
PARK
Długi Grzbiet
Hutniczy Grzbiet
Bażynowe Skały
Droga Na Dwa Mosty
Nad Czerwienią
Pohulanka
Czerwień
Sucha Góra
1110
Lew
Wisząca
Wiaterna
Kozacka Droga
Celna Droga
Bielec
Czarne Zbocze
Odrodzenie
Śpindlerova bouda
Mały Szyszak
1436
Mały Šišák
1424
1348
1509
1417
Wielki Szyszak
Vysoké Kolo
Przeł. pod Śmielcem
Dziób
Czeskie Kamienie
Mužské kameny
Śląskie Kamienie
Dívčí kameny
1413
Petrova bouda
Kamenná studánka
Martinova bouda
Prameny Labe
Główny
Grzbiet
Śląski
Brádlerovy boudy (Fučíkovy boudy)
Špindler
Vatra
Moravská bouda
Ptačí kámen
Kartografie
Novopacká
Przełęcz Dołek
1178
Ptasi Kamień
Čihadlo
1215
Przesieka-Špindlerův Mlýn (turyst.)
Przełęcz Karkonoska
1198
Lužická bouda
Erlebachova bouda
Josefova bouda
Pod Šišákem
Davidova cesta
Dvořský potok
Pudlava
Na Dvorském potoce
Medvědí bouda
Davidovy Boudy
Úsvit
Slunečná
Pevnost
1012
Saňkařská dráha
Jeleni Boudy
Mědvědí potok
Malý Labský vodopád
Labe (Łaba)
Bílé Labe
Weberova cesta
Hofmanka
Krkonoš
Bucharova cesta
286
Stará vozová cesta
Pod Krkonošem
Strmá stráň
Prales
Medvědín
1235
Mísečky-Horní
Novomísečná
Hořec-Kleč
Staromísečná
České návrší
Dívčí stráň
U Dívčí lávky
9,5
3,5
Dřevařská cesta
Železný vrch
1321
Kozí hřbety
1318
U Bílého Labe
Kozlí hřbet
1034
Mechovinec
1074
Pod Mechovincem
Asmanova studánka
ŠPINDLERŮV MLÝN
Judeichova cesta
Stará Bucharova cesta
SVATÝ PETR
Cesta Stohem
LABSKÁ
TABULOVÉ BOUDY
295
Tos
vodní nádrž Labská
2,5
Pramenište
HROMOVKA
Nad přehradou
Hromovka
1031
Stoh
Pláň

121
132
Młynarz
Wilczak
708
Borowice
Susz
708
Nad Przesieką
Droga Sudecka
ofiar obozu jenieckiego
Źródło Magdaleny
Babia Ścieżka
Czoło
874
Przeł. pod Czołem
Młyn Miłości
Jeleni Potok
Wdsp. Jodłówki
Jeleniec
Droga Chomontowa
Graniczník
Borówka
Modrzyk
Koleba
KARPACZ GÓRNY
Czarna G.
Wang
Podgórna
Szwedzkie Skały
Wdsp. Myi
Słup
Srebrne Kaskady
Ptasie Skały
Ptasiak
1036
Zamkowe Skały
Zamczysko
Paprotnik
Białe Skały
Pielgrzymy
Ścieżka nad Reglami
Suszyca
1061
Kotki
Polana
Droga B. Czecha
Rozdroże Łomnickie
Turek
1003
Husyckie Szańce
Płasawa
Łomnica
NARODOWY
Tępy Szczyt
1387
Główny Szlak Sudecki
Słonecznik
Wielki Staw
Kozi Mostek
Złoty Stok
Domek Myśliwski Kark. PN
Kompleks Narciarski „Kopa"
Smogornia
1489
Stříbrný hřbet
ruiny schroniska księcia Henryka
Grzbiet
Čertova louka
Čertovo návrší
Čertova stráň
Prameny Úpy
1471
Srebrny Upłaz
Mokré
Strzecha Akademicka
Samotnia
Mały Staw
Śląska Droga
Nad Łomniczką
Kopa
1377
Złote Źródło
Wdsp. Łomniczki
Spalona Strażnica
Pod Śnieżką (Śląski Dom)
Ofiar Gór
Łomniczka
KRKONOŠSKÝ
1433
Równia pod Śnieżką - Luční bouda (turystyczne)
Równia pod Śnieżką
Źródło Úpy
1444
Przeł. pod Śnieżką
1389
Śląski Dom - Luční bouda (turyst.)
Obserwatorium Meteorolog.
Śnieżka
Sněžka
1602
św. Wawrzyńca
Prameny Úpy
Stříbrné návrší
Labe
Weberova cesta
Bílé Labe
NÁRODNÍ
Luční bouda
Úpská rašelina
Rennerova studánka
Rennerův kříž
Pramen Bílého Labe
Bílá louka
Úpská jáma
Dixův kříž
Hřebínky
Železná hora
Luční hora
1555
Památník obětem hor
Prameny Úpy
Studniční hora
1554
Čertův hřeben
Dolní Úpský vodopád
Kovárna
PARK
Modré sedlo
Červenkův kříž
Koňská cesta
Modrá stráň
Lavinový svah
Červenkova mohyla
Svatopetrský p.
Šilhavého kříž
Kavinova deska
Růžová Hora
1390
Studniční Boudy
Obří Důl
Modrý potok
Výrovka
Široký hřbet
Pod Růžovou horu
Zadní Planina
1423
Pod Výrovkou
Modrý Důl
Kavinova cesta
ER-2
7,5
4,5
15° 40'
15° 44'
50° 46'
50° 44'
1000
1200
1300
1400
1500

122
131
Ściegny
366
KARPACZ
Brzezie Karkonoskie
Księża Góra
Western City
SKALNE OSIEDLE
Wilczak 708
Źródło Magdaleny
Babia Ścieżka
Czoło 874
Borowice
Jeleni Potok
Przeł. pod Czołem
Młyn Miłości
Wdsp. Jodłówki
Jeleniec
Droga Chomontowa
KARPACZ GÓRNY
Czarna G.
Wang
st. nieczynna
Sportu i Turystyki
705
Krucze Skały
WILCZA PORĘBA
Suszyca 1061
Kotki
Polana
Droga B. Czecha
Rozdroże Łomnickie
Turek 1003
Husyckie Szańce
Płóczka
Łomnica
KARKONOSKI P.N.
Bystrzyk
Bulawa 880
Granaty
Krukowa
Kozi Mostek
Domek Myśliwski Kark. PN
Złoty Stok
Kompleks Narciarski "Kopa"
Skalny Stół 1285
Śląska Droga
Kopa 1377
Nad Łomniczką
Łomniczka
Mały Staw
Złote Źródło
Wdsp. Łomniczki
Pod Śnieżką (Śląski Dom)
Spalona Strażnica
Ofiar Gór
Sowia Przeł. 1164
Czarna Kopa
Czarny Grzbiet
Obří hřeben
Svorová hora
Jelenka
1444
Przeł. pod Śnieżką 1389
Obserwatorium Meteorolog.
Równia pod Śnieżką
Źródło Úpy
Śląski Dom Luční bouda (turyst.)
Úpská rašelina
Śnieżka Sněžka 1602
sw. Wawrzyńca
Prameny Úpy
Prostřední hora
Źródło Bílého Labe
Bílá louka
Prameny Úpy
Studniční hora 1554
Čertův hřeben
Dixův kříž
Dolní Úpský vodopád
Kovárna
KRKONOŠSKÝ NÁRODNÍ PARK
Koule
Doubravova stezka
Seidlův dů
Lavinový svah
Šilhavého kříž
Kavinova deska
Růžová Hora 1390
Křižový potok
Jelení hora 1171
Studniční Boudy
Obří Důl
Pod Růžovou horu
Modrý Důl
Kavinova cesta
Růžohorky
Tonovy Domky
C Z E C H

KOWARY
15° 48'
15° 50'
15° 52'
123
134
Kowarska Skała
Źródełko nr 26
KRZACZYNA
nieczynna
st. niecz.
st. nieczynna
Niedźwiedzie Skały
Malina
RUDAWY JANOWICKIE
Kowarska Czuba
KOWARY ŚREDNIE
KOWARY GÓRNE
p. nieczynny
Rudnik
853
Ogorzelec
50° 46'
367
Wołowa Góra
1041
Budniki
Tabaczana Ścieżka
Jedlica
PODGÓRZE
Sztolnie Kowarskie
Przełęcz Kowarska
727
Pliszka
786
Czoło
1275
Kowarski Grzbiet
Střecha
Lesní hřeben
Smrčinná stráň
Na Przeł. Okraj
Przeł. Okraj
1046
Sulica
946
Gęślik
Złotna
368
Rozdroże Kowarskie
Pomezní Boudy
przejście drogowe Przełęcz Okraj-Pomezní Boudy
Mokré Jámy
Černá Voda
Nové Domky
296
369
Biały Strumień
Horní Malá Úpa
Rennerovy Boudy
Pomezní hřeben
Grzbiet Lasocki
Borowa
1056
Klatka
50° 44'
Malá Úpa
U Kostela
Łysocina
1188
Lysečinská hora
Rozdroże pod Łysociną
Białe Skały
Kluka
774
Dolní Malá Úpa
Kraví hora
1071
849
ruiny wapiennika
Srebrne Łąki
6,5
6
1,5
5
8

15° 52'
15° 54'
15° 56'
124
Kowarska Skała
Bobrzak
839
Rozdroże pod Bobrzakiem
Czarnów
Jagoda
Źródełko nr 26
st. nieczynna
KOWARY ŚREDNIE
RUDAWY JANOWICKIE
Kowarska Czuba
Rudawski P.K.
Wilkowyja
776
Przeł. pod Wilkowyją
724
Liściasta
755
Leszczyniec
Ptasia
nieczynna
Za Torem
KOWARY GÓRNE
p. nieczynny
Rudnik
853
367
Suszyna
Szarocin
653
Ogorzelec
Radomil
50° 46'
Jedlica
PODGÓRZE
Sztolnie Kowarskie
Przełęcz Kowarska
727
Pliszka
786
133
Nowa Białka
Sulica
946
Gęślik
368
Złotna
Rozdroże Kowarskie
369
Paczyn
Chełmczyk
766
Sudecki Szlak Konny
Biały Strumień
50° 44'
Stankowa
822
Borowa
1056
Klatka
Białe Skały
Kluka
774
Stróża
PTSM
Spękane Skały
Bachorzyna
Jarkowice
Miszkowice
XIV w.
XVIII w.
849
Biała Woda
d. Karczma Książęca
Książęca Kostka
Przednia
608
559
Srebrne Łąki
ruiny wapiennika

Raszów
125
15° 58'
16° 00'
653
Kozie Górki
Pisarzowice
Jaworowa
GRODZTWO
st. nieczynna
KAMIENNA GÓRA
DALESZÓW GÓRNY
nieczynna
367
14
2
3
Bystra
Bóbr
KŁODZKO
Góra Sądowa
538
50° 56'
5
Janiszów
4
Kurek
547
Łysunia
Rudzianka
586
Bania
590
500
Przedwojów
Świerczyna
720
573
1760
towarowa
Długosz
612
Stara Białka
Błażkowa
św. Mateusza
6
Szczodra
612
Skowroniec
9
Anielska Góra
651
600
Długa Góra
Góry Krucze
Główny Szlak Sudecki im. M. Orłowicza
50° 54'
Paprotki
Zadzierna
724
517
P
Pustelnia
683
Czarnogóra
621
566
Kierz
662
482
Zbiornik Bukówka
552
LUBAWKA

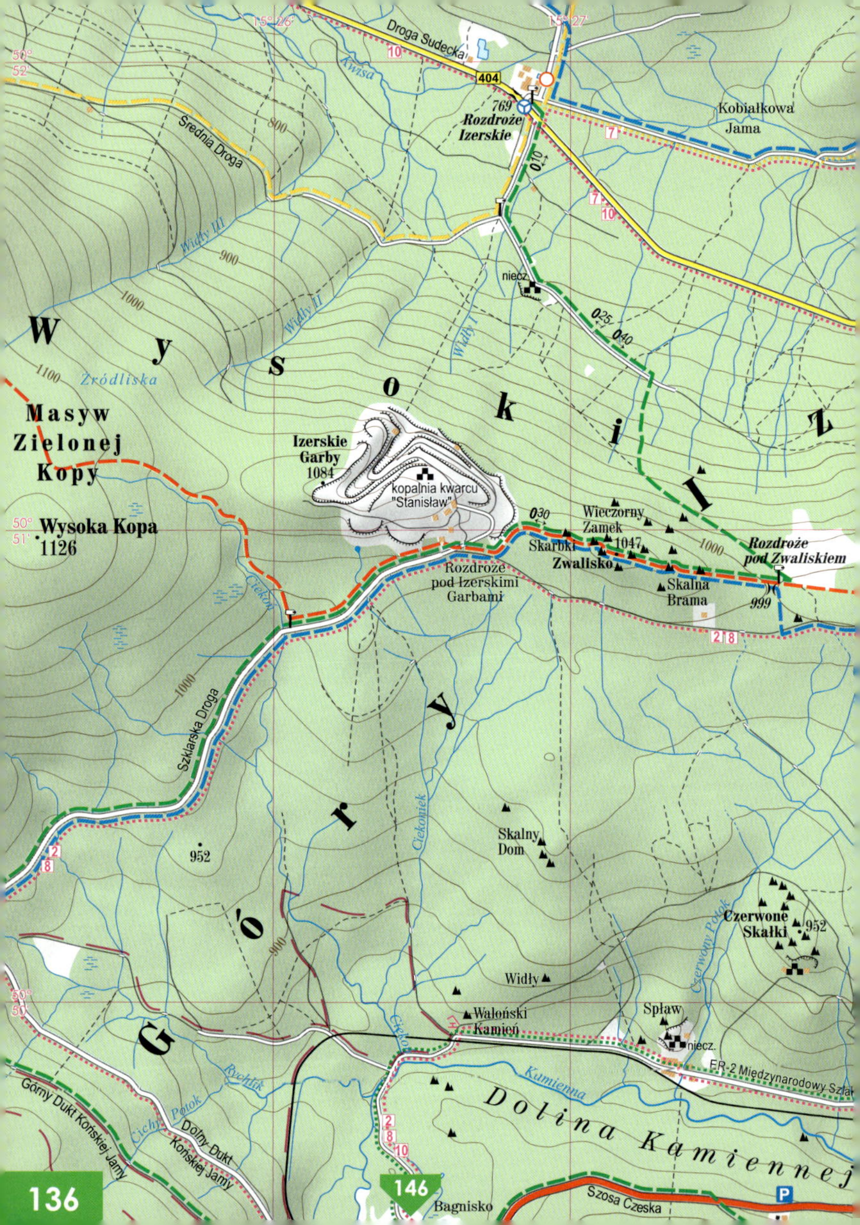

15°26'
15°27'
50° 52'
50° 51'
50° 50'
Droga Sudecka
404
Kwisa
769
Rozdroże Izerskie
Kobiałkowa Jama
Średnia Droga
800
900
1000
1100
Widły III
Widły II
Widły I
niecz.
Wysokie Izery
Źródliska
Masyw Zielonej Kopy
Wysoka Kopa 1126
Izerskie Garby 1084
kopalnia kwarcu "Stanisław"
Wieczorny Zamek
1047
Skarbki
Zwalisko
Rozdroże pod Izerskimi Garbami
Skalna Brama
Rozdroże pod Zwaliskiem
999
Ciekoń
Szklarska Droga
Góry
952
Ciekoniek
Skalny Dom
Czerwone Skałki
952
Czerwony Potok
Widły
Wałoński Kamień
Spław
niecz.
ER-2 Międzynarodowy Szlak
Kamienna
Rychlik
Cichy Potok
Górny Dukt Końskiej Jamy
Dolny Dukt Końskiej Jamy
Dolina Kamiennej
Szosa Czeska
Bagnisko
P

146

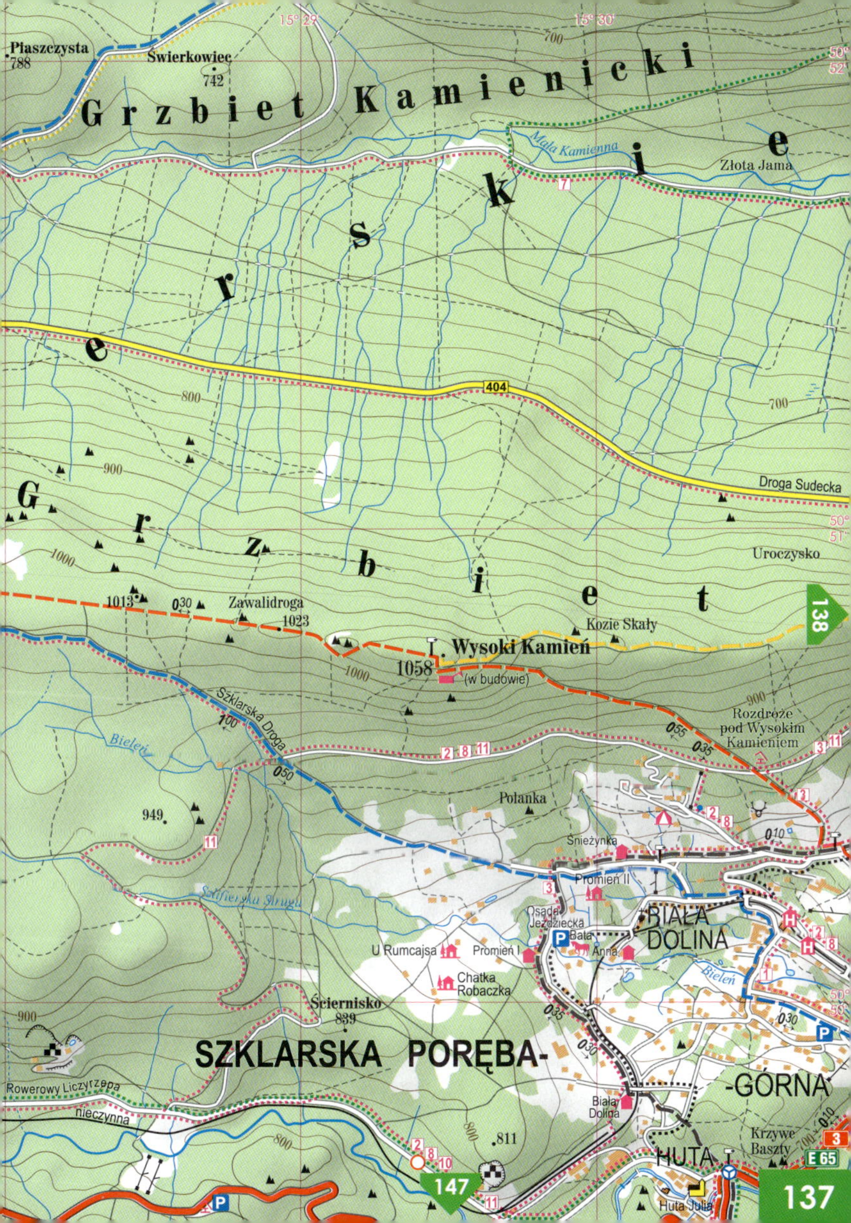
15° 29'
15° 30'
50° 52'
50° 51'
50° 50'
Płaszczysta 788
Świerkowiec 742
700
Grzbiet Kamienicki
Mała Kamienna
Złota Jama
7
Karkonosze
Grzbiet
404
Droga Sudecka
800
900
1000
700
Uroczysko
1013
0.30
Zawalidroga 1023
Kozie Skały
Wysoki Kamień
1058
(w budowie)
138
900
Rozdroże pod Wysokim Kamieniem
Szklarska Droga
1.00
Bieleń
2 8 11
0.55
0.35
0.50
3 11
13
Polanka
949.
11
2 8
0.10
Śnieżynka
Promień II
3
Szklarska Struga
Osada Jeździecka
Biała
Anna
BIAŁA DOLINA
U Rumcajsa
Promień I
Chatka Robaczka
Bieleń
2 8
1
Ścierniska 839
0.35
0.30
0.30
900
SZKLARSKA PORĘBA-
-GÓRNA
Rowerowy Liczyrzepa
nieczynna
Biała Dolina
800
.811
2 8 10
147
11
800
Krzywe Baszty
0.10
700
3
HUTA
E 65
Huta Julia

15° 31'
15° 32'
15° 33'
50° 52'
50° 51'
50° 50'
Sarnia Nóżka
Grzbiet Kamienicki
600
Złota Jama
Piaskowy Most
Rowerowa Obwodnica Jeleniogórska
Kościelny Mostek
500
Góry Izerskie
Rezerwat Krokusy w Górzyńcu
700
Kopalniana Droga
Droga Sudecka
Skałka Teściowej
Uroczysko
Zakręt Śmierci
dawna kopalnia pirytu
Izerskie Centrum Pulmonologii i Chemioterapii
Spokój
Czarna Góra 964
137
Dzwonnica
Czerwone Skałki
Słoneczna
Czarna Skała
900
800
Rozdroże pod Wysokim Kamieniem
Szklarski Potok
Kępa 692
Niepokal. Serca NMP
Kuratorium Zielona Góra
Hauptmannów
-ŚREDNIA
PKP Szklarska Poręba Średnia
Hutnicza Górka 771
404
PKP Szklarska Poręba Górna
Białe Skały
Czeska Struga
SZKLARSKA PORĘBA-
Gród Karkonosza
Dom W. Hofmana
Złoty Widok
Sowie Skały
676
SIEDMIOGRÓD
Schr. Kochanówka
Okap
Ptak
Wodospad Szklarki
Szklarz
KARKONOSKI P. N.
-GÓRNA
Policja
Urz. Miejski
Krzywe Baszty
E 65
TAXI
Dworzec PKS
148
Kamienna
Piekielnik
Skalnica 680
SZKLARKA
Stara Chata Walońska
Lisie Skały

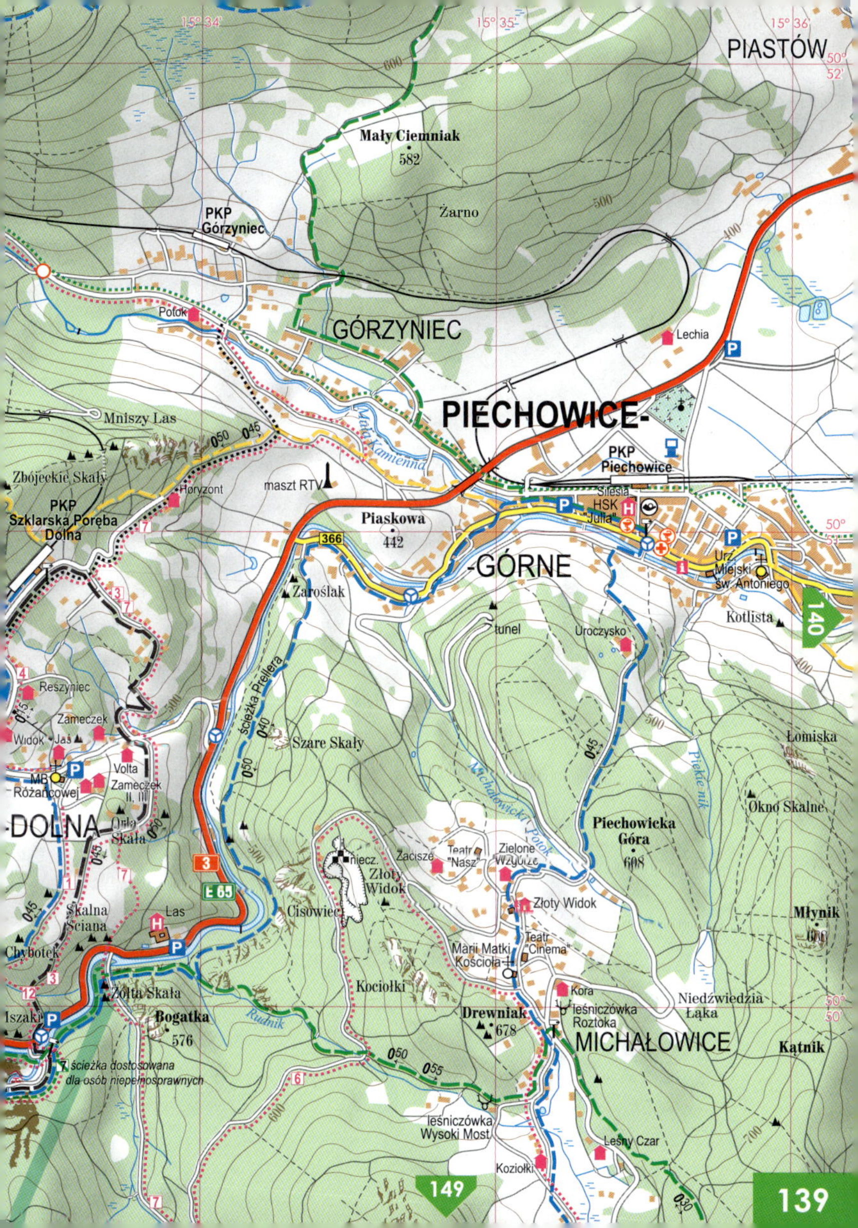
15° 34'
15° 35'
15° 36'
PIASTÓW
50° 52'
Mały Ciemniak
582
Żarno
PKP Górzyniec
Potok
GÓRZYNIEC
Lechia
PIECHOWICE-
-GÓRNE
Mniszy Las
Mała Kamienna
maszt RTV
Zbójeckie Skały
PKP Szklarska Poręba Dolna
Horyzont
PKP Piechowice
Silesia
HSK
"Julia"
Piaskowa
442
366
Zaroślak
tunel
Uroczysko
Urz. Miejski
św. Antoniego
Kotlista
140
Reszyniec
Zameczek
Widok
Jaś
Volta
MB Różańcowej
Zameczek II, III
DOLNA
Orla Skała
ścieżka Prellera
Szare Skały
Michałowicki Potok
Piekielnik
Łomiska
Okno Skalne
Piechowicka Góra
608
Zacisze
Teatr "Nasz"
Zielone Wzgórze
Złoty Widok
Cisowiec
Młynik
Skalna Ściana
Las
Chybotek
Marii Matki Kościoła
Teatr "Cinema"
Kociołki
Kora
Niedźwiedzia Łąka
Żółta Skała
Bogatka
576
Drewniak
678
leśniczówka Roztoka
MICHAŁOWICE
Kątnik
Rudnik
ścieżka dostosowana dla osób niepełnosprawnych
leśniczówka Wysoki Most
Leśny Czar
Koziołki
149
E 65
3

15° 36'
15° 37'
15° 38'
50° 52'
50° 51'
50° 50'
PIASTÓW
E 65
3
Ptak
440
Bożego Ciała
400
PAKOSZÓW
Kamienna
leśniczówka Michałowice
Rowerowa Obwodnica Jeleniogórska
PIECHOWICE-
-DOLNE
PKP Piechowice Dolne
św. Antoniego
139
Kotlista
700-letni cis
Najśw. Serca Pana Jezusa
Pałac Schaffgotschów
św. Marcina
366
SOBIESZÓW
Piotrowe Skały
sztolnie
Cichy Potok
Łomiska
Okno Skalne
Cicha Dolina
500
Ostrosz
506
Muzeum Przyrodnicze Karkonoskiego PN (Dyrekcja Karkonoskiego PN)
Sobiesz
623
600
Młynik
688
Przełęcz Cmentarzyk
590
Głazowisko
ruiny zamku
Ścieżka Kunegundy
Piekielna Dolina
Głazisko
Przełęcz Żarska
588
Katnik
Gromiska
647
Trzmielak
Żar
686
Wrzosówka
Pogórze Karkonoskie
150
Pod Dębami
JAGNIĄTKÓW

15°39'
15°40'
15°41'
50°52'
50°51'
50°50'
PKP Jelenia Góra-Orle
suchy zbiornik przeciwpowodziowy
OSIEDLE ORLE
CIEPLICE
św. Jana Chrzc.
Królowa Marysieńka
ewang.
Zespół poklasztorny
Pałac Schaffgotschów (filia Politechniki Wrocł.)
Cieplice
Bis
Park Zdrojowy
Sanatorium Agat MSWiA
Wrzosówka
Kamienna
MB Miłosierdzia
OSIEDLE XX-LECIA
Muzeum Przyrodnicze
Park Norweski
JELENIA GÓRA
Kamienna Żabka
suchy zbiornik przeciwpowodziowy
Wrzosówka
PKP Jelenia Góra-Sobieszów
Chojnik
Cygańskie Skałki
Czerwonka
Staw Kresowy
142
Podgórzyńskie Stawy Hodowlane
Lisie Doły
Staw Leśny
366
Zbójeckie Skały
Zbójecka Grota
Skalny Grzyb
KARKONOSKI P. N.
Chojnik
Schronisko Chojnik
Piekielny Kamień
Złota Jama
Pod Szalonym Koniem
Podzamcze
Podgórna
Nad Stawami
Św. Trójcy
Policja
Urząd Gminy
NMP
-Dolny
366
Zachełmiec
Zachełmie-
Chełm 490
Srebrny Widok
-Dolne
Dolina Choińca
Choiniec
Żelazny Mostek
Czerwona Jaskinia
Pod Zwariowanym Koniem
151
Studnik 505
Podgórzyn-
0:20
0:15
0:10
0:10
0:25
1:00
0:50
0:40
0:30
400
500

JELENIA GÓRA
OSIEDLE WIDOK
OSIEDLE XX-LECIA
Kamienna
Lutynka
Sołtysia
430
370
400
MB Miłosierdzia
Staniszów Dolny
Kamienna Żabka
Chmielnik
422
Bukowiec
416
Gaik
461
Przem. Pańskiego
Czubek
380
Skopiec
425
Staw Kresowy
Podgórzyńskie Stawy Hodowlane
Staw Krowi
Polska Górka
Lisie Doły
Bukowa
458
Staw Leśny
Czerwonka
401
Marczyce
Lewisko
Urwisko
Zamek ks. Henryka (sztuczne ruiny)
506
Grodna
Skalna Ściana
Monte Cassino
366
Podgórzyn
Zbiornik Sosnówka
010
055
105
045
035
040
030
141
142
152

15°45'
15°46'
50°52'
50°51'
50°50'
Staniszówka
441
Garby
428
CZARNE
421
Gołębnik
448
Popiel
Lipowa
Żeleźniak
424
454
Pustelnia
Witosza
483
Skalna Komora
Wzgórza Łomnickie
Krzyżowa Góra
436
Kamienna Altana
Chata za wsią
367
Sprzętu Radiolokacyjnego (sez. V-IX)
397
Czop
450
Staniszów Górny
Pałac Staniszów
Łupinka
dom tyrolski
Pałac Cesarski
pomnik J. Fiedla
Mysłakowice
Najśw. Serca Pana Jezusa
Czerwoniak
459
496
Zaroślak
suchy zbiornik retencyjny
Głębocka Struga
Czerwony Dworek
Suchy Świerk
426
suchy zbiornik przeciwpowodziowy
Łomnica
474
Głębock
153
144

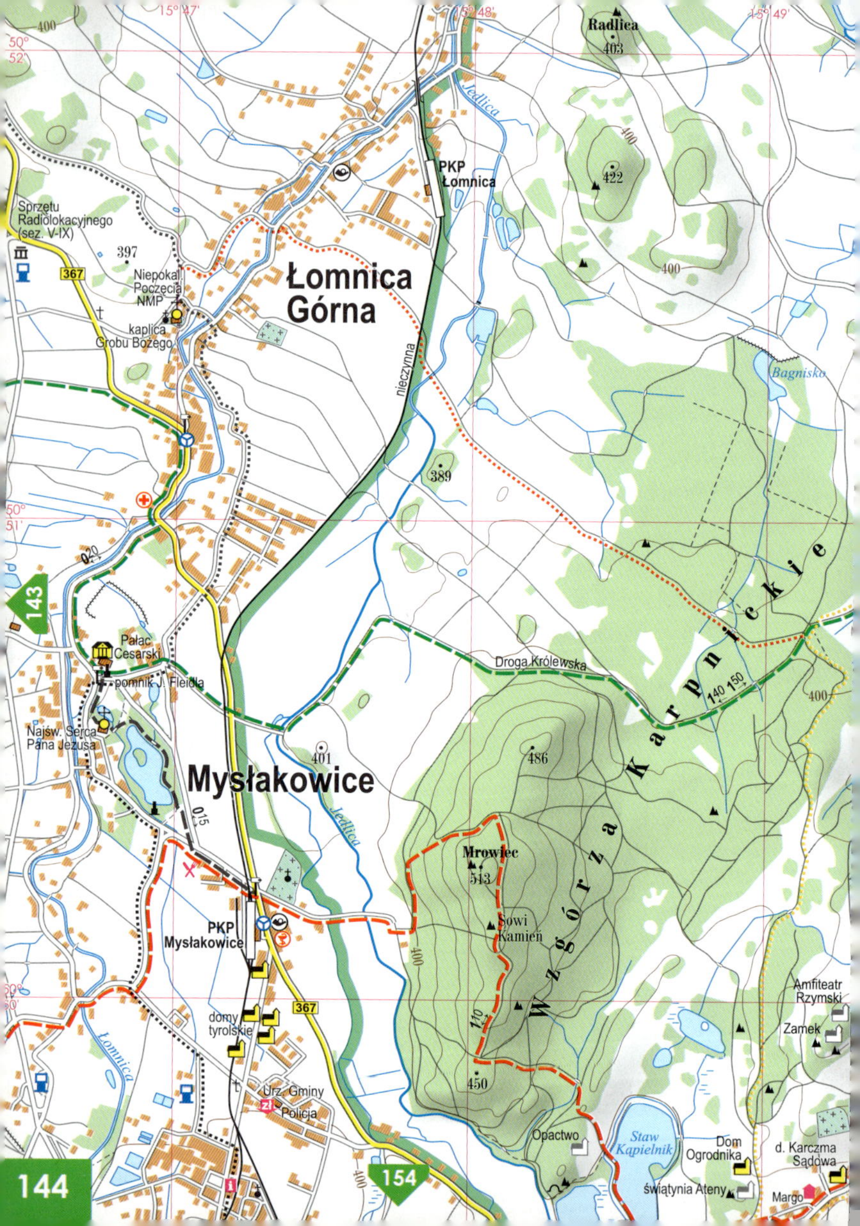
15° 47'
15° 48'
15° 49'
50° 52'
50° 51'
50° 50'
Radlica
403
422
400
Jedlica
PKP Łomnica
Sprzętu Radiolokacyjnego (sez. V-IX)
397
367
Niepokal. Poczęcia NMP
kaplica Grobu Bożego
Łomnica Górna
nieczynna
Bagnisko
389
143
Pałac Cesarski
pomnik J. Fleidla
Najśw. Serca Pana Jezusa
Droga Królewska
Wzgórza Karpnickie
486
401
Mysłakowice
Mrowiec
513
Sowi Kamień
PKP Mysłakowice
domy tyrolskie
Łomnica
Urz. Gminy
Policja
450
Amfiteatr Rzymski
Zamek
Opactwo
Staw Kapielnik
Dom Ogrodnika
d. Karczma Sądowa
świątynia Ateny
Margo
154

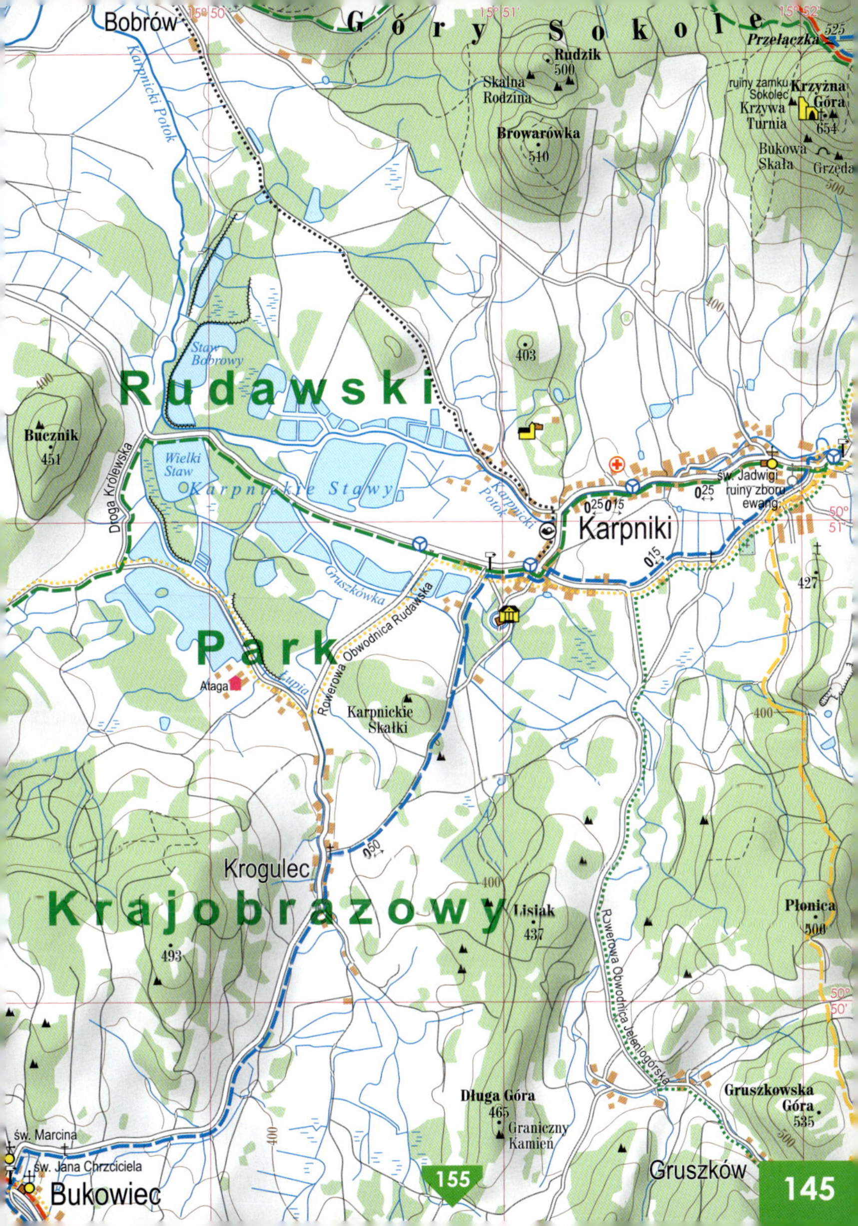
Góry Sokole
Bobrów
Karpnicki Potok
15°50'
15°51'
15°52'
Przełączka
525
Rudzik
500
Skalna Rodzina
ruiny zamku Sokolec
Krzyżna Góra
654
Krzywa Turnia
Browarówka
510
Bukowa Skała
Grzęda
500
400
403
Staw Bobrowy
Rudawski
Bucznik
451
Droga Królewska
Wielki Staw
Karpnickie Stawy
Karpnicki Potok
św. Jadwigi
ruiny zboru ewang.
0 25
0 15
Karpniki
50° 51'
Gruszkówka
Rowerowa Obwodnica Rudawska
427
Park
Ataga
Łupia
Karpnickie Skałki
Krogulec
0 50
Krajobrazowy
Lisiak
437
Płonica
500
493
Rowerowa Obwodnica Jeleniogórska
50° 50'
Długa Góra
465
Graniczny Kamień
Gruszkowska Góra
535
św. Marcina
św. Jana Chrzciciela
Bukowiec
Gruszków
155

136
Dolina Kamiennej
Kamienna
Szosa Czeska
Cichy Potok
Dolny Dukt Końskiej Jamy
Górny Dukt Końskiej Jamy
990
983
Bagnisko
leśniczówka Orle/Złotnik
Ptasie Gniazda
Babiniec
998
Gospoda Graniczna
JAKUSZYCE
886
Przełęcz Szklarska
Polana Jakuszycka
Ośr. Szkoleniowy Polskiego Związku Biathlonu
Kocierz
929
Ośrodek Narciarstwa Biegowego
Mielnica
Kocieniec
Jakuszyce-Harrachov
nieczynna
Novosvětský průsmyk
E 65
Torfowisko pod Kamiennikiem
Kamenné návrší
Grzbiet Główny (Śląski)
KRKONOŠSKÝ N. P.
Polom
Mrtvý vrch
1059
Alfrédka
Buková paseka
Na čihadlech
Bílý vrch
1033
Spáleniště
Stará celní cesta
U kohouta
Lesní zátiší
Kamenice
Jakšín
1115
U lana
CZECHY
156

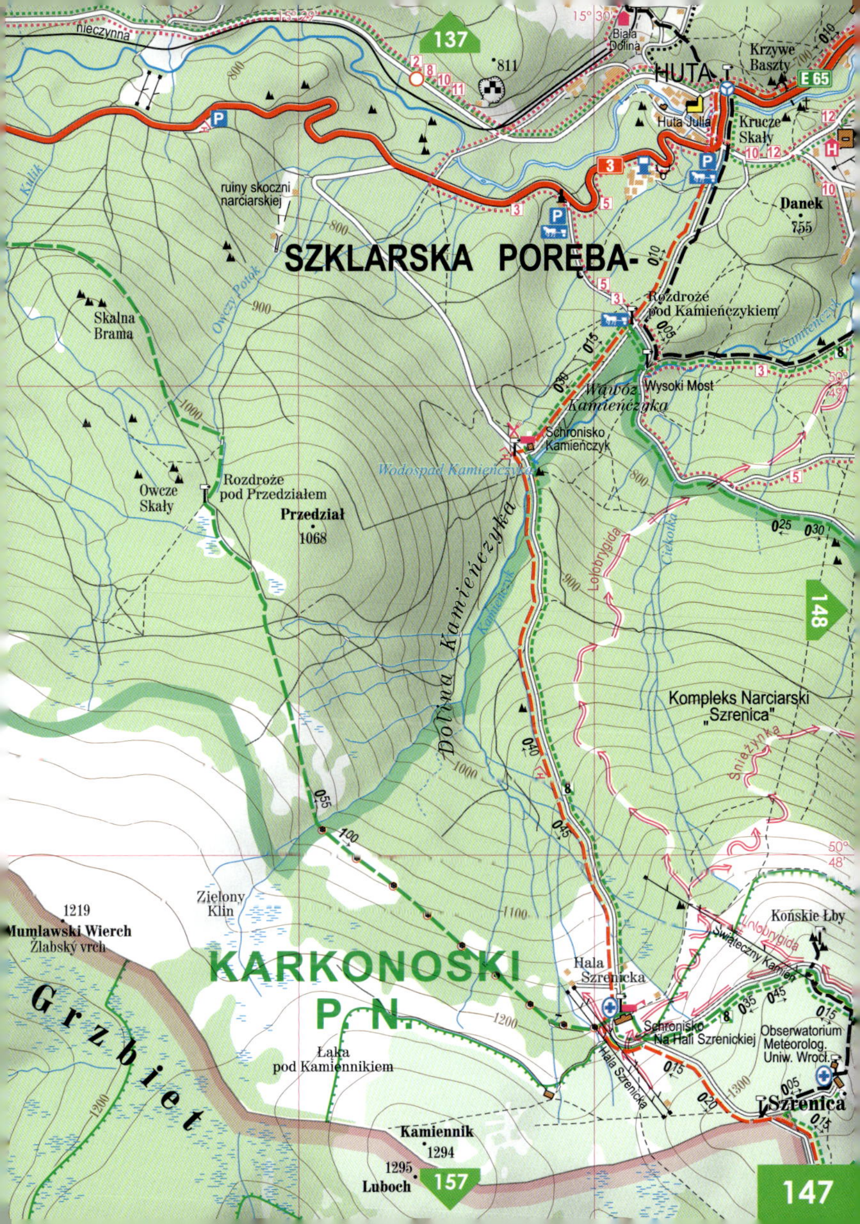
nieczynna
137
811
Biała Dolina
15° 30'
HUTA
Krzywe Baszty
E 65
Huta Julia
Krucze Skały
Kulik
ruiny skoczni narciarskiej
SZKLARSKA PORĘBA-
Danek
755
Owczy Potok
Skalna Brama
Rozdroże pod Kamieńczykiem
Kamieńczyk
Wąwóz Kamieńczyka
Wysoki Most
Schronisko Kamieńczyk
Wodospad Kamieńczyka
Owcze Skały
Rozdroże pod Przedziałem
Przedział
1068
Łolobrygida
Ciekotka
148
Dolina Kamieńczyka
Kompleks Narciarski "Szrenica"
Śnieżynka
Zielony Klin
1219
Mumlawski Wierch
Žlabský vrch
KARKONOSKI P. N.
Końskie Łby
Świąteczny Kamień
Hala Szrenicka
Schronisko Na Hali Szrenickiej
Obserwatorium Meteorolog. Uniw. Wrocł.
Grzbiet
Łąka pod Kamiennikiem
Szrenica
Kamiennik
1294
1295
Luboch
157

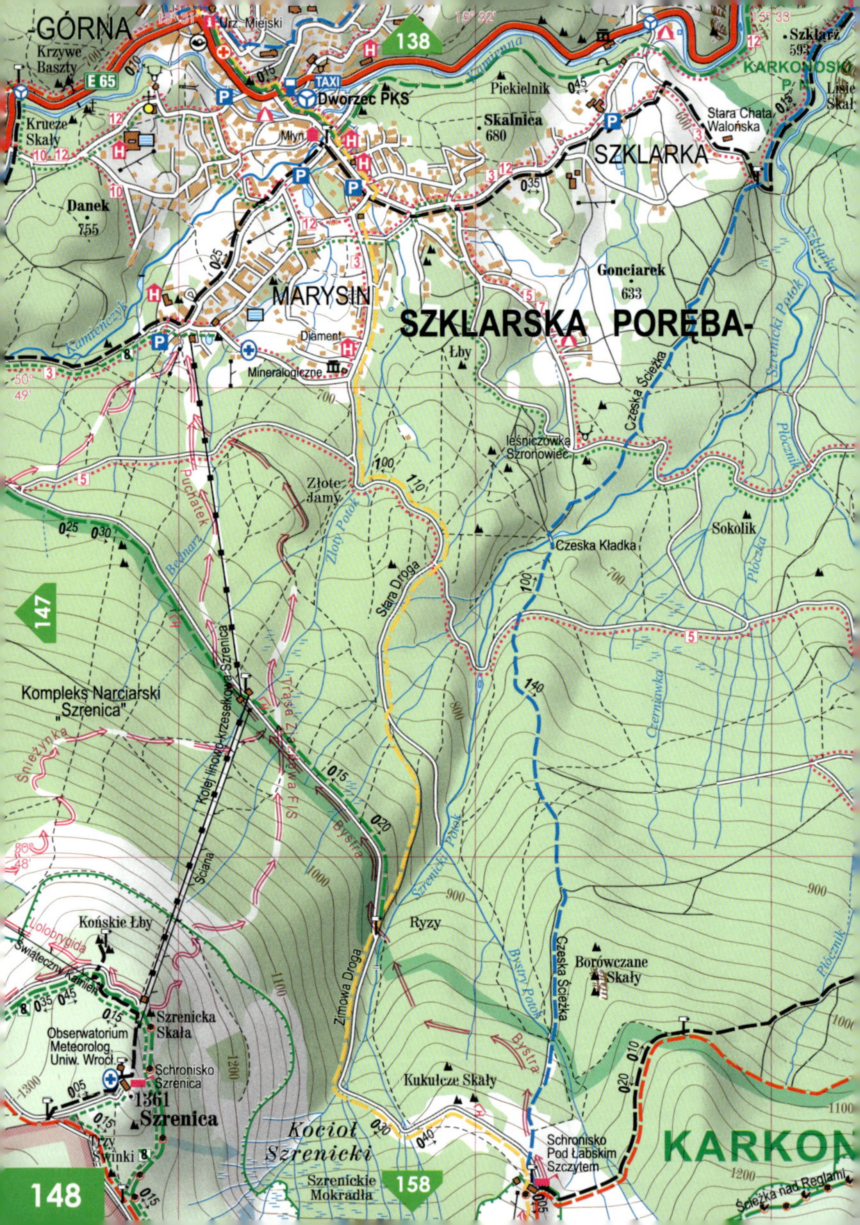
GÓRNA
Krzywe Baszty
Urz. Miejski
138
Krucze Skały
TAXI
Dworzec PKS
Piekielnik
Skalnica
680
Szklarz
593
KARKONOSKI
Lisie Skały
Stara Chata Walońska
Młyn
SZKLARKA
Danek
755
MARYSIN
Gonciarek
633
SZKLARSKA PORĘBA
Diament
Łby
Mineralogiczne
Kamieńczyk
Czeska Ścieżka
Szklarka
Szrenicki Potok
leśniczówka Szronowiec
Złote Jamy
Puchatek
Bednarz
Złoty Potok
Stara Droga
Czeska Kładka
Sokolik
Płocznik
Płóczka
147
Kompleks Narciarski "Szrenica"
Kolej linowo-krzesełkowa Szrenica
Trasa Zjazdowa FIS
Śnieżynka
Czerniawka
Bystra
Ściana
Ryzy
Zimowa Droga
Końskie Łby
Lolobrygida
Świąteczny Kamień
Szrenicka Skała
Obserwatorium Meteorolog. Uniw. Wrocł.
Schronisko Szrenica
1361
Szrenica
Bystry Potok
Borówczane Skały
Kukułcze Skały
Kocioł Szrenicki
Trzy Świnki
Szrenickie Mokradła
158
Schronisko Pod Łabskim Szczytem
KARKON
Ścieżka nad Reglami
E 65

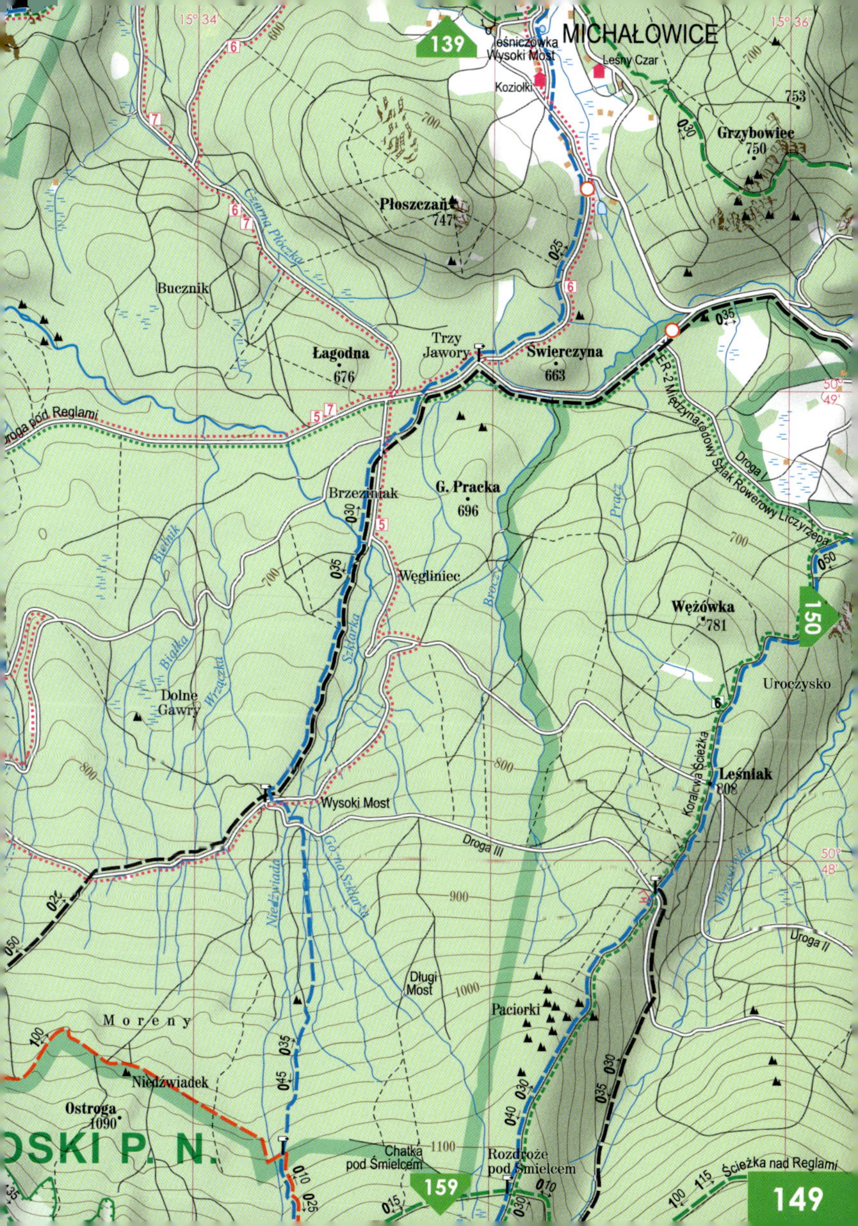
MICHAŁOWICE
139
Leśniczówka Wysoki Most
Leśny Czar
Koziołki
Grzybowiec
753
750
Płoszczań
747
Czarna Płóczka
Bucznik
Trzy Jawory
Świerczyna
663
Łagodna
676
Droga pod Reglami
Międzynarodowy Szlak Rowerowy Liczyrzepa
Droga I
Brzeziniak
G. Pracka
696
Węgliniec
Broczek
Prącz
Bielnik
Białka
Wrzączka
Sklarka
Dolne Gawry
Wężówka
781
150
Uroczysko
Koralowa Ścieżka
Leśniak
808
Wysoki Most
Droga III
Górna Sklarka
Niedźwiadka
Wrzosówka
Droga II
Długi Most
Paciorki
Moreny
Niedźwiadek
Ostroga
1090
OSKI P. N.
Chatka pod Śmielcem
Rozdroże pod Śmielcem
159
Ścieżka nad Reglami
15° 34'
15° 36'
50° 49'
50° 48'

15° 36'
15° 38'
Trzmielak
647
140
Pogórze
Żar
686
753
Grzybowiec
750
Skarbczyk
Pod Dębami
Wrzosówka
Leśne Łąki
582
Przełęcz Pod Kopistą
Miłosierdzia Bożego
Krokus
Sośnik
650
JAGNIĄTKÓW
Brocz
600
Relax
Kotliska
Kopista
681
Borowik
dom G. Hauptmanna
50° 49'
Sopot
Szerzawa
706
Karkonoski
Koralowa Ścieżka
ER-2 Międzynarodowy Szlak Rowerowy Liczyrzepa
Padół Środ
Droga pod Reglami
700
Malowana Skała
Olszynka
607
Wodospad Wrzosówki
Koralowa Ścieżka
149
Huciska
Jeżówka
Niedźwiednik
625
Baszty Skalne
Uroczysko
Czerwień
626
Trojan
Droga na Dwa Mosty
Ziębnik
KARKONOSKI PARK NARODOWY
800
50° 48'
Droga II
900
Petrówka
Polski Potok
Długi Grzbiet
Nad Czerwienią
Droga Na Dwa Mosty
Ścieżka nad Reglami
Pohucie
160

15° 39'
15° 40'
15° 41'
50° 49'
50° 48'
141
152
161
Chełm
490
Srebrny Widok
-Dolne
Podgórzyn-
Zachełmie-
-Górny
-Górne
Przesieka
Borowice
Dolina Choinca
Żelazny Mostek
Czerwona Jaskinia
Pod Zwariowanym Koniem
Studnik
505
Rudzianki
591
Przełęcz L. Różyckiego
540
dom L. Różyckiego
Amanda
Kucznik
575
Rozpadlisko
Podgórzynka
486
Skałka
Pieczara
Cichy Potok
Kopa
665
Przełęcz Zachełmska
585
Niedźwiedzie Skałki
Karłowiczówka
Przesiecka Góra
610
590
Schodki
Willa Polanka
Karolinka
Karkonoskie
Bukowna
542
Czerwień
Zielona Gospoda
Malwa
Dziurawa Skała
Kacza
Łucznik
Warszawianka
Zorza
Mimoza
Polanka
Pogórskie
Walońskі Kamień
Chybotek
Na Wzgórzu
Grażyna
Kaliniec
Złoty Widok
Szachownica
Szermierz
Wodospad Podgórnej
Kaskady
Chybotek
Wierzchnica
649
Płonik
683
Podgórna
Polanka
630
Dolina Czerwienia
Niedźwiadki
Myja
Droga Sudecka
ER-2 Międzynarodowy Szlak Rowerowy Liczyrzepa
cmentarz ofiar obozu jenieckiego w Borowicach
Celna Droga
Nad Przesieką
Susz
708
Mostowa
Droga Chomontowa

Podgórzyn
Zbiornik Sosnówka
142
15° 42'
15° 43'
366
Rozpadlisko
Rowerowa Obwodnica Jeleniogórska
Podgórzynka
486
Lisiura
525
Żeglarz
św. Marcina
MB Ostrobramskiej
-Dolna
Radzicz
Skorpion
Unitral
Sośniak
Sosna
400
Czerwonka
Zimna Dolina
Bukowna
542
Sosnówka-
500
Czerwoniak
Czerwona Dolina
Polanka
151
Pogańska
Krasnoludki
-Górna
Maria
Rozdroże
Gajniki
632
Kazalnica
Społem
Ofiarny Kamień
Śnieżna Kopa
Skiba
Warzelnia
646
649
Wierzchnica
Broniów
600
Babia Ścieżka
Patelnia
Mała
Dobre Źródło
kaplica św. Anny
50° 48'
50° 49'
Łokietek
Skiba
749
Przełączka
722
Lubuszanin
Źródło Magdaleny
Raszków
700
Młynarz
668
Limba
Kacza
Borowice
Borowickie Skałki
Wilczak
708
Hottur-Opolanin
MB Fatimskie
Jeleni Potok
Dolina Pięciu Potoków
162
Hottur-Karkonosze
Skalnik
Międzynarodowy Szlak Rowerowy Liczyrzepa
ER-2
800
Wieżyce
874
Czoło
Babia Ścieżka

15° 45'
15° 46'
143
154
163
Głębock
474
Główny Szlak Sudecki
Rowerowa Obwodnica Jeleniogórska
400
105
100
Nostalgia
Milkówka
Łomnica
Leśny Bank Genów
50°
49'
366
Pałac Spiż
PKP Milków
św. Jadwigi
ruiny zboru ewang.
Stokrotka
500
Złomy
Głaśnica
616
Dzierzby
Dolina
Czartowiec
651
Rozdroże pod Grabowcem
Miłków
0 15
0 20
0 15
785
Grabowiec
0 45
0 30
1.10
0 55
nieczynna
ruiny szubienicy
474
Straconka
Skałka
50°
48'
Dolina Husyckie Kąty
600
700
500
Anna
ruiny skoczni narciarskiej
Łomniczka
św. Józefa Robotnika
Ściegny
Brzezie Karkonoskie
0 40
Strzelec
751
Strzelczyk

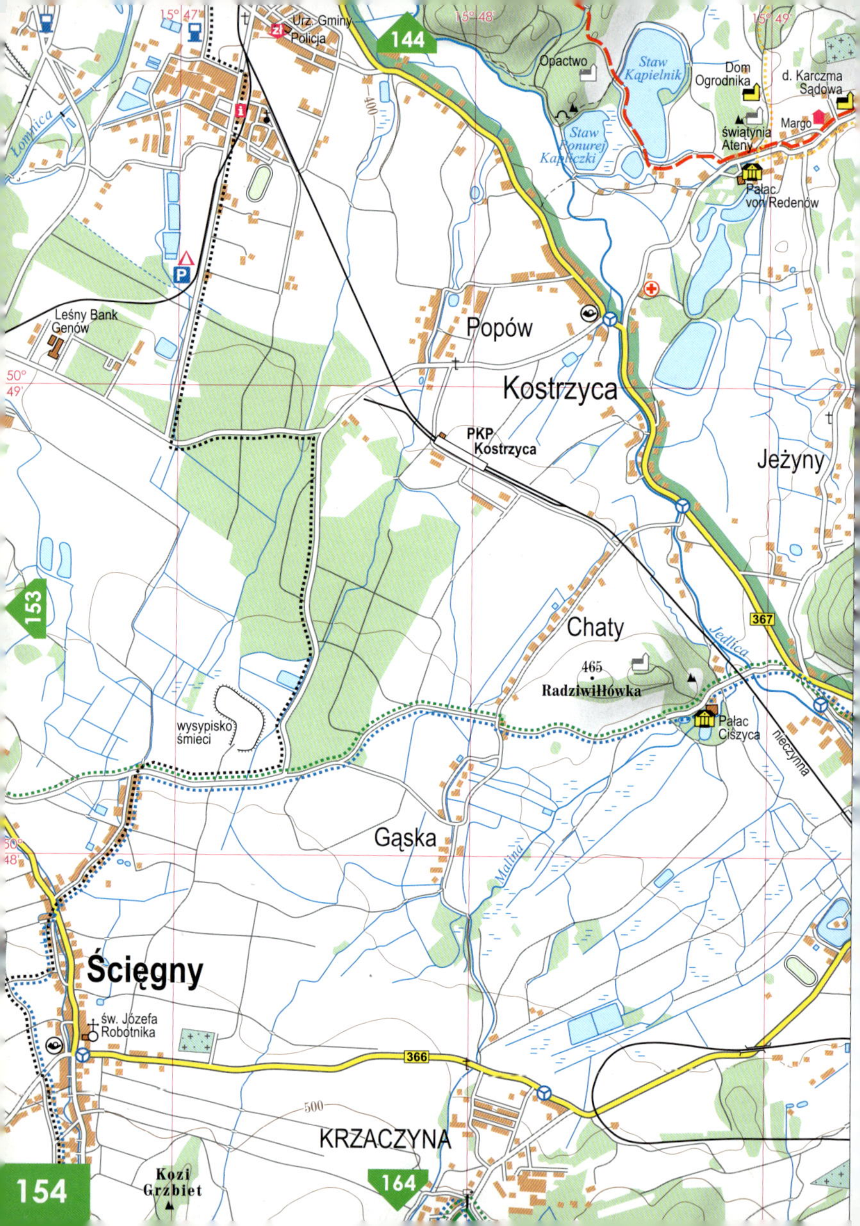

15° 47'
15° 48'
15° 49'
Urz. Gminy
Policja
144
Opactwo
Staw Kąpielnik
Staw Ponurej Kapliczki
Dom Ogrodnika
d. Karczma Sądowa
świątynia Ateny
Margo
Pałac von Redenów
Łomnica
400
Leśny Bank Genów
Popów
Kostrzyca
PKP Kostrzyca
Jeżyny
50° 49'
153
Chaty
367
Jedlica
465
Radziwiłłówka
Pałac Ciszyca
nieczynna
wysypisko śmieci
Gąska
Malina
50° 48'
Ściegny
św. Józefa Robotnika
366
500
KRZACZYNA
164
Kozi Grzbiet

15° 50'
15° 51'
15° 52'
145
Długa Góra
465
Graniczny Kamień
Gruszkowska Góra
535
św. Marcina
św. Jana Chrzciciela
PTSM Skalnik
Bukowiec
Wzgórza Karpnickie
Rudawski Park Krajobrazowy
Gruszków
Gruszkówka
Diabelska Ambona
552
Czartowiec
Rowerowa Obwodnica Rudawska
Główny Szlak Sudecki
500
Bramka im. Klöbera
115
Przełęcz pod Brzeźnikiem
492
Parkowa
552
Bukowa
552
Szpital Wysoka Łąka
Szpital Bukowiec
Średnica
623
600
595
Przełęcz pod Średnicą
Źródło Jola
leśniczówka Gruszków
Brzeźnik
557
Babie Skały
WOJKÓW
Bukowa Droga
Rudawy Janowickie
50° 49'
50° 48'
Rowerowa Obwodnica Jeleniogórska
Kalnica
Pałac Nowy Dwór
RADOCINY
366
367
660
Stary Trakt Kamiennogórski
Park Miniatur Zabytków Dolnego Śląska
Bystra
Ameryka
Smyrna
KOWARY
PKP Kowary
TAXI
535
Kowarska Skała
leśniczówka Bukowa
NMP
Urząd Miejski
Policja
Kuźnica
Nadleśnictwo Śnieżka
Przedwiośnie
Kapliczne Wzgórze
165
610

15° 26'
15° 27'
146
Jakšín
1115
U lana
E 65
NOVÝ SVĚT
Muzeum skla
Jiskra
Karolina
U Arnošta Skláře
HARRACHOV
V zavřeném
Na vyhlídce
Nad svahem
Pod svahem
Bílá voda
Terex-Janouškova cesta
Kamenice
Bohemia
U Supa
Lyžařské muzeum
Harrachovka
Svornost
Sklář
Nad Harrachovou cestou
Harrachova cesta
Kraus
Šedý Vlk
Preciosa
Jiskra
Bílý Hořec
Golden
Chata v Zákoutí
David
Hořák
Kulich
Ludmila
Anenské údolí
Sv. Václav
Graf
Mitera
Hubertus
Eliška
Migr
Lovecká Mumlava
Mumlavská bouda
Mumlavský vodopád
Mumlava
K-180
Riwo
Skicentrum
Myslivna
Pod Čerťákem
ADOS
U dolů
Ptačinec
950
K 180 (mamutí můstek)
Čertova pláň
Slalomový svah
Sporthotel Ryžoviště
AB-Fortuna
Renata
Union
Čertova hora
1021
RÝŽOVIŠTĚ
Silent
Přední Plech
Šerá struha
Velký polom
Fit Fun
Junior
Dlouhý potok
Lesní zátiší
Krakonošova cesta
Ryzí p.
Pod Kamlem
Janova skála
Lyžařská magistrála
Na Kamlu
896
Pionýrka
Prudký ručej
Hleďsebe
166
Janova cesta
U čihadla
917
CZ NE

15° 29'
15° 30'
147
1294 • Kamiennik
Luboch
1295
Główny (Śląski) Grzbiet
Trzy Świnki
Svínské kameny
Kamenec
1238
Hraniční louka
1200
Vosecká bouda
0 10
50° 47'
Terex-Janouškova cesta
2 00
0 25
0 20
Lubošská bystřina
Polomová bystřina
C
H
Y
Harrachova cesta
976
1 00
1 10
900
1000
1100
Vosecká cesta
Vosecká strouha
2
0 25
0 20
158
Smrková strouha
Malá Mumlava
50° 46'
U Garáží
0 10
Krakonošova snídaně
Maliník
Mumlava
Ve zhořelém
Lyžařská magistrála
Velká Mumlava
Plešivec
1210
1 05
KRKONOŠSKÝ
NÁRODNÍ PARK
0 55
Zadní Plech
1210
Kládová cesta
Lysá hora
1344
0 50
0 55
U Dolů
Čertova pláň
974
Ručičky
0 45
HOŘNÍ DOMKY
167
0 35
Hájenka

148
KARKON
1361
Szrenica
Trzy Świnki
Svínské kameny
Kocioł Szrenicki
Szrenickie Mokradła
Schronisko Pod Łabskim Szczytem
Ścieżka nad Reglami
Mokra Przełęcz
1290
Szrenica-Vosecká bouda (turystyczne)
Mokra Droga
Łabski Szczyt
Łabski Kocioł
Vosecká bouda
Twarożnik
Twarożník
Łabski Upłaz
Hala pod Łabskim Szczytem
1471
Łabski Szczyt
Violík
Główny Szlak Sudecki
Mokra Ścieżka
1384
Sokolnik
Sokolník
Prameny Labe
Pramen Labe (Źródło Łaby)
1387
Koňská cesta
G ł ó w n y ( Ś l
Labská louka
Labský vodopád
Labská rokle
Labská bouda
157
Česká cesta
KRKONOŠSKÝ NÁRODNÍ PARK
Malá Mumlava
Navorská jáma
Krakonošova snídaně
Pančavská louka
U čtyř pánů
Labské meandry
Labe (Łaba)
Krakonošova klenotnice
Pančava
Pančavský vodopád
Velká Mumlava
Labský důl
C Z E
Hančův pomník
Růženčina zahrádka
Harrachova jáma
Harrachovy kameny
Kotelní jámy
Lysá hora
1344
Kotelské sedlo
Kotel
1435
Velká Kotelní jáma
Malá Kotelní jáma
Mohyla Hanče a Vrbaty
Vrbatova bouda
1411
Zlaté návrš
Bucharova cesta
Krk
168

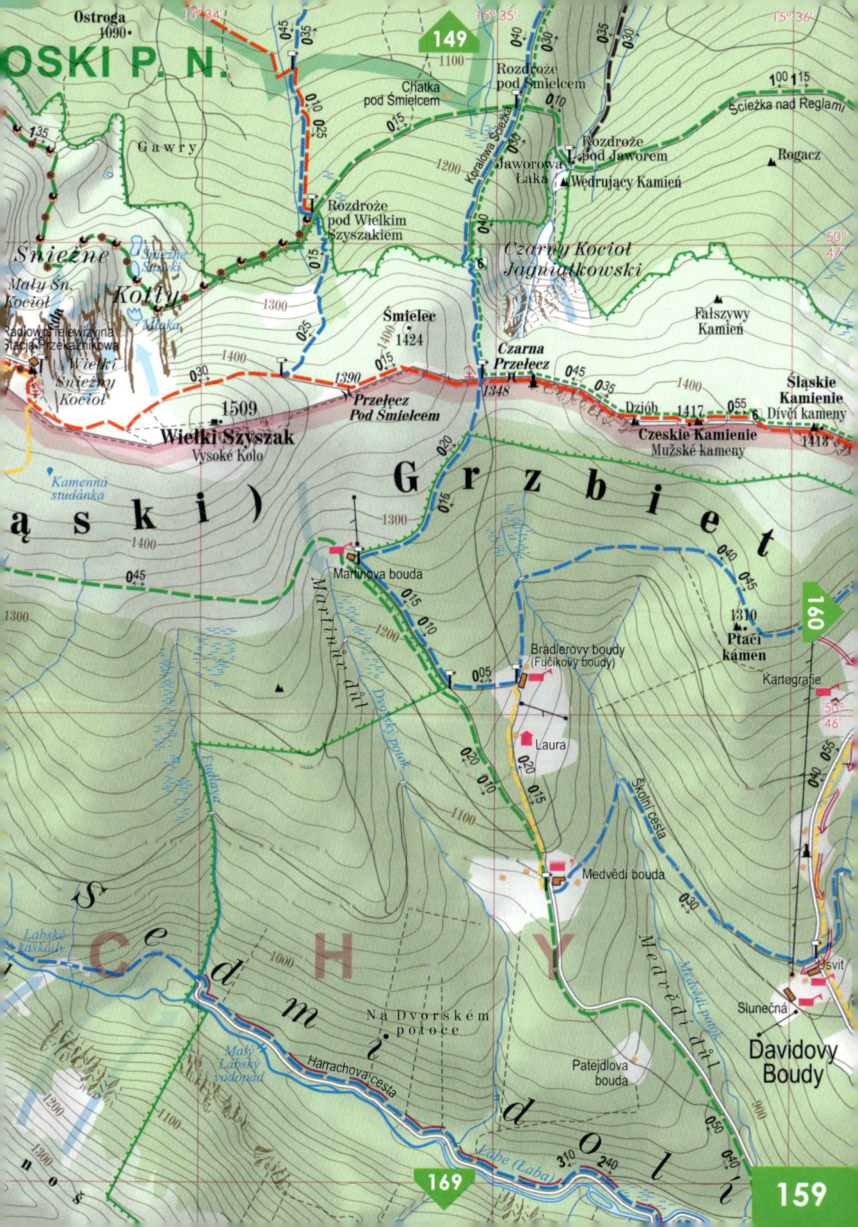

OSKI P. N.
Ostroga
1090
15°34'
15°35'
15°36'
149
Chatka pod Śmielcem
Rozdroże pod Śmielcem
Ścieżka nad Reglami
Gawry
Rozdroże pod Jaworem
Jaworowa Łąka
Wędrujący Kamień
Rogacz
Koralowa Ścieżka
Rozdroże pod Wielkim Szyszakiem
Śnieżne Kotły
Śnieżne Stawki
Mały Śn. Kocioł
Radiowo-Telewizyjna Stacja Przekaźnikowa
Wielki Śnieżny Kocioł
Czarny Kocioł Jagniątkowski
Fałszywy Kamień
Śmielec
1424
Czarna Przełęcz
1348
1390
Przełęcz Pod Śmielcem
1509
Wielki Szyszak
Vysoké Kolo
Dziób
1417
Śląskie Kamienie
Dívčí kameny
Czeskie Kamienie
Mužské kameny
1413
Kamenná studánka
Grzbiet
(ąski)
Martinova bouda
Martinův důl
Dvorský potok
1310
Ptačí kámen
160
Brádlerovy boudy (Fučíkovy boudy)
Kartografie
Laura
Školní cesta
Medvědí bouda
Medvědí důl
Medvědí potok
Úsvit
Slunečná
Davidovy Boudy
Patejdlova bouda
Labské kaskády
Na Dvorském potoce
Harrachova cesta
Malý Labský vodopád
Labe (Łaba)
169
Sedmi dolí
CHY
50° 47'
50° 46'

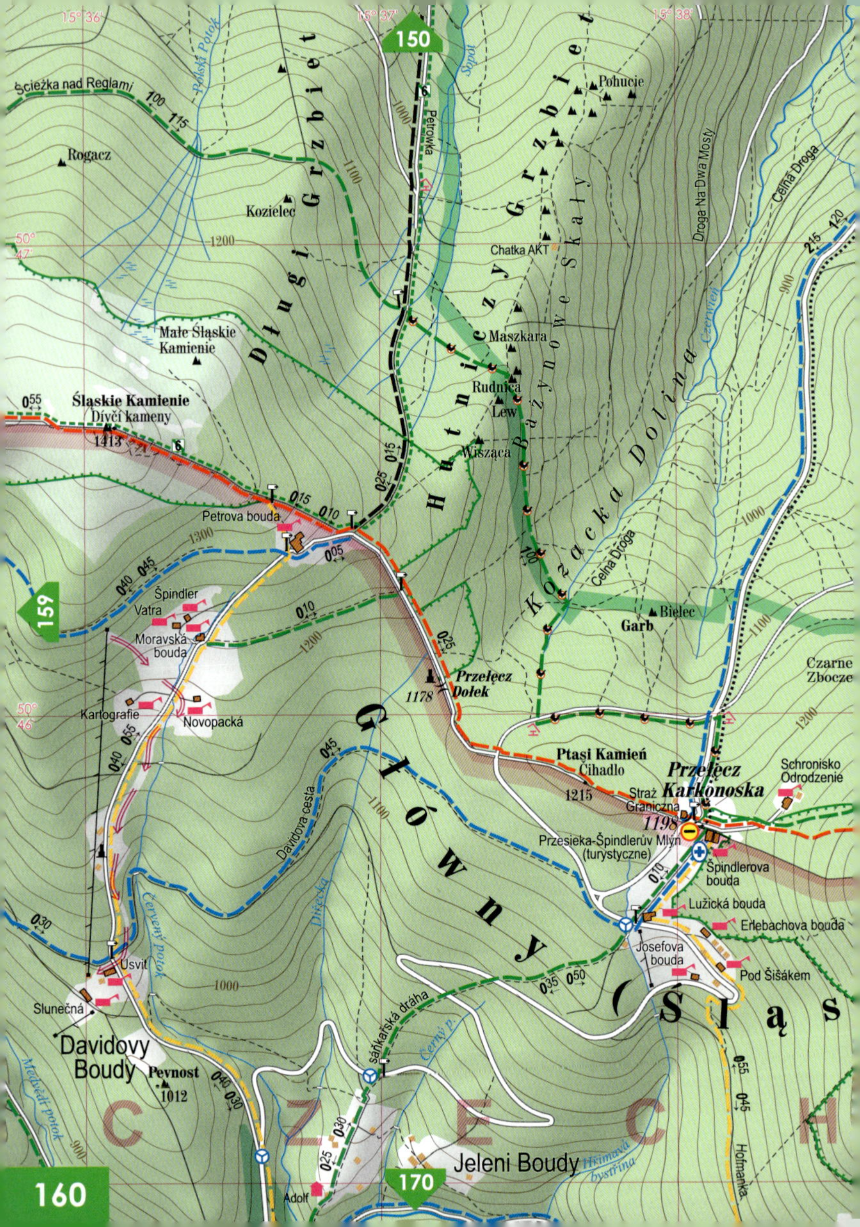
15° 36'
15° 37'
15° 38'
150
Ścieżka nad Reglami
Polski Potok
Długi Grzbiet
Sopot
Petrówka
Pohucie
Hutniczy Grzbiet
Rogacz
Kozielec
Droga Na Dwa Mosty
Celna Droga
50° 47'
Chatka AKT
Bażynowe Skały
Małe Śląskie Kamienie
Maszkara
Czerwień
Rudnica
Lew
Śląskie Kamienie
Dívčí kameny
1413
Wisząca
Kozacka Dolina
Petrova bouda
Celna Droga
Špindler
Vatra
Moravská bouda
159
Biełec
Garb
Czarne Zbocze
Przełęcz Dołek
1178
Kartografie
Novopacká
50° 46'
Główny
Ptasi Kamień
Čihadlo
1215
Przełęcz Karkonoska
Schronisko Odrodzenie
Straż Graniczna
1198
Davidova cesta
Przesieka-Špindlerův Mlýn (turystyczne)
Špindlerova bouda
Lužická bouda
Erlebachova bouda
Josefova bouda
Pod Šišákem
Dřeňka
Červený potok
Usvit
Slunečná
Davidovy Boudy
Pevnost
1012
Śląs
sáňkařská dráha
Černý p.
Medvědí potok
Hřímavá bystřina
Hofmanka
Jeleni Boudy
Adolf
170
CZECH

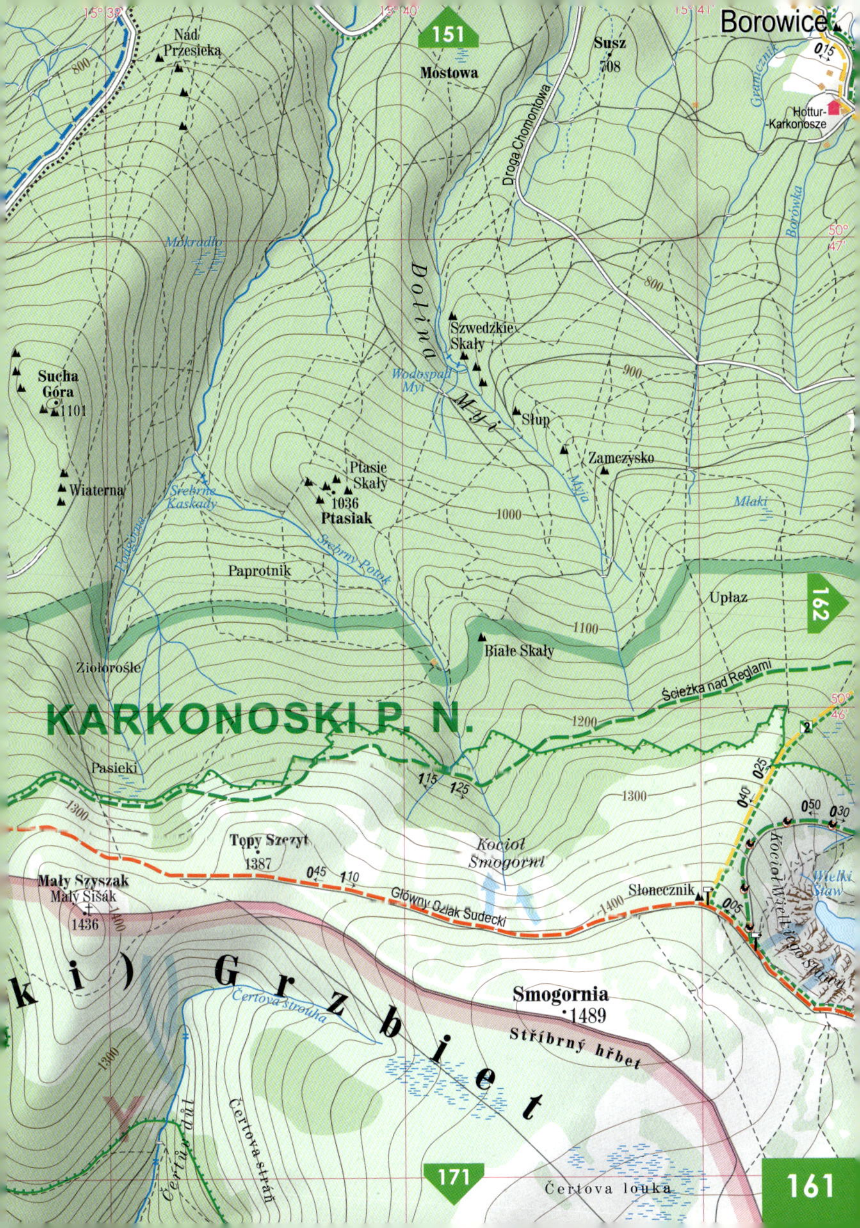

15°39'
15°40'
15°41'
151
Borowice
0 15
Nad Przesieką
800
Mostowa
Susz
708
Graniczník
Hottur-Karkonosze
Droga Chomontowa
Borówka
Mokradło
50° 47'
Dolina Myi
800
Szwedzkie Skały
Wodospad Myi
900
Sucha Góra
1101
Słup
Zameczysko
Myja
Wiaterna
Ptasie Skały
1036
Ptasiak
Srebrne Kaskady
1000
Młaki
Paprotnik
Srebrny Potok
Upłaz
162
1100
Białe Skały
Ziołorośle
Ścieżka nad Reglami
KARKONOSKI P. N.
1200
50° 46'
Pasieki
1 15
1 25
1300
0 25
0 40
0 50
0 30
Topy Szczyt
1387
Kocioł Smogorni
0 45
1 10
Mały Szyszak
Malý Šišák
1436
1400
Główny Szlak Sudecki
Słonecznik
0 05
Wielki Staw
Kocioł Wielkiego Stawu
(Śląski) Grzbiet
Čertova strouha
Smogornia
1489
Stříbrný hřbet
1300
Čertův důl
Čertova stráň
171
Čertova louka

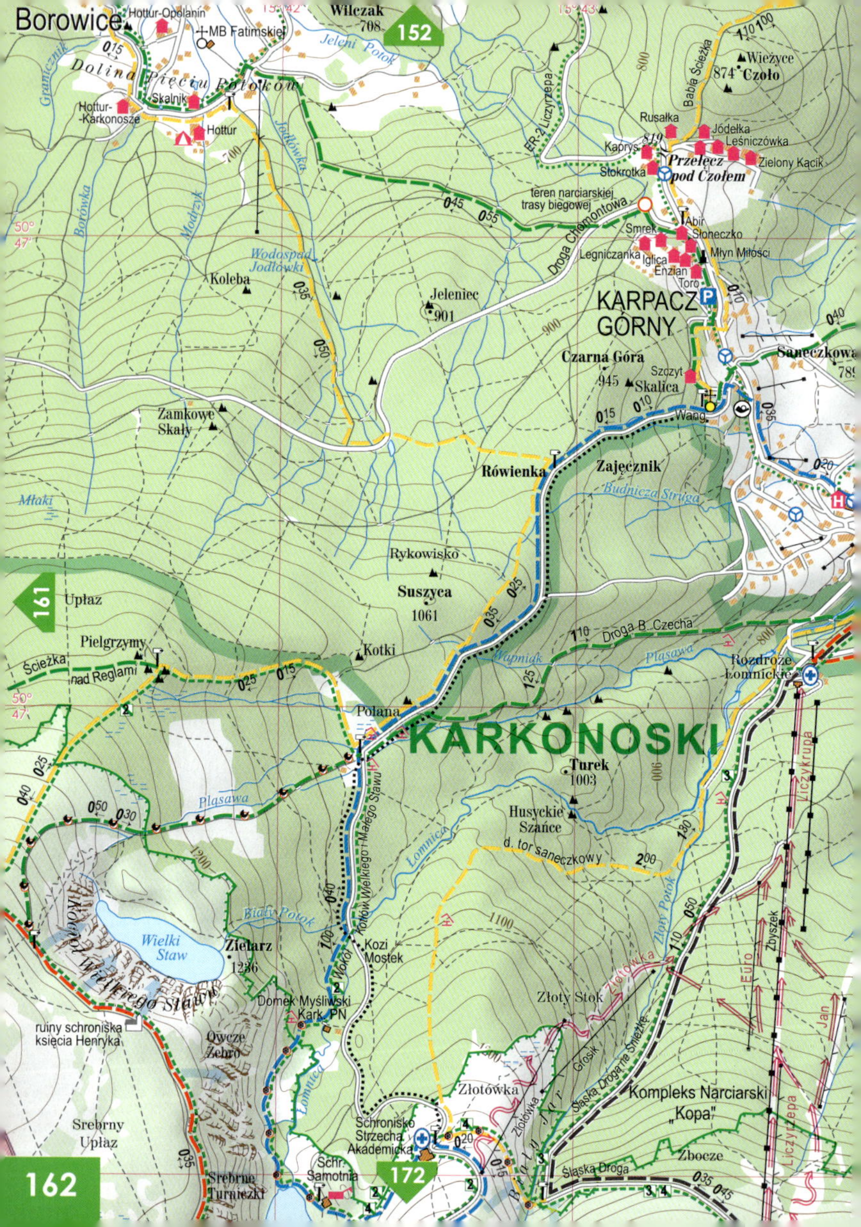

Borowice
Hottur-Opolanin
MB Fatimskiej
Wilczak
708
152
Jeleni Potok
Dolina Pięciu Potoków
Granicznik
Skalnik
Hottur-Karkonosze
Hottur
Jodłówka
Borówka
Modrzyk
Wodospad Jodłówki
Koleba
Jeleniec
901
Zamkowe Skały
Wieżyce
874
Czoło
Babia Ścieżka
ER-2 Liczyrzepa
Rusałka
Jodełka
Leśniczówka
Kaprys
819
Przełęcz pod Czołem
Zielony Kącik
Stokrotka
teren narciarskiej trasy biegowej
Droga Chomontowa
Abir
Smrek
Słoneczko
Legniczanka
Iglica
Młyn Miłości
Enzian
Toro
KARPACZ GÓRNY
Czarna Góra
945
Szczyt
Skalica
Wang
Saneczkowa
Równienka
Zajęcznik
Budnicza Struga
Młaki
Rykowisko
Suszyca
1061
161
Upłaz
Pielgrzymy
Ścieżka nad Reglami
Kotki
Droga B. Czecha
Wapniak
Płąsawa
Rozdroże Łomnickie
Polana
KARKONOSKI
Turek
1003
Husyckie Szańce
d. tor saneczkowy
Łomnica
Płąsawa
Biały Potok
Kotłów Wielkiego i Małego Stawu
Wielki Staw
Zielarz
1236
Kozi Mostek
Domek Myśliwski Kark. PN
ruiny schroniska księcia Henryka
Owcze Żebro
Srebrny Upłaz
Srebrne Turniczki
Schronisko Strzecha Akademicka
Schr. Samotnia
172
Złotówka
Złoty Stok
Złoty Potok
Śląska Droga na Śnieżkę
Głośnik
Kompleks Narciarski „Kopa"
Liczyrzepa
Zbyszek
Euro
Jan
Zbocze
Śląska Droga

153
15° 45'
15° 46'
Brzezie
Karkonoskie
Ścięgny
Strzelczyk
Strzelec
751
KARPACZ
PŁÓCZKI
Dziki Potok
600
Husycka
Górka
767
ER-2 Międzynarodowy Szlak Rowerowy Liczyrzepa
PKP Karpacz
Nowa-Ski
Księża
Góra
Zameczek
50°
47'
Jacek
Kwaterwil
Wodospad
Łomnicy
Karpatka
727
Konradówka
Łomnica
SKALNE
OSIEDLE
Irma
Jawor
Halny
Urz.
Miejski
Sosnowiec
727
TAXI
Ariston
Elżbieta
Janosik
Corum
Aska
Malachit
Skalny
Wioletta
Gero
Skałka
Eden
Darz Bór
Policja
Pohulanka
715
Relax
Krucze
Skały
164
Alaska
Ikar
Gozdawa
Garb
705
Bystrzyk
Wilczy Potok
Łomniczka
Płomnica
WILCZA
PORĘBA
50°
46'
Tabaczana Ścieżka
Szlak im. dr. M. Orłowicza
Krucza Kopa
Droga Urszuli
Szeroki Most
PARK
800
Betonowy Most
900
Buława
880
Wilcze
Gniazda
Sowia Dolina
1000
NARODOWY
Granaty
Okopy
Czerniawka
Walońskie
Kamienie
1100
173

Ściegny
KRZACZYNA
154
366
15° 47'
15° 48'
15° 49'
50° 47'
50° 46'
Kozi Grzbiet
Western City
Modrzak
Niedźwiedzie Skały
ER-2 Międzynarodowy Szlak Rowerowy Liczyrzepa
leśniczówka Jedlinki
Kwaterwil
Jacek
Zuzanna
Vita
Irma
Kaliniec
Jaspis
Famago
Jawor
Aśka
Corum
Borowik
Wioletta
Lucyna
Lucjan
Eden
Roma
Darz Bór
Cis
SKALNE OSIEDLE
KARPACZ
163
Skałka
Kruszcowa
Kazalnica
Sudecki Szlak Konny
Dolne Miasteczko
Górne Miasteczko
Łysa Góra
951
Izbica
855
Wołowa Góra
Dzik
1041
Tabaczana Ścieżka
Malina
Budniki
Krucza Kopa
Krukowa
KARKONOSKI P. N
Czoło
1275
Kowarski Grzbiet
Buława
880
Sowia Dolina
Stare Granaty
Skalny Stół
Tabule
1285
Střecha
Lesní hřeben
CZECHY
Niedźwiada
174
500
600
700
800
900
1000
1100
1200

KOWARY
Przedwiośnie
Nadleśnictwo "Śnieżka"
155
Kapliczne Wzgórze
510
św. Anny
PKP Kowary Średnie
KOWARY ŚREDNIE
Victoria
Rudawy Janowickie
Czyżynka
Białe Źródło
Pluszcz
Piszczak
Uroczysko
Żółta Droga
Piaskowa Droga
nieczynna
Rudnik
Rudnik
853
Krowiniec
660
maszt RTV
PKP Kowary Górne
PODGÓRZE
Kuźniczy Potok
367
Karczmisko
Nad Jedlicą
Magdalenka
Droga Głodu
Mała Jama
727
Przełęcz Kowarska
Jedlica
Grabina
inhalatorium radonowe (nieczynne)
Sztolnie Kowary (podziemna trasa turystyczna inhalatorium radonowe)
Jelenia Struga
Jelenia Struga
Rowerowa Obwodnica Kowarska
Świerkowa Ścieżka
Jabaczana Ścieżka
368
367
Świdnik
Średniak
Żółta Droga
Sulica
946
175
368

157
Na Kamlu
896
Pionýrka
Lyžařská magistrála
Krakonošova cesta
Janova cesta
U čihadla
917
Studená
989
Prudký ručej
Hleď'sebe
Studenov
Spolana
Zlatá vyhlídka
900
800
Krásná vyhlídka
Liščí Díra
Kostelní cesta
Na skalkách
Zvonička
Čertova hora
Na Hranici
Hranice
Lenoch
Roxana
Finance
700
14
Jizera
Nola
Vilémov
HORNÍ KOUT
600
LETNÍ STRANA
Krakonoš
Sv. Michal
605
Ratusz
294
DOLNÍ ROKYTNICE
Pod lipou
sport hala
ROKYTNICE
Hutský potok
ZIMNÍ STRANA
Stráž
782
U Kroupu
C
Z
E
Horský hotel
Konciny
Zadní Blansko
Na Koncinách
Rebus
Voj. Stavby
Malá Rokytnice
Paloušův kopec
607
Rokytnice nad Jizerou

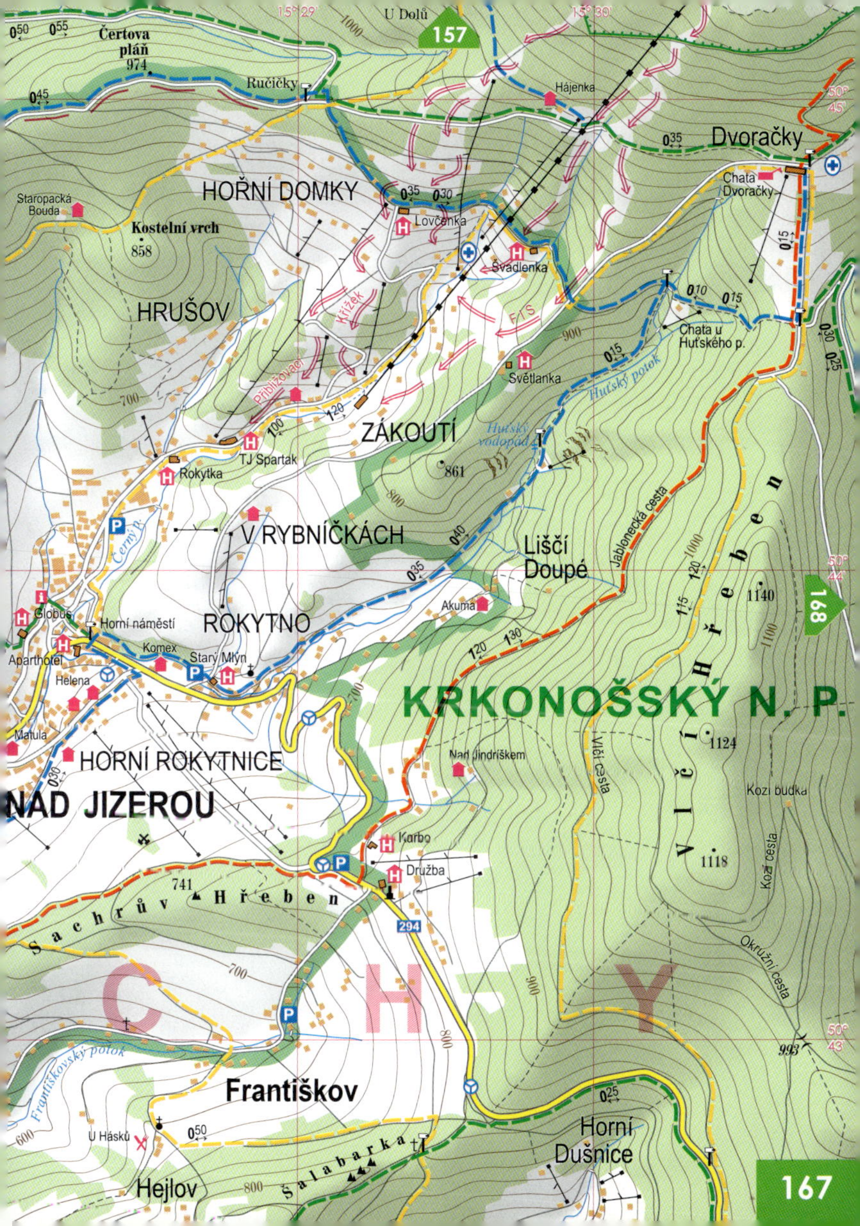

15° 29'
U Dolů
15° 30'
Čertova pláň
974
Ručičky
Hájenka
Dvoračky
Chata Dvoračky
Staropacká Bouda
HOŘNÍ DOMKY
Lovčenka
Švadlenka
Kostelní vrch
858
HRUŠOV
Křížek
FIS
Chata u Huťského p.
Světlanka
Přibližovací
Huťský potok
Huťský vodopád
ZÁKOUTÍ
861
TJ Spartak
Rokytka
V RYBNÍČKÁCH
Černý p.
Liščí Doupé
Jablonecká cesta
Akuma
1140
ROKYTNO
Horní náměstí
Globus
Aparthotel
Komex
Starý Mlýn
Helena
KRKONOŠSKÝ N. P.
Matula
HORNÍ ROKYTNICE
Vlčí cesta
1124
Nad Jindřiškem
Vlčí Hřeben
NAD JIZEROU
Kozí budka
Karbo
Družba
1118
Kozí cesta
741
Sachrův Hřeben
294
Okružní cesta
CHY
993
Františkovský potok
Františkov
Horní Dušnice
U Hásků
Hejlov
Šalabarka
50° 45'
50° 44'
50° 43'

157
168

158
167
Kotelní jámy
Velká Kotelní jáma
Malá Kotelní jáma
Mohyla Hanče a Vrbaty
Vrbatova bouda
1411
Zlaté návrší
Bucharova cesta
Pomník Vrbce a Machka
Chata Dvoračky
Dvoračky
Čihadlo
J. Kubík
CZE
Krakonošova cesta
Kozelský hřeben
Mechové jezírko
Kotelský potok
Boudecký potok
Kozelský potok
Pašerácká cesta
Orlí budka
1115
V bažinkách
Dolní
Tesla
LOM
ČKD
Sv. Hubert
KRKONOŠSKÝ NÁRODNÍ PARK
Kozí budka
Kozí cesta
Exkurzní cesta
Medvědí руč.
Kužel
967
Vídeňska skála
Třídomí
Nová silnice
Okružní cesta
993
Šerá strouha
Jizerka
Temný kout
Skelné Hutě
Preislerův kopec
1035
Vyhlídková cesta
286
Skála

159
170
Krkonoše
ČECHY
Harrachova cesta
Labe (Łaba)
Labský ruč.
Pralesí
Pod Krkonošem
Strmá stráň
Stará vozová cesta
Masarykova silnice
Medvědín
1235
České návrší
Černá sjezdovka
Červená sjezdovka
Benzina
Krvavá strouha
Misečky-
-Horní
Jilemnická Bouda
Cáchovna
Hořec-Kleč
Novomísečná
Staromísečná
JAKI
Jizerka
Turistická sjezdovka
Vodovodní cesta
Medvědí ruč.
Krakonošova strouha
ŠPINDLERŮV MLÝN
Červený kopeček
Harmony
U Medvěda
Vojenská Zatavovna
Bedřiška
BEDŘICHOV
Start
Astra
Jánošík
Harrachova skála
Mechovinec
1071
1034
Kozlí hřbet
Kozlí strouha
Pod Mechovincem
Asmanova studánka
LABSKÁ
Alenka
Tos
Labská vyhlídka
Protěž
Lovochemie
Krausovy Boudy
Švýcarská bouda
Dům Armády
Fišerka
Arnika
Nico
Prameniště
Hončova strouha
Buffalo
Toman
Tesla
vodní nádrž Labská
Alpina
TABULOVÉ BOUDY
Fontána
Hromovka
Horalka
HROMOVKA
Nad přehradou
Tabulový potok
Povodí Labe
Hromovka
286
295

15° 36'
15° 37'
15° 38'
160
169
50° 45'
50° 44'
50° 43'
Jeleni Boudy
Adolf
Sedmi dolí
Údolí Bílého Labe
Labe (Łaba)
Bílé Labe
Hřímavá bystřina
Weberova cesta
Hofmanka
Dřevařská cesta
Myslivna
U Dívčí lávky
Dívčí stráň
Černá sjezdovka
Medvědín
KRNAP
U Bernardýna
Diana
Grand
Sv. Hubert
Harmony
U Lehára
U Medvěda
Vojenská Zatavovna
Montana
Start
Savoy
Eden
Sněžka
Palace Club
Nechanický
Hubertus
Centrál
Praha
Lomnice
Hradec
Alpina
Venuše
Horní pramen
Belvedere
Hanička
Sv. Petr
Krakonoš
ŠPINDLERŮV MLÝN
1321
Železný vrch
Kozí hřbety
1318
Judeichova cesta
Stará Bucharova
Panorama
Horal
Martin
Sněženka
Inka
Simona
Svatý Petr
Pragoděv
Adélka
Enzián
Olympie
Svatopetrský potok
Kristýna
U Šrenků
SVATÝ PETR
Keramo
Alpský hotel
Moravěnka
Cesta Stohem
Lenka
Esplanade apartm.
Černá strouha
Hluboká strouha
Vysoká strouha
Mumlavý p.
Hromovka
Hromovka 1031
Modrá sjezdovka
Červená sjezdovka
Černá sjezdovka
CZ
Planina

15° 39'
15° 40'
15° 41'
161
Główny (Śląski) Grzbiet
Čertovo návrší
Čertova strouha
Čertův důl
Čertova stráň
naučná stezka
1471
Čertova louka
1400
Srebrny Upłaz
Mlaki
Stříbrné návrší
1433
Stříbrná bystřina
KRKONOŠSKÝ NÁRODNÍ PARK
U Bílého Labe
Bílé Labe
Labe
Weberova cesta
1300
Krakonoš
1422
1400
Rennerova studánka
172
Bílá louka
1500
Luční hora
1555
Kamenka
Stráž
Hřbety
Hrazený potok
Hrazený důl
Hřebínky
Železná hora
Červenkův kříž
Koňská cesta
Dlouhý důl
Červenkova mohyla
Svatopetrský potok
Stoh
1324
1200
ČECHY
Výrovka
1300
1400
Klínové Boudy
Klínová strouha
Zadní Planina
1423
Pod Výrovkou
50° 44'
50° 43'

Złotówka
162
Kompleks Narciarski „Kopa"
Schronisko Strzecha Akademicka
Srebrny Upłaz
Srebrne Turniczki
Mały Staw
Schr. Samotnia
Kocioł Małego Stawu
Śląska Droga
Zbocze
Kopa
1377
szlak zimowy
Mławi
KARKONOSKI PARK
Złote Źródło
Wodospad Łomniczki
Jar Łomniczki
Symbol. Cmentarz Ofiar Gór
Schronisko Pod Śnieżką (Śląski Dom)
Spalona Strażnica
Stříbrné návrší
1433
Równia pod Śnieżką - Luční bouda (turystyczne)
Równia pod Śnieżką
1444
Przełęcz pod Śnieżką
Śląski Dom - Luční bouda (turystyczne)
Bílé Labe
Jantarova cesta
Luční bouda
Polodowcowe dziedzictwo Karkonoszy
Úpská rašelina
Pramen Úpy (Źródło Úpy)
Horní Úpský vodopád
Úpská jáma
Pramen Bílého Labe
171
Rennerův kříž
Sněžná strouha
Prameny Úpy
Bílá louka
Dixův kříž
Dolní Úpský vodopád
Rudný p.
Památník obětem hor
Modré sedlo
Studniční hora
1554
Čertův hřeben
Čertova rokle
Kovárna
Koňská cesta
Modrá stráň
Malá Studniční jáma
Studniční jáma
Velká Studniční jáma
Lavinový svah
Šilhavého kříž
Kavinova deska
Rubena
CZE
Obří Důl
Studniční Boudy
Modrý potok
Studniční potok
Bouda V Obřím dole
Kavinova cesta
Úpa
Bufet
Spofa
Modrý Důl
Modrý důl
Richterovy Boudy
Široký hřbet
Horský dvůr Berger
Růžový Důl

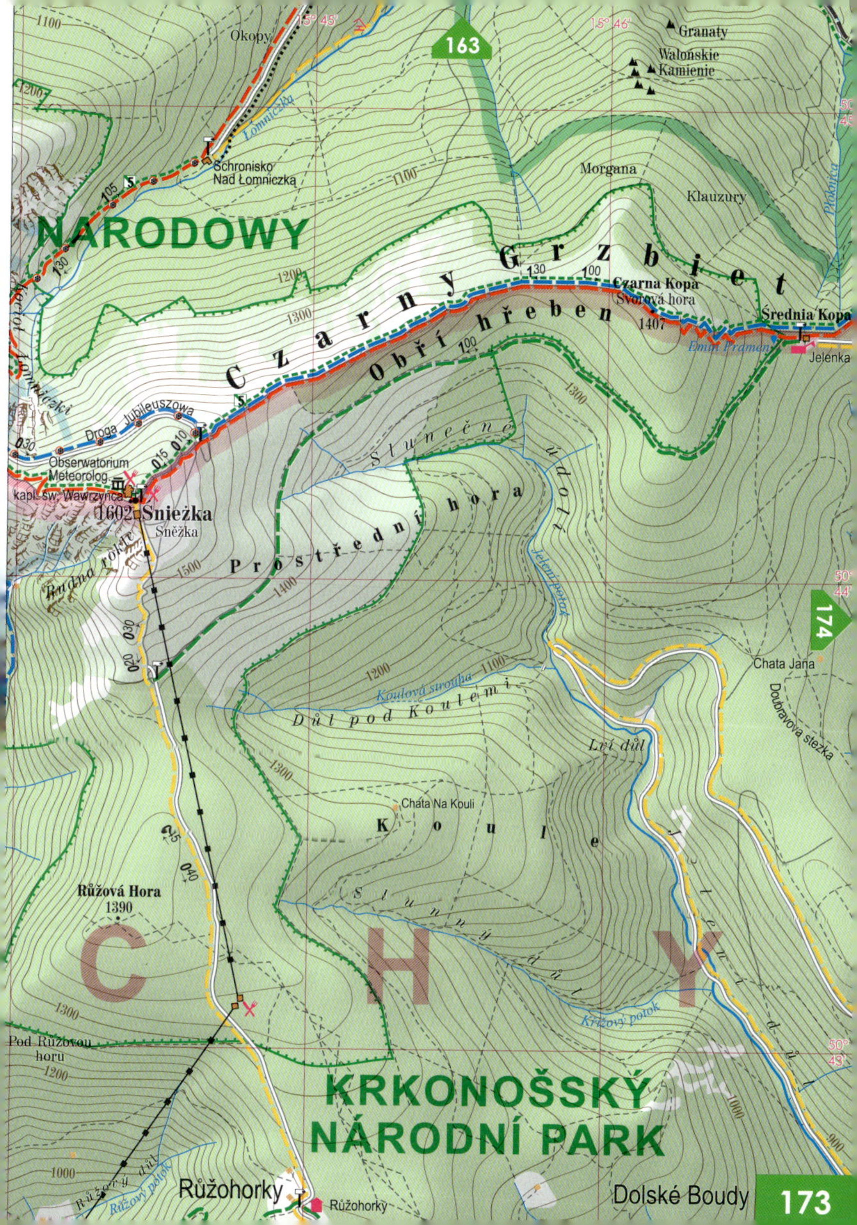

Okopy
Granaty
Walońskie Kamienie
Schronisko Nad Łomniczką
NARODOWY
Morgana
Klauzury
Czarny Grzbiet
Czarna Kopa
Svorová hora
1407
Średnia Kopa
Emmi Pramen
Jelenka
Obří hřeben
Droga Jubileuszowa
Obserwatorium Meteorolog.
kapl. św. Wawrzyńca
1602 Śnieżka
Sněžka
Rudna rokle
Slunečné údolí
Prostřední hora
Jelení potok
Chata Jana
Doubravova stezka
Koulová strouha
Důl pod Koulemi
Lví důl
Chata Na Kouli
Koule
Slunný důl
Růžová Hora
1390
CHY
Křížový potok
Pod Růžovou horu
KRKONOŠSKÝ NÁRODNÍ PARK
Růžový důl
Růžový potok
Růžohorky
Dolské Boudy


174

Skalny Stół
Tabule
1285
164
střechan
Lesní hřeben
15° 47'
15° 48'
15° 49'
50° 45'
Niedźwiada
Płóknica
Czarne Zbocze
Czarny Grzbiet
Sowia Przełęcz
Soví sedlo
1164
Sowia Przełęcz-
-Soví sedlo (turystyczne)
Smrčinná stráň
Žlutá cesta
Średnia Kopa
Jelenka
Pomezní Boudy
Lesní zátiší
Malá Úpa
Mokré Jámy
Smrčí
Padolská bouda
Zuzanna
Černá Voda
Blesk
Černá Voda
Soví potok
Dobytčí potok
Mohora
U Dolu
Eliščino Údolí
Červená Voda
Cesta bratří Čapků
50° 44'
173
Žacléřské Boudy
Chata Jana
Orlice
Vřesový vrch
993
Rottorovy Boudy
Rennerovy Boudy
Jung
Doubravova stezka
Seidlův důl
Sedlova strouha
Rennerův p.
KRKONOŠSKÝ NÁRODNÍ PARK
U Kostela
Motorlet
Sv. Petra a Pavla
Grizzly
Niklův vrch
CZECH
1171
Jelení hora
Kraví hora
1071
Pod Kostelem
Bukovka
Kraví potok
50° 43'
Tonovy Domky
Dolní Malá Úpa
Permoník
U Vondráčků
Šimovy Chalupy
Spálený Mlýn
296

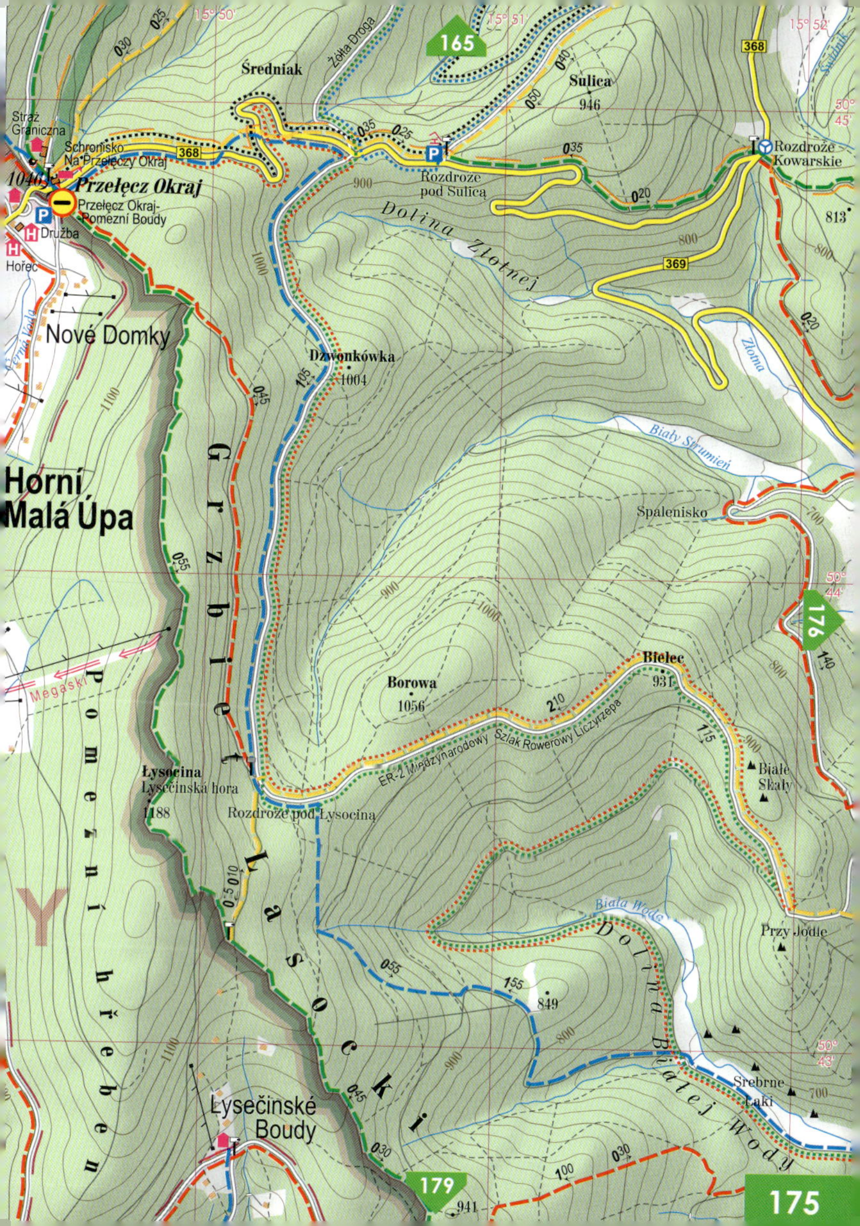
15° 50'
15° 51'
15° 52'
50° 45'
50° 44'
50° 43'
165
176
179
Średniak
Żółta Droga
Sulica
946
368
369
Straż Graniczna
Schronisko Na Przełęczy Okraj
1046
Przełęcz Okraj
Przełęcz Okraj-Pomezní Boudy
Družba
Hořec
Rozdroże pod Sulicą
Rozdroże Kowarskie
813
Dolina Złotnej
Złotna
Nové Domky
Černá Voda
Dzwonkówka
1004
Biały Strumień
Spalenisko
Horní Malá Úpa
Grzbiet Lasocki
Borowa
1056
Bielec
931
ER-2 Międzynarodowy Szlak Rowerowy Liczyrzepa
Białe Skały
Łysocina
Lysečinská hora
1188
Rozdroże pod Łysociną
Megaski
Pomezní hřeben
Biała Woda
Dolina Białej Wody
Przy Jodle
849
Srebrne Łąki
Lysečinské Boudy
941

15° 51'
15° 53'
50° 45'
50° 44'
50° 43'
368
165
369
175
179
Sulica
946
Gęślik
Rozdroże Kowarskie
Rozdroże pod Sulicą
0 35
0 20
1 10
0 50
813
826
800
Dolina Złotnej
Sudecki Szlak Konny
Złotna
0 20
Wierzbiak
Biały Strumień
Adonis Pod Okrajem
G. Stankowa
822
Spalenisko
700
G. Piwnieczna
900
Klatka
1000
1 40
Bielec
931
Borowa
1056
2 10
Międzynarodowy Szlak Rowerowy Liczyrzepa ER-2
1 15
Białe Skały
Kluka
774
1 50
Przy Jodle
Biała Woda
Dolina Białej Wody
0 55
1 55
849
Srebrny Potok
ruiny wapiennika
Srebrne Łąki
Dolina Srebrnika
0 30
1 00
Pańska Góra
756
Srebrnik

15° 54'
15° 55'
15° 56'
50° 45'
50° 44'
50° 43'
Paczyn
Chełmczyk
766
748
Jasny Dół
Stróża
Spękane Skały
611
arkowice
Złotna
ruiny kościoła ewangelickiego z XVIII w.
Wszystkich Świętych XIV w.
d. Karczma Książęca
Książęca Kostka
Miszkowice
Bachorzyna
559
Przednia
608
z XVIII w.
ebrnik
178
180

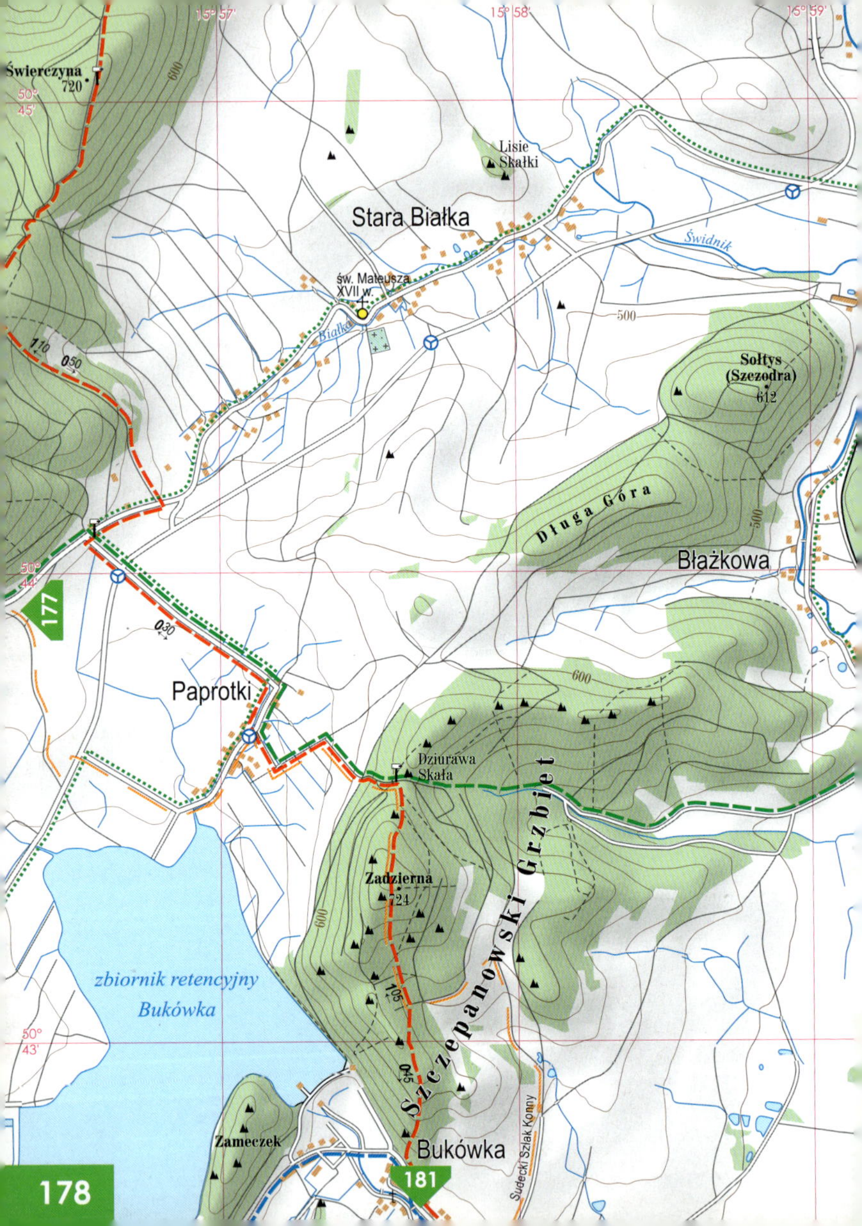
15° 57'
15° 58'
15° 59'
50° 45'
50° 44'
50° 43'
Świerczyna
720
600
Lisie Skałki
Stara Białka
Świdnik
św. Mateusza XVII w.
Białka
500
Sołtys (Szezodra)
612
1.10
0.50
Długa Góra
Błażkowa
0.30
Paprotki
600
Dziurawa Skała
Szczepanowski Grzbiet
Zadzierna
724
1.05
0.45
zbiornik retencyjny Bukówka
Zameczek
Bukówka
Sudecki Szlak Konny
177
181

15° 51'
15° 53'
175
176
180
941
Grzbiet Lasocki
Pańska Góra
756
Kolebka
760
Złota Brama
758
Owczarka
796
Horní Albeřice
Albeřická j.
d. wapiennik
Albeřické lomy
Vápenka
Krakonošova j.
Solná j.
Stará Celnice
Stará celní cesta
Kopina
ośrodek twórczy Parada-Dom Trzech Kultur
Niedamirów
Ostrężnik
Niedamirów-Horní Albeřice (turystyczne)
Čert
Kopczyk
664
ruiny kapliczki
Kalwaria
717
Albeřický p.
Liberta
Dolní Albeřice
Czepiel
Čepel
901
gajówka
Konice
KRKONOŠSKÝ N. P.
Suchý Důl
Nad lomem
Roh hranic
Bobrowy Stok
Suchý potok
CZECHY
Boberská stráň
50° 42'
50° 41'

15° 54'
15° 56'
177
179
Zagórze
624
Młynówka
Opawa
ER-2 Międzynarodowy Szlak Rowerowy
Bóbr
639
645
Szczepanowski
Szczepanowski Las
650
662
Na Písku
590
Růžový palouček
Za cestou
Nové Domky
Na pasece
CZE
Lampertice
Bobr
300
50° 42'
50° 41'

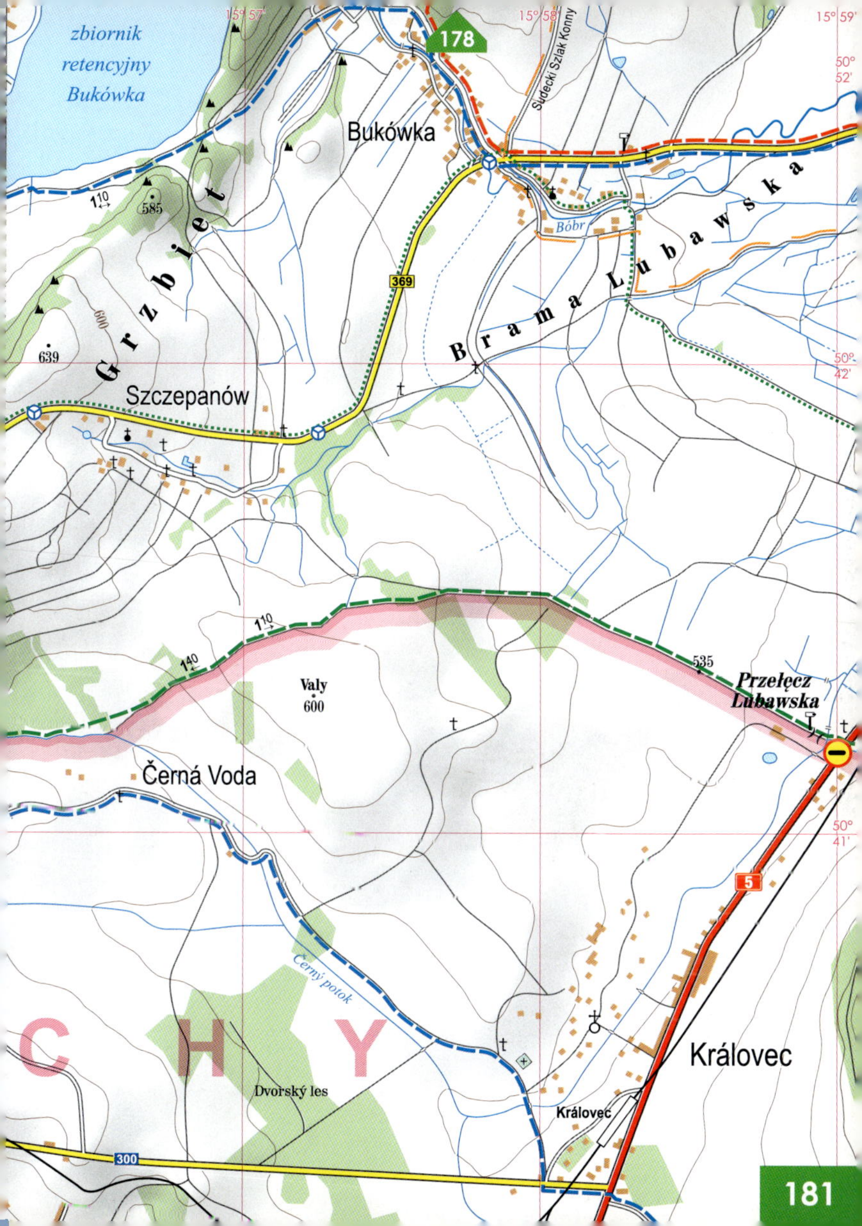

15° 57'
15° 58'
15° 59'
50° 52'
50° 42'
50° 41'
zbiornik retencyjny Bukówka
178
Sudecki Szlak Konny
Bukówka
585
Grzbiet
Bóbr
Brama Lubawska
369
600
639
Szczepanów
535
Przełęcz Lubawska
Valy
600
Černá Voda
5
Černý potok
C H Y
Královec
Dvorský les
Královec
300

ŚWIERADÓW-ZDRÓJ
skala 1:15 000
0
200
400 m
Baryłka
Świętojanki
Górna
Sępia
Gołębia
Kamienna
Sosnowa
Brzozowa
Wiśniowa
Kolejowa
Lipowa
Kręta
nieczynna linia kolejowa
Wilcza
Mokra
Kwisa
Ratowników Górskich
Dworcowa
Dolna
Boczna
dąb
buk
Staszica
Wiosny
11 LISTOPADA
Nadl. Świeradów
Zaułek
Jagiełły
Leśna
J. Kilińskiego
Urząd Miasta
Straż
Graniczna
Magnolia II
Słoneczna
Młodych Techników
Budowlanych
Alma
Beatka
Pod Skałą
Cmentarna
Osiedle Gryf
Korczaka
Skłodowskiej
Dom Wczasów Dziecięcych
Kaja
J. Piłsudskiego
Zakład Borowiny
Tewa
Mimoza
Kamieniec
Gen. J. Bema
H. Dąbrowskiego
Pod Wyciągiem
Berliner
Park Zdrojowy
Świeradów
Dolna
A. Mickiewicza
B. Prusa
Słoneczko
Kardynała Wyszyńskiego
Podgórna
stadion miejski
H. Sienkiewicza
Leśny Gród
Pałacyk
Piastowska
Gracja
Parkowa
Goplana
grota
Leo-Victoria
Zielona
Górska
Szlak Liczyrzepa ER-2
Graniczna
550
Flins
Zdrojowa
Dom Zdrojowy
3 Maja
Spacerowa
buk
Wąska
Zamknięta
Kwisa
Zakopiańska
Gajowa
Nad Potokiem
Kryształ
Wolna
Wacław
Słowackiego
Żeromskiego
Magnolia
Baforego
Piastowska
Kościelna
Orzeszkowej
Leo
Fortuna
Park Hotel
Narcyz
Dębowy Dwór
H. Sienkiewicza
St. Łukas (w bud.)
M. Dąbrowskiej
Marzenie
A. Asnyka
600
Krótka
Nad Basenem
Wczasowa
Willowa
Polna
Nad Strumykiem
Malwa
Stroma
Szeroka
S. Wyspiańskiego
H. Marusarzówny
650
700
Muzeum Szachów
Źródlana
Zakopiańska
Santa Marta
750

SZKLARSKA PORĘBA
skala 1:15 000
0
200
400 m
600
Czeska Struga
Zbiornik Czeska Struga
11 Listopada
M. Kopernika
W. Hofmana
Ponderosa
Sowie Skały
Bożego Ciała
Specjalistyczny Zespół Gruźlicy i Chorób Płuc
676
Sowiniec
Kubuś
Klasztor Franciszkanów
kard. S. Wyszyńskiego
Sylwia
Słoneczna Polana
Franciszkańska
Centrum Pneumonologii Dziecięcej
Zakopianka
Energetyki
Kamienna
Czerwona Jama
Piekielnik
Strażnica Straży Granicznej
1 Maja
Bursa
Skalnica
680
SZKLARKA
Leśna Huta
Krasnoludki
H. Kołłątaja
Olimp
Kurzacka Woda
Warzelnia
658
Hutnicza Górka
771
404
Świerkowa
ARMII KRAJOWEJ
Pod Klonem
Zakład Opiekuńczo-Leczniczy
Szklarska Poręba PKP
PKP Szklarska Poręba Górna
Białe Skały
Szpitalna
DWORCOWA
Mauritius
G. Morcinka
Raszyn II
Bosman
Willa Janina
Pokoju
Obrońców
Łazienki
Geovita
JELENIOGÓRSKA
Dziobata
B. Prusa
Głazisko
Zdrowie
Halny
Sasanka
Wolności
J. Słowackiego
Willa Romantica
Bieleń
Liczyrzepa
Demokratów
Minerał
Cis
Wojska Polskiego
J. Krasickiego
Pod Szczytami
E. Orzeszkowej
Łączność
Sudety
-GÓRNA
W. SIKORSKIEGO
Krzywe Baszty
Huta
E 65
3
Kamienna
M. Bucka
Belweder VI
Lider
Urz. Miejski
Belweder IV
pl. Sportowy
Maraton
Galeria Autorska Kokon
Iwona
Stanica Górska
Panorama
Jowisz
Jeleni Róg
W. Pstrowskiego
Cicha
Limba
JEDNOŚCI NARODOWEJ
Bożena
J. Krasińskiego
Nadl. Szklarska Poręba
d. skocznia
św. Maksymiliana Kolbe
ścieżka edukac. Nadl. Szklarska Poręba
Krucze Skały
Ośrodek Sportów Ekstremalnych Quasar
A. Mickiewicza
Bornit
Dw. PKS
TAXI
Pod Mostem
Gimnazjalna
Objazdowa
Janosik
Topaz
Koralia
WDW Potok
Wesoła
Agnieszka
Wrzosowa
Wrzos
Kryształ
Siła I
Siła II
F. Chopina
Lena
Odrodzenia
Fantazja
Weneda
Młyn św. Łukasza
Bolero
Wzg. Paderewskiego
Harka
Wrocław
Roxana
Parkowa
Martin
Jagna
Stroma
Potokowa
Turystyczna
Perełka
WDW Nova
Słoneczko
Perła
Krótka
Bełchatów
Galeria Fotografii Artystycznej
Willa Róż
Mała
Profil
Gościniec Orchidea
S. Moniuszki
Sonata
Arkadia
Cross
Miłutka
Wanda
Ostoja
Wiosenna
Danek
755
Wysoka
Górnicza Strzecha
WDW Śnieżynka
B. Czecha
Słoneczna
J. Kilińskiego
S. Okrzei
Wanhen
Ametyst
Iglica
Przemko
Eden
Olimpijczyk
Leśna
Elterma
Koniki
J. Kasprowicza

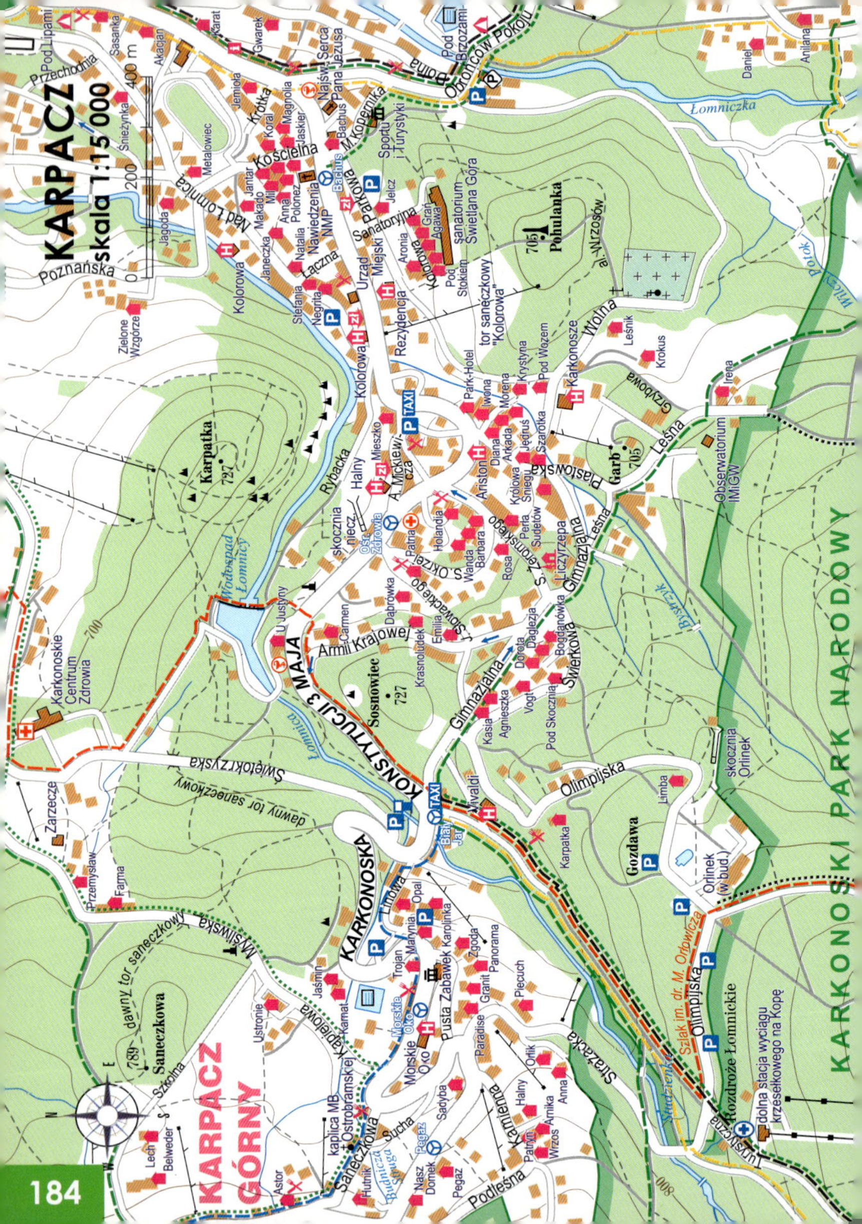

KARPACZ
skala 1:15 000
0
200
400 m
KARPACZ GÓRNY
KARKONOSKI PARK NARODOWY
Karpatka
727
Sosnowiec
727
Pohulanka
705
Garb
705
Saneczkowa
789
Gozdawa
Wodospad Łomnicy
Łomnica
Łomniczka
Bystrzyk
Potok
Wilczy
Płóknica
Budnicza Struga
Karkonoskie Centrum Zdrowia
KONSTYTUCJI 3 MAJA
KARKONOSKA
Armii Krajowej
Gimnazjalna
Olimpijska
Świetokrzyska
dawny tor saneczkowy
Myśliwska
Kolorowa
Rybacka
Kościelna
Nad Łomnicą
Poznańska
Obrońców Pokoju
Dolna
M. Kopernika
Sportu i Turystyki
Parkowa
Sanatoryjna
Łączna
Wolna
al. Wrzosów
Grzybowa
Leśna
Piastowska
S. Żeromskiego
J. Słowackiego
S. Okrzei
A. Mickiewicza
Świerkowa
Szkolna
Kapliczna
Saneczkowa
Sucha
Kamienna
Podleśna
Strażacka
Turystyczna
Linowa
Pusta
Zabawek
Szlak im. dr. M. Orłowicza
tor saneczkowy "Kolorowa"
sanatorium Świetlana Góra
Obserwatorium IMiGW
skocznia Orlinek
skocznia niecz.
Orlinek (w bud.)
Rozdroże Łomnickie
dolna stacja wyciągu krzesełkowego na Kopę
kaplica MB Ostrobramskiej
Morskie Oko
Biały Jar
Urząd Miejski
Nawiedzenia NMP
Najśw. Serca Pana Jezusa
Oś. Zdrowia
Zielone Wzgórze
Zarzecze
Przemysław
Farma
Karpatka
Rezydencja
Park-Hotel
Ariston
Halny
Mieszko
Vivaldi
Limba
Leśnik
Krokus
Irena
Daniel
Aniłana
Karat
Gwarek
Akacjan
Sasanka
Pod Lipami
Przechodnia
Jemioła
Krótka
Koral
Magnolia
Jaskier
Śnieżynka
Metalowiec
Jantar
Makado
Mil
Jagoda
Janeczka
Natalia
Polonez
Anna
Stefania
Negrita
Bachus
Jelcz
Aronia
Gran
Agawa
Pod Stokiem
Iwona
Morena
Krystyna
Pod Wozem
Karkonosze
Diana
Arkada
Jędruś
Szarotka
Królowa
Perła Śniegu
Sudetów
Holandia
Palma
Wanda
Barbara
Rosa
Liczyrzepa
Dąbrówka
Carmen
Emilia
Krasnoludek
Dorota
Daglezja
Bogdanówka
Vogt
Pod Skocznią
Kasia
Agnieszka
U Justyny
Opal
Marynia
Karolinka
Zgoda
Panorama
Trojan
Granit
Piecuch
Jaśmin
Kamat
Paradise
Orlik
Halny
Anna
Arnika
Wrzos
Patryk
Sadyba
Pegaz
Nasz Domek
Hutnik
Astor
Ustronie
Lech
Belweder
700
800

– szczyty, grzbiety, pasma; – przełęcze, doliny; – skały; – jeziora, stawy, rzeki, potoki, wodospady; – lasy, polany, hale; – parki narodowe, parki krajobrazowe, rezerwaty przyrody; – schroniska; – zamki, pałace; – miejscowości

– szczyty, grzbiety, pasma; – przełęcze, doliny; – skały; – jeziora, stawy, rzeki, potoki, wodospady; – lasy, polany, hale; – parki narodowe, parki krajobrazowe, rezerwaty przyrody; – schroniska; – zamki, pałace; – miejscowości

– szczyty, grzbiety, pasma; – przełęcze, doliny; – skały; – jeziora, stawy, rzeki, potoki, wodospady; – lasy, polany, hale; – parki narodowe, parki krajobrazowe, rezerwaty przyrody; – schroniska; – zamki, pałace; – miejscowości